金融機関のための

マネー・ローンダリング対策Q&A

第3版

弁護士 廣渡 鉄 ［編著］

一般社団法人 金融財政事情研究会

第3版はしがき

　本書は、「犯罪による収益の移転防止に関する法律」の平成26年改正（平成28年10月1日施行）とそれに伴い改正された施行令および施行規則に対応した改訂版である。

　金融機関の金融サービスを悪用した振り込め詐欺等の組織的犯罪とそれによる被害は、現在においても後を絶たず、国際的な資金移動を利用したテロの発生も現実化している。これらの防止のためには、犯罪収益の資金洗浄や犯罪提供資金の移動をチェックするマネー・ローンダリング対策が必要不可欠である。マネー・ローンダリングは、その対策と規制が不十分な国や地域を利用して行われることから、国際的な協調によるグローバル・スタンダードの確立も求められるところである。マネー・ローンダリングの手法が多様化しているとはいえ、資金の保管と移動を業務とする金融機関に課せられたマネー・ローンダリング対策の責務は、以前にも増して重大であることはいうまでもない。

　金融機関としては、マネー・ローンダリング対策が十分に機能するように、コンプライアンスの観点およびリスクベース・アプローチの観点からの態勢整備とリスク評価に基づく適切な対応が求められる。

　そして、金融機関は限られた人員・コストのなかで円滑に業務を遂行しなければならないことから、マネー・ローンダリング対策の実効性を確保するための効率的な態勢の構築と運用実施が求められている。

　本書が今後の金融機関によるマネー・ローンダリング対策の一助となれば幸いである。

　なお、本書の刊行を担当していただいた（一社）金融財政事情研究会の伊藤雄介氏、校閲を助けていただいた編著者の秘書である寺田千尋さんに感謝申し上げる。

平成28年4月

弁護士　廣渡　鉄

改訂版はしがき

　本書は、「犯罪による収益の移転防止に関する法律」の平成23年改正（平成25年4月1日施行）に伴う改訂版である。

　第1編においては、平成23年改正を解説するとともにマネー・ローンダリングの最新実例を追加し、各種データの更新を行っている。第2編については、平成23年改正に伴い大幅に改正された取引時確認関連の項目を追加するとともに、実務上の実例に即したケースを加えるなど初版のQ&Aを全面的に見直し、書換えを行っている。そして、第3編についても、初版刊行後各金融機関において暴力団排除条項の本格導入が行われたことにかんがみ、大幅な修正を行っている。

　犯罪収益の資金洗浄や犯罪収益の移動がグローバル化・巧妙化していることから、さらなるマネー・ローンダリング対策の強化が要請されているものであるが、他方では金融機関は限られた人員・コストのなかで円滑に業務を遂行しなければならない。そこで、金融機関としては、マネー・ローンダリング対策の実効性を確保するための実効的かつ効率的な態勢の構築と運用実施が求められている。

　本書が金融機関のかかる対策に役立てば望外の幸せである。

　なお、本書の刊行を担当していただいた金融財政事情研究会の伊藤雄介氏に感謝申し上げる。

平成24年11月

弁護士　廣　渡　鉄

はしがき

　金融機関の金融サービスを悪用した振り込め詐欺等の組織的犯罪とそれによる被害が後を絶たず、国際的な資金移動を利用したテロの発生の危険性も指摘されて久しい。これらの犯罪の防止のためには、犯罪収益の資金洗浄や犯罪提供資金の移動をチェックするマネー・ローンダリング対策が必要不可欠である。マネー・ローンダリングの手法が多様化しているとはいえ、資金の保管と移動を業務とする金融機関に課せられたマネー・ローンダリング対策の責務が重大であることはいうまでもない。

　金融機関としては、マネー・ローンダリング対策が十分に機能するように、コンプライアンスの観点およびリスクベース・アプローチの観点からの態勢整備とリスク評価に基づく適切な対応が求められる。

　そこで、本書は、金融機関のマネー・ローンダリング対策実務の参考となるべく、第1編において、金融機関としてのマネー・ローンダリング対策の考え方や解釈指針となる基本的事項を簡潔に整理し、次に第2編において、平成20年3月1日に本格的に施行された「犯罪による収益の移転防止に関する法律」のケース・スタディを中心として実務運用の解説を行い、さらに第3編においては、犯罪による収益などの資金移動による資金洗浄行為に着目したマネー・ローンダリング対策条項についての提言を含む今後の金融機関におけるマネー・ローンダリング対策上の課題を検討した。

　本書が今後の金融機関によるマネー・ローンダリング対策の一助となれば幸いである。

　なお、本書の企画から担当していただいた（社）金融財政事情研究会の佐藤友紀氏に感謝を申し上げる。

平成20年10月

弁護士　**廣渡　鉄**

〔編著者略歴〕

廣渡　鉄（ひろわたり　てつ）

廣渡法律事務所・弁護士
　　　　　　中央大学法学部法律学科卒
平成4年　弁護士登録（第一東京弁護士会）
　　　　　上野隆司法律事務所入所
平成11年　現事務所開設
平成11～12年　中央大学法学部講師
日本弁護士連合会民事介入暴力対策委員会民暴連携部会部会長、
関東弁護士会連合会民事介入暴力対策委員会副委員長、
第一東京弁護士会民事介入暴力対策委員会副委員長を歴任
現在　国土交通省航空局・東京航空局入札監視委員会委員
〈著書（共著）〉
『執行妨害対策の実務』（金融財政事情研究会）
『民事弁護と裁判実務4　金融、担保、保証』（ぎょうせい）
『銀行窓口の法務対策4500講』（金融財政事情研究会）
『時効紛争事例便覧』（新日本法規）
『新銀行実務百科事典』（金融図書コンサルタント社）
『会社契約作成マニュアル』（新日本法規）
『保証契約トラブル解決の手引』（同）
『慰謝料請求事件データファイル』（同）（共編著）
『業界別民暴対策の実践』（金融財政事情研究会）（共編著）
『個人情報保護と民暴対策』（同）
『民事介入暴力の法律相談』（学陽書房）（共編著）
『企業法務判例ケーススタディ300　企業取引・知的財産権編』（金融財政事情研
　究会）（監修・著）
『新訂　貸出管理回収手続双書』（同）

[著者略歴]

弁護士　河本　永治（かわもと　えいじ）

早稲田大学政治経済学部政治学科、中央大学法科大学院卒
平成26年12月弁護士登録（第一東京弁護士会）廣渡法律事務所入所

法令および文献凡例

「犯罪による収益の移転防止に関する法律」
＝「犯罪収益移転防止法」「犯収法」または、単に「法」

「犯罪による収益の移転防止に関する法律施行令」
＝「施行令」

「犯罪による収益の移転防止に関する法律施行規則」
＝「施行規則」

「組織的な犯罪の処罰及び犯罪収益の規制等に関する法律」
＝「組織的犯罪処罰法」

「国際的な協力の下に規制薬物に係る不正行為を助長する行為等の防止を図るための麻薬及び向精神薬取締法等の特例等に関する法律」
＝「麻薬特例法」

「金融商品取引法」
＝「金商法」

平成24年３月警察庁、共管各省庁「『犯罪による収益の移転防止に関する法律の一部を改正する法律の施行に伴う関係政令の整備等及び経過措置に関する政令案（仮称）』等に対する意見の募集結果について」
＝「H24パブコメ」

平成27年9月警察庁、共管各省庁「『犯罪による収益の移転防止に関する法律の一部を改正する法律の施行に伴う関係政令の整備等に関する政令案』等に対する意見の募集結果について」

＝「H27パブコメ」

犯罪収益移転防止制度研究会編著『逐条解説犯罪収益移転防止法』（平成21年東京法令出版株式会社）

＝「逐条解説」

酒井英臣ほか「犯罪による収益の移転防止に関する法律の一部を改正する法律（平成23年法律第31号）の概説」（金融法務事情1923号82頁以下）

＝「概説」

尾嵜亮太「犯罪による収益の移転防止に関する法律の一部を改正する法律の概要」（警察学論集第68巻4号8頁以下）

＝「法律の概要」

尾嵜亮太「犯罪による収益の移転防止に関する法律の一部を改正する法律の施行に伴う改正政省令の概要」（金融法務事情2029号6頁以下）

＝「改正政省令の概要」

目　次

第1編　総　論

第1	マネー・ローンダリングとは何か	2
第2	マネー・ローンダリングの実例	2

［実例1］　五菱会ヤミ金融事件 ……………………………… 2

［実例2］　海外詐欺グループによる資金洗浄事件 ………… 4

［実例3］　日本の銀行が犯罪収益の資金洗浄に利用された実例 ……… 4

第3　マネー・ローンダリング対策はなぜ必要なのか ………………… 5

第4　国際社会におけるマネー・ローンダリング対策 ………………… 7

　1　国際的麻薬規制とマネー・ローンダリング対策 ………………… 7

　2　犯罪組織規制とマネー・ローンダリング対策 …………………… 7

　3　テロ規制とマネー・ローンダリング対策 ………………………… 8

　4　マネー・ローンダリングの多様化、巧妙化への対応策 ………… 9

　5　FATF勧告に対応する必要性 …………………………………… 9

第5　わが国におけるマネー・ローンダリング対策 ………………… 10

　1　麻薬特例法の制定 ………………………………………………… 10

　2　組織的犯罪処罰法の制定 ………………………………………… 11

　3　テロ資金供与処罰法および本人確認法の制定 ………………… 12

　4　犯罪収益移転防止法の制定 ……………………………………… 12

　5　犯罪収益移転防止法の平成23年改正 …………………………… 13

　6　犯罪収益移転防止法の平成26年改正 …………………………… 14

第6　犯罪収益移転防止法の概要 …………………………………… 18

　1　目的（1条） ……………………………………………………… 18

　2　特定事業者（2条2項） ………………………………………… 18

　3　犯罪収益移転危険度調査書（3条3項） ……………………… 20

　4　取引時確認義務（4条） ………………………………………… 20

目　次　7

5　確認記録の作成および保存義務（6条）······························· 20

　6　取引記録等の作成および保存義務（7条）··························· 20

　7　疑わしい取引の届出義務（8条）······································· 21

　8　外国所在為替取引業者とのコルレス契約締結の際の確認義務

　　（9条）··· 21

　9　外国為替取引に係る通知義務（10条）······························· 22

　10　取引時確認等を的確に行うための措置（11条）··················· 22

　11　監督上の措置（15条ないし19条）····································· 22

　12　罰則（25条ないし30条）·· 22

第7　金融機関とマネー・ローンダリング対策··························· 22

　1　疑わしい取引の届出状況·· 22

　2　金融機関におけるマネー・ローンダリング対策の意義と必要性····· 24

　3　コンプライアンスの観点とリスクベース・アプローチの観点······· 25

　4　内部態勢の構築··· 26

　5　リスクベース・アプローチの観点からのリスク評価·················· 27

　6　犯罪収益移転危険度調査書による取引の危険度の評価··············· 28

第2編　ケーススタディ

第1　金融機関と犯収法··· 34

　Q1　金融機関の業務と犯収法上の義務································· 34

　Q2　犯罪収益移転危険度調査書·· 36

第2　取引時確認··· 38

　Q3　取引時確認の概要·· 38

　Q4　取引時確認の対象（特定取引）··································· 41

　Q5　取引時確認を要する取引（対象取引）の範囲···················· 44

　Q6　簡素な顧客管理を行うことが許容される取引····················· 48

　Q7　顧客管理を行う上で特別の注意を要する取引と取引時確認······· 57

　Q8　同種の取引の態様と著しく異なる態様で行われる取引·············· 59

Q 9 敷居値以下に分割された取引に対する取引時確認 ……………… 61

Q10 敷居値以下に分割された取引に対する取引時確認の要否

（ケース） ……………………………………………………………… 65

Q11 取引時に確認を要する本人特定事項等 …………………………… 67

Q12 特定取引等の任に当たっている自然人の本人特定事項等 ……… 69

Q13 顧客等が国、上場会社等の場合の取引時の確認事項 …………… 71

Q14 「取引の任に当たっている」代表者等であることの該当性 ……… 74

Q15 株式会社などの取引の任に当たっている者であることの確認

方法 …………………………………………………………………… 78

Q16 顧客等の概念 ………………………………………………………… 80

Q17 顧客の概念(1)「直接利益の真の帰属者」………………………… 82

Q18 顧客の概念(2)「特定業務において行う特定取引の相手方」……… 84

第3 各種取引と取引時確認等 ……………………………………………… 87

Q19 変更契約および借替契約 …………………………………………… 87

Q20 コミットメントライン契約における確認時期 …………………… 89

Q21 シンジケートローンにおける取引時確認等 ……………………… 91

Q22 保証契約および保証予約 …………………………………………… 93

Q23 担保設定契約 ………………………………………………………… 95

Q24 貸付先債務者等からの入金 ………………………………………… 96

Q25 ローン債権の譲渡 …………………………………………………… 98

Q26 アレンジメント契約の締結 ………………………………………… 100

Q27 信託と特定取引 ……………………………………………………… 102

Q28 保険および共済と特定取引 ………………………………………… 108

Q29 保険契約または共済に係る契約の契約者の変更 ………………… 110

Q30 外国銀行の業務の代理または媒介として行う取引 ……………… 112

Q31 ラップ口座による投資一任契約の締結 …………………………… 114

第4 取引時確認の確認方法 ………………………………………………… 116

Q32 本人確認書類 ………………………………………………………… 116

Q33 自然人の本人特定事項の確認方法 ………………………………… 119

目　次　9

Q34 個人番号カードによる本人特定事項の確認 ……………………… 125

Q35 顔写真のない本人確認書類による本人特定事項の確認方法 …… 126

Q36 法人の本人特定事項の確認方法 ………………………………… 128

Q37 外国人の本人特定事項の確認方法（その１） ………………… 132

Q38 外国人の本人特定事項の確認方法（その２） ………………… 135

Q39 補完書類等による住居、本店もしくは主たる事務所の所在地
の確認 …………………………………………………………… 137

Q40 代表者等の本人特定事項の確認方法 …………………………… 140

Q41 送付を受けた本人確認書類にマスキングがあるケース ……… 143

Q42 送付した取引関係文書の返送 …………………………………… 145

Q43 顧客の依頼による本人確認書類の入手 ………………………… 147

Q44 取引時確認から相当期間経過後の取引 ………………………… 149

Q45 取引時確認完了前の特定取引 …………………………………… 151

Q46 本人特定事項の確認をすべき取引の任に当たっている自然人 … 153

Q47 特別目的会社（SPC）の取引時確認 …………………………… 155

Q48 ペーパーカンパニーに対する取引時確認 ……………………… 157

Q49 人格なき社団または財団の取引時確認の確認事項 …………… 158

Q50 取引を行う目的の確認方法 ……………………………………… 160

Q51 職業および事業内容の確認方法 ………………………………… 161

Q52 法人の実質的支配者の概念 ……………………………………… 164

Q53 法人の実質的支配者の判定方法 ………………………………… 168

Q54 法人の実質的支配者の確認方法 ………………………………… 170

Q55 法人の実質的支配者の判定（資本多数決法人のケース） ……… 172

Q56 法人の実質的支配者の判定（資本多数決法人以外の法人のケー
ス） ……………………………………………………………… 174

Q57 法人の実質的支配者の本人特定事項の確認の要否（ケース） …… 176

Q58 法人の実質的支配者の申告と取引の可否（ケース） ………… 178

Q59 法人の実質的支配者の確認記録への記録事項 ………………… 180

Q60 取引時確認の外部委託の可否 …………………………………… 181

第5 厳格な顧客管理による確認 ……………………………… 183

Q61 厳格な顧客管理による確認の内容 ……………………… 183

Q62 厳格な顧客管理による確認（ケース）………………… 187

Q63 外国の重要な公的地位を有する者等との取引 ………… 189

Q64 外国の重要な公的地位を有する者等との取引（ケース）……… 192

Q65 厳格な顧客管理による確認における本人特定事項の確認方法 … 194

Q66 厳格な顧客管理による確認における取引を行う目的、職業お
よび事業内容の確認方法 ………………………………… 197

Q67 厳格な顧客管理による確認における法人の実質的支配者の本
人特定事項の確認方法 …………………………………… 198

Q68 厳格な顧客管理による確認における資産・収入の状況の確認 … 200

Q69 厳格な顧客管理による確認における資産・収入の状況の確認
方法 ………………………………………………………… 202

第6 確認済顧客等との取引 ……………………………………… 204

Q70 確認済顧客等との取引 …………………………………… 204

Q71 平成26年改正法施行日前の確認済顧客等の同改正法施行日以
後の取扱い ………………………………………………… 208

Q72 法人の取引担当者の交代 ………………………………… 210

Q73 国等の取引担当者の交代 ………………………………… 212

Q74 人格なき社団の取引担当者の交代と取引時確認 ……… 214

Q75 新担当者の紹介と取引時確認の確認措置の要否 ……… 216

Q76 吸収合併・事業譲渡により承継した取引先と取引時確認 ……… 218

Q77 顧客等の吸収合併と取引時確認 ………………………… 220

Q78 取引先の会社分割と取引時確認 ………………………… 222

第7 取引時確認義務と金融機関の免責 ……………………… 224

Q79 顧客等が取引時確認に応じない場合の金融機関の免責 ……… 224

Q80 契約締結前に顧客等が取引時確認に応じない場合と金融機関
の責任 ……………………………………………………… 226

第8 確認記録の作成・保存義務 ……………………………… 228

目　次　11

Q81 取引時確認の確認記録の作成方法 ……………………… 228

Q82 確認記録の記録事項 …………………………………… 231

Q83 確認記録の記録事項の変更または追加 ……………… 235

Q84 確認記録の記録事項の変更の調査義務 ……………… 238

Q85 同一法人の別部署間で行った確認記録の記録事項の変更 ……… 240

Q86 取引時確認の有効期間 ………………………………… 242

Q87 確認記録の7年間の保存期間の起算日 ……………… 244

第9 取引記録等の作成・保存義務 ……………………………… 247

Q88 取引記録すべき取引の範囲 …………………………… 247

Q89 純然たる銀行内部の事務手続 ………………………… 249

Q90 取引記録の作成方法および記録事項 ………………… 250

第10 疑わしい取引の届出義務 …………………………………… 253

Q91 金融機関の「疑わしい取引」の判断義務 …………… 253

Q92 届出すべき対象 ………………………………………… 255

Q93 「疑わしい取引」の判断方法 ………………………… 258

Q94 「疑わしい取引」の届出事項および届出方法 ……… 262

Q95 現金または小切手による入出金 ……………………… 264

Q96 預金口座を利用した取引 ……………………………… 266

Q97 債券の売買 ……………………………………………… 268

Q98 外国との取引 …………………………………………… 270

Q99 融資先からの予定外の返済 …………………………… 272

Q100 取引先の犯罪による逮捕 ……………………………… 274

Q101 犯罪で逮捕された者の妻名義の預金取引 …………… 275

Q102 いわゆる暴力団関係者名義の預金口座 ……………… 276

Q103 取引先企業が暴力団関係企業である場合 …………… 277

Q104 疑わしい取引の届出をした取引先のその後の取引の届出の要

否 ………………………………………………………… 278

Q105 疑わしい取引の届出に関する秘密保持義務 ………… 279

第11 コルレス契約と確認義務 ………………………………… 281

Q106	コルレス契約締結の際に確認すべき事項 ･･････････････････	281
Q107	コルレス契約締結の際の確認の方法 ････････････････････････	283
Q108	コルレス契約締結の際の確認の基準 ････････････････････････	285

第12 外国為替取引に係る通知義務 ･･････････････････････････････････ 287

| Q109 | 外国為替取引の通知義務 ････････････････････････････････････ | 287 |
| Q110 | 外国為替取引の通知事項およびその保存 ･････････････････････ | 289 |

第13 取引時確認等を的確に行うための措置 ･････････････････････････ 291

Q111	取引時確認等を的確に行うための措置について ･････････････	291
Q112	特定事業者が取引時確認等を的確に行うための措置 ･････････	294
Q113	海外子会社または海外支店を有する金融機関が講ずべき措置 ･･･	299
Q114	特定金融機関がコルレス取引を行う場合に講ずべき措置 ･･････	302

第14 監督上の措置および罰則 ･････････････････････････････････････ 305

| Q115 | 金融機関に対する監督上の措置 ･･･････････････････････････････ | 305 |
| Q116 | 罰　　則 ･･･ | 307 |

第15 施行期日および経過措置 ･････････････････････････････････････ 310

| Q117 | 施行期日 ･･ | 310 |
| Q118 | 経過措置 ･･ | 311 |

第3編　今後のマネー・ローンダリング対策の課題

第1	疑わしい取引の届出態勢の強化 ･････････････････････････････････	318
第2	反社会的勢力の排除対策との関係 ･･･････････････････････････････	319
第3	今後のテロ資金対策の重要性 ･･･････････････････････････････････	320
第4	マネー・ローンダリング対策条項の導入の検討 ･･････････････････	321
1	目　　的 ･･･	321
2	いわゆる反社会的勢力排除（暴力団排除）条項との関係 ････････	322
3	想定するケースとその検討 ･････････････････････････････････････	323
4	マネー・ローンダリング対策条項の規定のあり方と条項例 ･･････	324

［巻末資料１］　犯罪収益移転防止法に関する留意事項について ………… 329
［巻末資料２］　疑わしい取引の参考事例 ……………………………… 332

事項索引 …………………………………………………………………… 343

第 1 編

総　論

第1 マネー・ローンダリングとは何か

　マネー・ローンダリング（Money Laundering：資金洗浄）とは、犯罪により得た違法な収益の出所を隠し所有者がわからないようにして、捜査機関による収益の発見、犯罪の検挙を免れようとすることである。たとえば、麻薬密売人が麻薬密売代金を偽名で開設した銀行口座に隠匿したり、詐欺や横領の犯人が取得した資金をいくつもの口座に転々と移動させ、現金化して貸金庫に置いたり、海外送金したりすることにより出所を不明にする行為などである。

　わが国においては、特に暴力団などの犯罪組織が、個別の資金獲得活動とその活動により得られた獲得収益との関係を不明なものとすることにより、獲得した収益の入手経路を端緒として犯罪が検挙されたり、獲得収益が没収、課税されることを回避するためにマネー・ローンダリング行為を行っていると考えられる［実例1］。

　さらに、資金移動の自由化、国際化に伴い、国際テロ組織や国際犯罪組織の資金がわが国の金融機関をマネー・ローンダリングの手段として利用する事態も危惧されている［実例2］［実例3］。

第2 マネー・ローンダリングの実例

　ここではマネー・ローンダリングの実例として、五菱会ヤミ金融事件、海外詐欺グループによる資金洗浄事件およびわが国の金融機関が海外の犯罪グループの資金洗浄に利用された事件を紹介する。

［実例1］　五菱会ヤミ金融事件（東京地裁平成17年2月9日判決）（判例タイムズ1185号159頁）

　いわゆるヤミ金融組織である貸金業店舗を統括し貸金業を営んでいた被告人は、

(1)　平成14年7月8日～同年11月14日の間、前後139回にわたり、B₁銀行

池袋東口支店外為両替所ほか3カ所において、無登録で貸金業を営むことにより得たものであり、かつ、業として金銭の貸付を行うに当たり受領した法定の1日当たり0.08パーセントを超える割合による利息等でもある現金合計2億5,820万8,500円の犯罪収益等を、「甲野太郎」などの偽名を使用して米ドル紙幣合計208万7,200ドルに両替し、もって、それぞれ犯罪収益等の処分につき事実を仮装し、

(2)　甲株式会社事務所において、情を知らない従業員乙に対し、無登録で貸金業を営むことにより得たものであり、かつ、業として金銭の貸付を行うにあたり受領した法定の1日当たり0.08パーセントを超える割合による利息等でもある上記記載の現金合計2億5,820万8,500円を米ドル紙幣に両替した208万7,200ドルのうち9万3,600ドルと、それ以外の財産とが混和した合計200万100ドル（100ドル紙幣2万1枚）を交付し、同人をして、同年2月3日、B₂銀行本店所在の丙名義の貸金庫に預け入れさせ、もって、犯罪収益等を隠蔽し、

(3)　無登録で貸金業を営むことにより得たものであり、かつ、業として金銭の貸付を行うに当たり受領した法定の1日当たり0.08パーセントを超える割合による利息等でもある金銭によって購入した割引金融債539枚（額面合計46億3,500万円）の犯罪収益等を隠匿しようと企て、

①　平成15年2月13日、香港特別行政区××23階B₂香港支店に被告人名義の口座を開設するとともに、同支店に上記各割引金融債の償還を委託し、同月17日〜同月25日の間、前後3回にわたり、同支店の日本国内における割引金融債等の償還等に関する事務手続の常任代理人であるB₃銀行東京支店から償還手続等の委託を受けたB₄株式会社に上記各割引金融債を持ち込み、同年3月5日および同月6日、上記B₄株式会社を介して、B₁銀行丸の内中央支店、商工組合B₅本店営業部および株式会社B₆銀行本店の各係員らをして上記B₃銀行東京支店名義により上記各割引金融債を償還させたうえ、同支店担当者らをしてその償還金合計46億3,384万円を上記被告人名義の口座に入金させ、もって、犯罪収益等を隠匿し、

② 平成15年３月３日、スイス連邦チューリッヒ市所在のＢ₂に無記名口座を開設した上、上記割引金融債を隠匿したことにより得た前記Ｂ₂香港支店の被告人名義の口座の預金債権（46億3,384万円相当）と、それ以外の財産とが混和した財産を運用させた結果取得した51億670万8,021円相当の債券等の財産（11億4,224万4,021円の預金および39億6,446万4,000円に相当する証券）を、同年５月14日〜同月23日の間、前後13回にわたり、上記Ｂ₂香港支店の担当者をして上記被告人名義の口座から上記無記名口座に送金あるいは送付させるなどし、もって犯罪収益等を隠匿した。

［実例２］　海外詐欺グループによる資金洗浄事件（平成19年10月13日付日本経済新聞記事より）

　海外詐欺グループが在日外国人らを使って巨額の犯罪収益を日本の金融機関でマネー・ローンダリング（資金洗浄）していた事件を埼玉、千葉両県警が相次いで摘発した。犯罪組織は規制の緩い国を資金洗浄の標的にしているとされる。一連の事件では、資金洗浄対策の甘さにつけ込まれた構図も垣間みえる。

　「客がだまされて金を振り込んだ。口座を凍結してほしい」。埼玉の事件は２年前、同県所沢市内の信用金庫に送金元の米国の金融機関から入った連絡が端緒となった。同県警は米捜査当局の協力を得て捜査。千葉の事件も金融機関からの通報などで県警が動いた。

　詐欺グループは、架空の投資話などでだました欧米などの被害者に対し、国内のナイジェリア国籍の男らが開設した口座への送金を指示。両県警の調べで、約140口座に約20億円の入金が判明している。

［実例３］　日本の銀行が犯罪収益の資金洗浄に利用された実例（平成22年９月２日付日本経済新聞夕刊記事より）

　海外の犯罪グループが2008年に米国銀行シティバンクから現金を詐取した事件があり、詐取した資金のうち約５億7,000万円を日本の銀行に送金させ

マネー・ローンダリング（資金洗浄）したとして、警視庁組織犯罪対策1課などは2日までに、ナイジェリア国籍の会社役員、N容疑者（36）＝埼玉県桶川市＝とガーナ人や日本人の男女計6人を組織的犯罪処罰法違反（犯罪収益の隠匿）容疑で逮捕した。

同課によると、海外の巨額の犯罪収益を日本で資金洗浄したケースが摘発されるのは異例。

ほかに逮捕されたのは、ナイジェリア国籍の会社役員、U容疑者（42）＝埼玉県所沢市＝や会社役員、M容疑者（41）＝兵庫県姫路市＝ら。

同課によると、ナイジェリア人容疑者らの一部は「300万〜700万円の手数料で、口座を貸した」と供述している。

同課によると、2008年、米国のシティバンク本店に開設されたエチオピア中央銀行の口座から、2,716万7,078ドル（当時のレートで約28億円相当）が日本を含む7カ国の口座に不正に送金される事件が発生。手続には偽造された送金指示書が使われたという。

6人の逮捕容疑は2008年10月頃、犯罪グループが詐取した金と知りながら、日本国内の銀行に開設した4口座に送金された計約5億7,000万円を受け取り、銀行担当者に「建設機械を輸出した代金」「貿易」などと虚偽の説明をし、犯罪収益であることを隠した疑い。

6人は入金を受けた後、それぞれの口座から9,000万〜2億円の現金を引き出した上、別の人物に渡していたとみられ、同課は資金が犯罪グループに還流したとみて調べている。

警視庁が米連邦捜査局（FBI）と協力し、捜査。米国内では既に、ナイジェリア人の男がFBIに詐取容疑などで逮捕されているという。

第3　マネー・ローンダリング対策はなぜ必要なのか

暴力団やテロ組織などの犯罪組織等によるマネー・ローンダリング（資金洗浄）行為による社会的、経済的な弊害、悪影響は次のとおりである。

⑴　獲得した違法な収益を洗浄することにより、その資金で組織を拡大、強

化し、さらに、その拡大、強化した組織の威力を背景としつつ、その資金を合法的な事業活動や違法な収益活動に投入し、その結果、さらなる違法収益を獲得するという資金獲得サイクルが形成される。
(2) 暴力団やテロ組織などの犯罪組織が獲得した資金には、詐欺等による犯罪の被害者から組織的犯行により獲得された収益が多く含まれているが、資金洗浄が行われることによって、こうした被害者の被害救済が困難となる。
(3) 獲得した違法収益に基づく資金を利用して正常な事業活動を営む企業を経営支配することにより、新たに多くの収益を獲得することになる。
(4) 獲得した違法収益が事業活動に用いられることにより、正常な事業活動を行う一般企業が資金面等で競争上不利な立場に陥り、公正な競争によらず取引社会から退場させられるおそれが生じる。
(5) 国際的な資金移動になんらのチェックをも行わなければ、テロ資金の自由な移動を許すこととなり、テロの拡大を招くとともに、テロの発生防止を困難にする。
(6) さらに、マネー・ローンダリング対策を行うことは、日本の金融システム、金融市場の信頼性、信用性の確保となる。

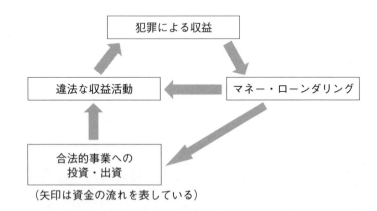

（矢印は資金の流れを表している）

　以上のような犯罪収益の負の連鎖を断ち切り、市民の生活の安全と企業の公正な経済活動を維持、発展させるためには、暴力団などの犯罪組織等によ

るマネー・ローンダリング（資金洗浄）を阻止、防止するためのマネー・ローンダリング対策は必要不可欠なものである。

第4 国際社会におけるマネー・ローンダリング対策

1 国際的麻薬規制とマネー・ローンダリング対策

　マネー・ローンダリング対策を含めて国際社会が一致して犯罪による収益の規制を開始したのは、1988（昭和63）年12月に採択された国連麻薬新条約からである。当時、麻薬汚染が相当な国際的広がりをもっていた。その原因として生産から販売までを一貫して行う麻薬密売組織の存在があり、それに対する対策として、この条約は、麻薬の販売により手に入れる収益を資金として麻薬の購入等に使用する資金移動を止めるため、収益の没収と収益の隠匿・収受を処罰することによるマネー・ローンダリングの取締規制を行うことの国際協力を促進することなどを条約締約国に求めたものである。

　さらに、先進7カ国は、他の8カ国とともに、1989（平成元）年アルシュ・サミットの経済宣言において、FATF（Financial Action Task Force：金融活動作業部会）を設立して国際的なマネー・ローンダリング規制の検討を本格化させた。

　FATFは、1990（平成2）年にこの検討結果を取りまとめ、各国がとるべき措置を「40の勧告」として公表した。それによれば、各国に対し、麻薬新条約の早期批准とマネー・ローンダリングの犯罪化による取締り、薬物犯罪収益のはく奪等に関する法整備のほか、金融機関による本人確認、取引記録保存および疑わしい取引の報告等の措置を求める内容であった。

2 犯罪組織規制とマネー・ローンダリング対策

　1990年代に入ると、組織犯罪の国際化、多様化が各国の国民生活の安全を脅かす存在として認識され、国連を中心として国際的組織犯罪に対する条約の検討が行われる一方で、1995（平成7）年6月のハリファクス・サミット

第1編　総　　論　7

では、国際的な組織犯罪の規制対策の実現のためには、薬物犯罪だけでなくそれ以外の重大犯罪から得られた収益の隠匿についても効果的に防止するための対策が必要とされた。そこで、FATFは、1996（平成8）年6月にマネー・ローンダリング罪の対象収益の前提となる犯罪の範囲を薬物犯罪のみならず、それ以外の重大な犯罪に拡大すべきとの内容に「40の勧告」を改訂した。

さらに、1998（平成10）年5月のバーミンガム・サミットにおいては、疑わしい取引に関する情報を犯罪捜査に効果的に有効活用するための手段として、各国にマネー・ローンダリング情報を一元的に収集・分析するFIU（Financial Intelligence Unit：マネー・ローンダリング情報を一元的に収集・分析する資金情報機関）を設置することが合意された。

3　テロ規制とマネー・ローンダリング対策

テロ対策は国際社会における最重要課題の1つである。そこで、テロ組織の活動を支える資金の供給を遮断すると同時に、資金の供給ルートを捕捉して準備段階でこれを摘発することが重要であると考えられ、マネー・ローンダリング対策の対象分野にテロ資金規制を含める必要があるとして、1999（平成11）年12月に採択されたテロ資金供与防止条約は、テロ資金提供・収集行為の犯罪化、テロ資金の凍結、金融機関による本人確認・疑わしい取引の届出等の措置を条約締約国に求めた。

FATFも、2001（平成13）年9月11日の米国同時多発テロ事件の発生後の10月に、その任務にテロ資金供与対策を加えた上で、各国が準拠すべき事項を「8の特別勧告」（2004（平成16）年、キャッシュ・クーリエ（現金運搬人）に関する勧告が追加され、「9の特別勧告」となった）に取りまとめた。この特別勧告の内容は、テロ資金供与防止条約の早期批准を求めた上で、金融機関の本人確認などの同条約が定める措置の実施のほか、金融機関による送金人情報の付記等を求めたものである。

4　マネー・ローンダリングの多様化、巧妙化への対応策

　マネー・ローンダリング対策が強化されるに応じて、マネー・ローンダリングの手口も日々多様化、巧妙化している。金融機関による顧客情報管理をはじめとする取組強化は、マネー・ローンダリング対策としてかなりの成果をあげる一方で、犯罪収益の移転に金融機関以外の分野の業態が利用される事態を招くこととなったため、FATFは、2003（平成15）年6月、新しい勧告を公表した。その内容は、不動産業者等の金融機関以外の一定範囲の事業者や職業専門家に対し顧客情報管理等の措置を求めるほか、金融機関による対応措置の運用基準として詳細明確なものを求めるなどの点で従来の勧告を見直す内容のものとなった。さらに、2012（平成24）年、「40の勧告」および「9の特別勧告」を一本化し、「新40の勧告」とした。その主な内容は、リスクベース・アプローチの強化、国際協力体制の強化などである。

5　FATF勧告に対応する必要性

　グローバル化した今日においては、マネー・ローンダリングやテロ資金の移動は国境を越えて行われるため、各国がそれぞれの基準で個別に規制を行うことは実効性を欠く。ある国でマネー・ローンダリング対策が不十分な場合には、その国が抜け穴として利用されてしまうからである。そこで、グローバル化のもとでのマネー・ローンダリング対策としては、各国が協調に基づき、国際的な規制のスタンダードを確立することが不可欠となる。

　わが国がFATFの勧告の遵守状況の相互審査に指摘されている不備について法整備を行わない場合には、国際的協調が求められる、マネー・ローンダリング対策およびテロ資金対策において、わが国の金融システムが抜け穴として利用される可能性がある。そして、このことは、わが国の金融システムや金融市場の信頼性を損ね、わが国の金融機関の海外取引に支障を生じさせるおそれがある。

第5　わが国におけるマネー・ローンダリング対策

　わが国におけるマネー・ローンダリング対策の施策は、上記第4で整理した国際社会におけるマネー・ローンダリング対策に呼応して行われてきたものである。

1　麻薬特例法の制定

　国連麻薬新条約とFATF勧告に対応する国内法として平成4年に新たな法整備がなされたものが「国際的な協力の下に規制薬物に係る不正行為を助長する行為等の防止を図るための麻薬及び向精神薬取締法等の特例等に関する法律」（麻薬特例法）である。

(1)　まず、麻薬特例法は、次のように、わが国で初めてマネー・ローンダリング行為を犯罪として規定した。

　a．薬物犯罪収益等隠匿罪（6条）

　　　①「薬物犯罪収益等の取得もしくは処分につき事実を仮装」する行為、②「薬物犯罪収益等を隠匿」する行為および③「薬物犯罪収益等の発生の原因につき事実を仮装」する行為が刑罰の対象とされた。

　　　①のうち「取得につき事実を仮装する行為」とは、たとえば、薬物犯罪収益等を協力者名義の口座に預金する行為や合法事業による売上収益を装って帳簿に計上操作する行為などがあり、「処分につき事実を仮装する行為」とは、たとえば、薬物犯罪収益等を使って架空人名義で物品を購入する行為などがある。

　　　②の「隠匿」とは、たとえば、天井裏に隠すなどの物理的隠匿のほか、資金の追跡が著しく困難となる国や地域への送金などがある。

　　　③の「発生の原因につき事実を仮装する行為」とは、たとえば、薬物の譲受人がその代金について架空債務の返済金を装う行為などがある。

　b．薬物犯罪収益等収受罪（7条）

　　　「情を知って、薬物犯罪収益等を収受」する行為が罪とされている。

　　　たとえば、暴力団構成員が薬物犯罪により得た金であることを知りな

がらこれを薬物犯罪実行者から受け取る行為などが考えられる。

(2) 次に、従来の没収追徴制度を格段に強化し、これを必要的なものとしたほか、有体物以外の財産や薬物犯罪収益に「由来」する財産等を没収の対象に加え、さらに収益のはく奪を確実にするため、判決が言い渡される前に裁判所の命令により対象財産の処分を禁ずる保全制度を新たに設けた。

(3) さらに、FATF勧告への対応としては、金融機関による疑わしい取引の届出を義務的なものとして制度化した。なお、この規定は、組織的犯罪処罰法、犯罪収益移転防止法に順次引き継がれている。

2 組織的犯罪処罰法の制定

麻薬特例法施行下においては、マネー・ローンダリングの対象となる犯罪が薬物犯罪に限定されており、しかも、そのために金融機関としては薬物犯罪に関するものであるか否かについての判断が困難なため、疑わしい取引の届出が活発に行われない状況でもあった。

それとともに、わが国は、当時、疑わしい取引の届出情報を集約し、捜査機関への提供を行うFIUが設置されていなかったため、犯罪捜査のために活用されるべき情報が適切に捜査機関に伝達される体制が整備されていなかった。

そこで、平成11年8月に成立し、平成12年2月に施行された組織的な犯罪の処罰及び犯罪収益の規制等に関する法律（組織的犯罪処罰法）は、これらの不都合の解消も行いつつ、以下のように立法化した。

(1) 犯罪収益の前提となる犯罪の範囲を殺人、恐喝、詐欺、貸金業法違反（無登録営業等）などの一定の重大な犯罪に拡大した（2条2項）。

(2) 犯罪収益等の隠匿・収受を犯罪化した（10条、11条）。

(3) 犯罪収益等を没収の対象にした（13条）。

(4) 犯罪収益もしくは麻薬特例法に定める薬物犯罪収益等を用いることにより法人等の株主等の地位を取得するなど事業支配の手段として役員等の変更を行うなどの不法収益による法人等の事業経営の支配を目的とする行為を新たに処罰することとした（9条）。

第1編 総 論 11

(5) 疑わしい取引に関する届出情報を集約し、整理・分析して捜査機関に情報提供する事務を金融監督庁（当時、後に金融庁）に付与した。

　なお、疑わしい取引の届出に関する規定は犯罪収益移転防止法に引き継がれている。

3　テロ資金供与処罰法および本人確認法の制定

　テロ資金供与防止条約のうち、テロ資金の提供・収集行為に対する罰則規定は、平成14年6月に成立し、同年7月に施行された公衆等脅迫目的の犯罪行為のための資金の提供等の処罰に関する法律（以下「テロ資金供与処罰法」という）に設けられた。また、組織的犯罪処罰法の一部が改正され、テロ資金提供・収集罪に係る資金を「犯罪収益」に含めることにより、その没収と隠匿・収受罪による処罰を可能にした（同法2条2項4号）。

　次に、金融機関による顧客の本人確認と取引記録の保存については、大蔵省（当時）の通達のみを根拠として平成2年10月から実施されていたが、テロ資金供与防止条約を国内的に実現するための法整備として、金融機関等による顧客等の本人確認等に関する法律（以下「本人確認法」という）が平成14年4月に成立し、平成15年1月に施行された。

　この法律の目的は、金融機関に対して本人確認と取引記録の保存等の顧客管理措置を義務づけることで、金融機関の取引に際しての事前の牽制効果と捜査機関による事後的な資金トレースを可能にする効果により、金融機関を通じた不正な資金移転とマネー・ローンダリングを防止しようとするものである。

　さらに、外国為替及び外国貿易法（外為法）の一部改正により、金融機関が行う外国為替等の取引に関してもほぼ同様の規定が設けられた。

4　犯罪収益移転防止法の制定

　犯罪収益の移転とマネー・ローンダリングに金融機関以外の分野の業態が利用される事態をふまえて、FATFが2003（平成15）年6月に行った新しい勧告により、不動産業者等の金融機関以外の一定範囲の事業者や職業専門家

に対し顧客情報管理等の措置を求められたことと、わが国においては、暴力団など反社会的勢力の資金獲得活動の多様化、巧妙化が進行し、これに対して有効、効果的な対策を行うための立法として平成19年3月に成立したのが犯罪による収益の移転防止に関する法律（犯罪収益移転防止法）である。

その主要な内容は、次のとおりである。

(1) 従来、金融機関にのみ課されていた顧客の本人確認、取引記録の作成、疑わしい取引届出等の義務をそれ以外の一定の事業者にも拡大した。

(2) 疑わしい取引に関する届出情報を集約し、整理・分析して捜査機関に情報提供する事務を行うFIUを金融庁から国家公安委員会へ移管した。

犯罪収益移転防止法は、FIUの移管に関する規定については同年4月に施行され、その他の規定は平成20年3月1日に施行された。

5 犯罪収益移転防止法の平成23年改正[1]

平成19年以降のFATFの審査による指摘事項[2]および国内における振り込め詐欺等の被害状況をふまえて、平成23年4月、犯罪収益移転防止法の一部を改正する法律（以下「平成23年改正法」という）が成立し、平成25年4月1日から施行された（同改正前の犯収法を「平成23年改正前法」という）。

金融機関の業務に関係する主要な改正点は次のとおりである[3]。

(1) 顧客管理の強化（取引時確認等）

特定事業者（弁護士、司法書士等を除く）による取引時の確認事項に顧客の本人特定事項のみならず、取引目的、職業、事業内容および実質的支配者の本人特定事項を追加した。

これは、平成23年改正法による改正前には、特定事業者が顧客の取引目的や職業等を確認していないことから疑わしい取引を的確に把握することがで

---

1 犯収法は平成21年にも「資金決済法」の成立に伴い、銀行等以外の一般事業者が為替取引を行いうることとなったが、為替取引はマネー・ローンダリングおよびテロ資金供与に利用される可能性があるため、資金移動業者を特定事業者として追加するなどの改正が行われている。

2 JAFIC「犯罪収益移転防止管理官年次報告書〔平成23年〕」42頁参照。

3 その他、新たに電話転送業者を特定事業者に追加し、本人特定事項の虚偽申告および預貯金通帳の不正譲渡等に係る罰則が強化されている。

きず、結果としてマネー・ローンダリングを許してしまう事例が散見され
た。そこで、疑わしい取引を的確に把握するためには、顧客の本人特定事項
や取引の態様に加え、取引目的や職業等をも照らし合わせて判断する必要が
あることから、新たに取引時の確認事項として追加されたものである。

(2) リスクベース・アプローチの導入

　なりすましが疑われる取引などのマネー・ローンダリングのリスクの高い
取引については、(1)に加えて、顧客の資産および収入の状況の確認を行うと
ともに、本人特定事項の再確認方法も厳格化した。

(3) 体制整備義務

　特定事業者は、確認した本人特定事項に係る情報を最新の内容に保つため
の措置を講ずるものとするほか、使用人に対する教育訓練の実施その他の必
要な体制の整備に努めなければならないとされた。

6　犯罪収益移転防止法の平成26年改正

　FATFの新40の勧告およびFATFの第3次対日相互審査（平成20年10月）
において不備が指摘された金融機関における顧客管理等について必要な法整
備を行うために、犯罪収益移転防止法の一部を改正する法律が成立し、平成
26年11月27日に公布され、平成28年10月1日から施行される。

　さらに、平成26年改正法の施行に伴い、施行令および施行規則も改正され
た（以上の改正犯収法、施行令および施行規則を総称して以下「平成26年改正法」
という）。

　平成26年改正法における金融機関の業務に関連する主要な改正点は次のと
おりである。

(1)　犯罪収益移転危険度調査書の作成等に関する国家公安委員会の責務［Q
　2］

(2)　疑わしい取引の届出に関する判断の方法［Q93］

(3)　外国所在為替取引業者との契約締結の際の確認義務［Q106］

(4)　特定事業者の体制整備等の努力義務の拡充［Q111］

(5)　顧客管理を行う上で特別の注意を要する取引に対する取引時確認の実施

図表1　マネー・ローンダリング対策の経緯

国際的な動き	日本国内の動き
昭和63年12月　麻薬新条約の採択（薬物犯罪収益に関するマネー・ローンダリングの犯罪化を義務付け） 平成元年7月　アルシュ・サミット（FATF設置の採択）	
平成2年4月　FATF「40の勧告」を策定 　　○　金融機関による顧客の本人確認 　　○　疑わしい取引の金融規制当局への報告	平成2年6月 　大蔵省から各金融団体宛に通達を発出 　（金融機関等による顧客等の本人確認等実施の要請） 平成4年7月 　麻薬特例法の施行
平成6年6月　第1次FATF対日相互審査 　　○　前提犯罪が薬物犯罪に限定されていることに対する指摘	（薬物犯罪に関するマネー・ローンダリングの犯罪化、疑わしい取引の届出制度の創設）
平成7年6月　ハリファクス・サミット（前提犯罪を重大犯罪に拡大する必要性を確認）	
平成8年6月　FATF「40の勧告」を一部改訂 　　○　前提犯罪を重大犯罪に拡大することを義務付け	
平成10年5月　バーミンガム・サミット（FIUの設置について合意） 平成11年12月　テロ資金供与防止条約の採択（テロ資金提供・収集行為の犯罪化を義務付け） 平成13年9月　米国における同時多発テ	平成12年2月 　組織的犯罪処罰法の施行 　（前提犯罪を重大犯罪に拡大、日本版FIUを金融監督庁に設置等）

第1編　総　論　15

ロの発生

平成13年10月 FATF「8の特別勧告」を策定 ○ テロ資金供与の犯罪化、テロ関係の疑わしい取引の届出の義務付け等	平成14年7月 　テロ資金提供処罰法・改正組織的犯罪処罰法の施行 　（前提犯罪にテロ資金提供・収集罪を追加等）
平成15年6月 FATF「40の勧告」を再改訂 ○ 非金融業者（不動産業者、貴金属商、宝石商等）・職業的専門家（弁護士、会計士等）への勧告の適用	平成15年1月 　金融機関等本人確認法の施行 　（金融機関等による顧客等の本人確認義務の法定化）
平成16年10月 FATF「8の特別勧告」を「9の特別勧告」に改訂 ○ 国境を越える資金の物理的移転を防止するための措置に関する項目の追加	平成16年12月 　改正金融機関等本人確認法の施行 　（預貯金通帳の不正譲渡等の罰則化） 平成16年12月 　国際組織犯罪等・国際テロ対策推進本部 　（「テロの未然防止に関する行動計画」を決定） 平成17年11月 　国際組織犯罪等・国際テロ対策推進本部 　（「FATF勧告実施のための法律の整備」を決定） 平成19年3月 　犯罪収益移転防止法の成立 平成19年4月 　犯罪収益移転防止法の一部施行 　（FIUの移管（金融庁→国家公安委員会・警察庁））

平成20年10月　第3次FATF対日相互審査の結果公表 　　　○　顧客管理に関する勧告5他9項目について、「不履行（NC）」との評価を受ける	平成20年3月 　犯罪収益移転防止法の全面施行 　（非金融業者等に対する本人確認義務等）
平成24年2月　FATF「40の勧告」「9の特別勧告」を改訂 　　　○　「40の勧告」及び「9の特別勧告」を一本化、新「40の勧告」に改訂	平成23年4月 　改正犯罪収益移転防止法の成立 平成23年5月 　改正犯罪収益移転防止法の一部施行 　（預貯金通帳等の不正譲渡等に係る罰則の強化） 平成25年4月 　改正犯罪収益移転防止法の全面施行 　（取引時の確認事項の追加、取引時確認等を的確に行うための措置の追加、特定事業者の追加）
平成25年6月　ロック・アーン・サミット 　　　（G8行動計画原則を合意）	平成25年6月 　日本行動計画を公表
平成26年6月　日本に関するFATF声明の公表 　　　○　マネー・ローンダリング対策等の不備への迅速な対応を要請	平成26年11月 　改正犯罪収益移転防止法の成立 　（疑わしい取引の判断方法の明確化、コルレス契約締結時の厳格な確認、事業者が行う体制整備等の努力義務の拡充等）

（出典）　JAFIC「犯罪収益移転防止に関する年次報告書〔平成26年〕」5頁

　　[Q7]
⑹　敷居値以下に分割された取引に対する取引時確認の実施　[Q9]
⑺　外国の重要な公的地位を有する者等を厳格な顧客管理による確認に追加
　　[Q63]

第1編　総　論　17

第6 犯罪収益移転防止法の概要

1　目的（1条）

犯罪による収益の移転防止を図り、あわせてテロリズムに対する資金供与の防止に関する国際条約等の的確な実施を確保し、もって国民生活の安全と平穏を確保するとともに、経済活動の健全な発展に寄与することを目的とする。

2　特定事業者（2条2項）

犯罪収益移転防止法においては、取引時確認義務等の措置を求められる事業者（特定事業者）には、金融機関のみならず、不動産業者等の金融機関以外の一定範囲の事業者や職業専門家も含まれるが、本書においては、次の金融機関についてのみを対象として取り扱う（以下、特に断りがなければ、本書においては下記の特定事業者を「金融機関」という）。

(1)　銀行

(2)　信用金庫

(3)　信用金庫連合会

(4)　労働金庫

(5)　労働金庫連合会

(6)　信用協同組合

(7)　信用協同組合連合会

(8)　農業協同組合

(9)　農業協同組合連合会

(10)　漁業協同組合

(11)　漁業協同組合連合会

(12)　水産加工業協同組合

(13)　水産加工業協同組合連合会

(14)　農林中央金庫

(15)　株式会社商工組合中央金庫

(16)　株式会社日本政策投資銀行

(17)　保険会社

(18)　保険業法2条7項に規定する外国保険会社等

(19)　保険業法2条18項に規定する少額短期保険業者

(20)　共済水産業協同組合連合会

(21)　金融商品取引法2条9項に規定する金融商品取引業者

(22)　金融商品取引法2条30項に規定する証券金融会社

(23)　金融商品取引法63条3項に規定する特例業務届出者

(24)　信託会社

(25)　信託業法50条の2第1項の登録を受けた者

(26)　不動産特定共同事業法2条5項に規定する不動産特定共同事業者（信託
　　会社または金融機関の信託業務の兼営等に関する法律1条1項の認可を受けた
　　金融機関であって、不動産特定共同事業法2条4項に規定する不動産特定共同
　　事業を営むものを含む）

(27)　無尽会社

(28)　貸金業法2条2項に規定する貸金業者

(29)　貸金業法2条1項5号に規定する者のうち政令で定める者

(30)　資金決済に関する法律2条3項に規定する資金移動業者

(31)　商品先物取引法2条23項に規定する商品先物取引業者

(32)　社債、株式等の振替に関する法律2条2項に規定する振替機関（同法48
　　条の規定により振替機関とみなされる日本銀行を含む）

(33)　社債、株式等の振替に関する法律2条4項に規定する口座管理機関

(34)　電子記録債権法2条2項に規定する電子債権記録機関

(35)　独立行政法人郵便貯金・簡易生命保険管理機構

(36)　本邦において両替業務（業として外国通貨（本邦通貨以外の通貨をいう）
　　または旅行小切手の売買を行うことをいう）を行う者

3 犯罪収益移転危険度調査書（3条3項）

犯罪による収益の移転の危険度の程度に応じて、顧客管理を行うべきとするリスクベース・アプローチの考え方により、国家公安委員会は、毎年、犯罪による収益の移転に係る手口その他の犯罪による収益の移転の状況に関する調査および分析を行った上で、特定事業者その他の事業者が行う取引の種別ごとに、当該取引による犯罪による収益の移転の危険性の程度その他の当該調査および分析の結果を記載した犯罪収益移転危険度調査書[4]を作成し、これを公表する。その内容は、疑わしい取引の届出の際に勘案するなど（法8条2項）金融機関の顧客管理の基準となる。

4 取引時確認義務（4条）

金融機関など特定事業者は、顧客等との取引を行うに際しては、顧客等の本人特定事項等の確認をしなければならない（1項）。

厳格な顧客管理を行う必要性が特に高いと認められる取引については、本人特定事項等の確認および一定額以上の財産移転取引については資産および収入の状況を確認しなければならない（2項）。

5の確認記録の作成および保存と相まって、事後的な資金移転情報の検索を可能にすることで、金融機関など特定事業者が犯罪収益の移転手段に利用されるのを防止するための制度である。

5 確認記録の作成および保存義務（6条）

3の本人確認に基づく本人確認記録を作成し、7年間保存しなければならない。

6 取引記録等の作成および保存義務（7条）

金融機関など特定事業者は、顧客等との資金移転を伴う取引を行った場合

4　https://www.npa.go.jp/sosikihanzai/jafic/nenzihokoku/risk/risk270918.pdf

には、取引記録を作成し、保存（7年間）をしなければならない。

資金移転を伴う取引情報の検索、調査を事後的に可能にすることで、取引時確認と相まって金融機関など特定事業者が犯罪収益の移転手段に利用されるのを防止するための制度である。

7　疑わしい取引の届出義務（8条）

金融機関など特定事業者は、取引時確認の結果その他の事情を勘案して、特定業務（金融機関においては、金融に関する業務その他の政令で定める業務）において収受した財産が犯罪による収益である疑いがあり、または顧客等が特定業務に関し組織的犯罪処罰法10条の罪もしくは麻薬特例法6条の罪に当たる行為を行っている疑いがあると認められる場合には、すみやかに一定の事項を行政庁に届け出なければならない。

この制度は、金融機関など特定事業者から届け出られた情報をマネー・ローンダリング犯罪およびその前提犯罪の捜査に活用し、その結果、金融機関など特定事業者の業務がマネー・ローンダリングに利用されることを防止するためのものである。

8　外国所在為替取引業者とのコルレス契約締結の際の確認義務（9条）

コルレス契約に基づき行われる国際的為替取引においては、顧客について取引時確認等の措置を行うのは相手方の外国所在為替取引業者であるが、当該業者は外国法令の規制下にあるため、わが国の犯収法による取引時確認等の措置と同程度の措置がとられているとは限らない。たとえば、当該顧客がテロ資金の提供者であったとしたら、犯収法と比較して緩やかな規制のため、コルレス契約に基づく為替取引によりわが国にテロ資金が流入する危険がある。そこで、その危険の阻止のため、金融機関に対して外国所在為替取引業者とのコルレス契約締結の際に、顧客に対して十分な取引時確認の措置を行うなどの対策をとっていることの確認が求められている。

第1編　総　　論　21

9 外国為替取引に係る通知義務（10条）

　国際的な電信送金を行う際に送金人に関する情報を順次送金先金融機関に通知する義務を金融機関に定めたものである。

　この制度は、国際金融システムを悪用してテロリストが、国境を越えて資金移転を行うことを阻止するために、国際的協力による資金移動の追跡を可能とする制度として、FATFの特別勧告が各国に求めた措置に対応するものである。

10 取引時確認等を的確に行うための措置（11条）

　金融機関など特定事業者は、取引時確認、取引記録等の保存、疑わしい取引の届出等の措置を的確に行うため、当該取引時確認をした事項に係る情報を最新の内容に保つための措置を講ずるものとするほか、使用人に対する教育訓練の実施その他の必要な体制の整備に努めなければならない。

11 監督上の措置（15条ないし19条）

　金融機関など特定事業者が犯罪収益移転防止法に違反した場合に、その義務履行を担保するために、行政庁が是正命令を行うことおよび必要な指導、助言および勧告をすることができるとした。

12 罰則（25条ないし30条）

　是正命令違反や報告義務違反等に対して罰則が定められている。

第7 金融機関とマネー・ローンダリング対策

1 疑わしい取引の届出状況

　疑わしい取引の届出制度は、平成4年施行の麻薬特例法により創設されたものであるが、当初は、届出の対象が薬物犯罪に限定されていたこともあ

図表2　疑わしい取引の届出件数の推移状況（平成17年から26年）

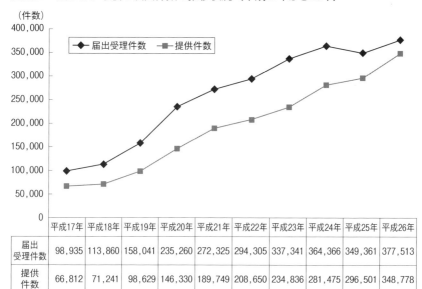

(注1)　届出受理件数とは、平成19年3月までは金融庁が、平成19年4月からは国家公安委員会・警察庁が届出を受理した件数であり、平成19年の届出受理件数は金融庁の届出受理件数と国家公安委員会・警察庁の届出受理件数の合計である。
(注2)　提供件数とは、平成19年3月までは金融庁が警察庁へ、平成19年4月からは国家公安委員会・警察庁が捜査機関等へ提供した件数であり、平成19年の提供件数は金融庁の提供件数と、国家公安委員会・警察庁の提供件数の合計である。
(出典)　JAFIC「犯罪収益移転防止に関する年次報告書〔平成26年〕」36頁

り、平成4年から10年の届出件数は年間20件未満であった。

　しかしながら、組織的犯罪処罰法が施行された平成12年以降は大幅な増加に転じ、平成19年には金融機関からの年間受理件数が15万8,041件、平成26年には37万7,513件と急増している。

　届出件数の大幅な増加の背景には、コンプライアンス意識の高まりに応じて、金融機関が不正な資金移動に対する監視体制を強化したことなどがある。

　特に、届出件数が増加した金融機関は、マネー・ローンダリング対策部署担当者の増員や取引モニタリング・システムによる検知システムの導入などハード面と職員に対するマネー・ローンダリング対策に関する教育、研修を

強化して職員の検知能力の向上を図るソフト面の両面での態勢強化の成果と考えられる。

2　金融機関におけるマネー・ローンダリング対策の意義と必要性

⑴　単なる窓口事務手続から全行的コンプライアンスの問題へ

　金融機関による顧客等の取引時確認、確認記録の作成と保存、取引記録等の作成と保存、疑わしい取引の届出等の措置は、単なる金融機関業務における窓口事務手続レベルの問題ではない。FATF勧告、各条約などによる国際的要請のみならず、犯罪収益移転防止法上、行政庁による監督上の措置や罰則によりその実効性が担保されている実定法上の法的根拠に基づく義務であるから、全行的に管理態勢を構築し、これを実践していかなければならない重要なコンプライアンス問題である。

⑵　金融サービスの濫用防止

　金融機関の提供する金融サービスを利用した犯罪組織や国際テロリストによる犯罪による収益や資金の移動を放置することは、金融システムに対する信頼を損なうことになる。そこで、金融機関と金融システムに対する信頼を確保するためには、金融機関によるマネー・ローンダリング防止のための対策が必要不可欠である。特に国際的に活動する大手銀行等にとっては、国際社会からの厳しいマネー・ローンダリング対策要請に対応できるようにしなければならない。

⑶　金融サービスを悪用した犯罪の防止

　たとえば、振り込め詐欺のような金融サービスを悪用した犯罪が後を絶たない。金融機関が疑わしい取引の届出等の措置を充実させることは、捜査機関に対して犯罪捜査への資料提供が十分なされることとなり、ひいては、金融サービスを悪用した犯罪の防止および抑止となる。

⑷　犯罪被害の回復

　犯罪による収益の移転とマネー・ローンダリングを放置すれば、犯罪被害者への被害回復は困難となる。そこで、犯罪被害者への被害回復を実現する

24

ためには、金融機関によるマネー・ローンダリング防止のための対策が重要である。

3 コンプライアンスの観点とリスクベース・アプローチの観点

金融機関のマネー・ローンダリング対策の態勢整備とその運用実務においては、コンプライアンスおよびリスクベース・アプローチという2つの観点が必要である。

(1) コンプライアンスの観点

顧客等の取引時確認、本人確認記録の作成と保存、取引記録等の作成と保存、疑わしい取引の届出等の措置が行われることは、金融機関において全行的に取り組むべき重要なコンプライアンス問題である。そこで、金融機関としては、

① 基本方針を決定し、

② 内部規程・組織体制を整備し、

③ その状況を分析して実効性の評価と必要な改善を行う

ことが必要となる。

(2) リスクベース・アプローチの観点

リスクベース・アプローチの観点とは、金融機関のマネー・ローンダリング対策が不十分な結果、マネー・ローンダリングあるいはテロ資金の供与等の組織犯罪による金融サービスの濫用により、金融機関には、顧客クレーム対応、捜査機関の捜査への協力、没収、保全処分、訴訟、行政処分、刑事処分等の損失やコストが発生することから、これを金融機関の経営上のリスクと考え、当該リスクを適切に管理するためのアプローチである。平成23年改正法においても導入されている（厳格な顧客管理を行う必要性が特に高いと認められる取引：法4条2項）。

そして、金融機関にとって有限な人的・物的資源を有効かつ効果的にマネー・ローンダリング対策に生かすために、リスクベース・アプローチの観点においては、ハイリスクなケースには、より、厳格かつ慎重な対応を行うべく、マネー・ローンダリングあるいはテロ資金の供与等のリスクを取引の

第1編 総 論 25

種類、商品内容、取引の態様、顧客の属性等の類型別にリスク評価して制度設計して対応する。

4　内部態勢の構築

金融機関のマネー・ローンダリング対策のための内部態勢の構築として、次のような点の整備を行うべきである。平成23年改正法においても取引時確認等を的確に行うための措置を義務づけられることになった（法10条）。

(1)　管理態勢の基本方針の決定

金融機関のマネー・ローンダリング対策の態勢整備とその運用実務におけるコンプライアンスおよびリスク評価の重要性にかんがみ、その基本方針は取締役会等の役員会における方針決定により行われるべきである。

(2)　内部規程・組織体制の整備

取引時確認や疑わしい取引の届出等を迅速的確に行うために以下のような一元的な管理態勢が整備され、機能していることを要する。

① 適切な職員採用方針や顧客受入方針を策定する。

② 取引時確認や疑わしい取引の届出等の顧客管理を的確に行うために、管理職レベルのテロ資金供与およびマネー・ローンダリング対策のコンプライアンス担当者を配置すること。

③ 取引時確認や疑わしい取引の届出等を含む顧客管理方法について、マニュアル等が作成され、職員に対して周知されている。

④ 金融機関が既に行った取引時確認の情報について信用性に疑いが発生した場合、あるいは、取引の相手方が取引の名義人になりすましている疑いがある場合等には、本人確認書類の再提出を求めるなどして、取引時確認の再確認を行う態勢が整備されている。

⑤ 職員による適切な運用が可能となるように、十分かつ継続的な研修が行われている。

⑥ 金融機関の業務内容や業容、規模に応じて、疑わしい取引や顧客等を検索、分析、検出して管理するための態勢がとられている。たとえば、取引数の膨大な大規模銀行であれば、取引モニタリング・システムを備えるな

どである。

⑦　取引時確認や疑わしい取引等の調査を含め、職員が発見した組織的犯罪による金融サービスの濫用に関連する事案についての適切な報告態勢として方針、方法および情報管理体制等が整備されている。

⑧　取引時確認や顧客管理のなかで、顧客属性に照らして、問題があると認められた顧客や取引等について、管理職による意思決定を含め適正に管理・対応するための態勢をとっている。

(3)　評価と改善

①　基本方針と規程で定めた取引時確認や疑わしい取引の届出等のマネー・ローンダリング対策の遵守状況のチェック態勢が整備されている。

②　遵守状況の実効性の評価を行い、その不備の原因を検証し、改善すべき点を指摘するプロセスが整備されている。

③　改善点に基づき、規程の整備、職員の研修等の対策がとられる態勢となっている。

5　リスクベース・アプローチの観点からのリスク評価

リスクベース・アプローチの観点においては、基本的に、リスク評価上、リスクの高いファクター（取引種類、態様や取引属性など）に関する取引については、次のような対応を行うべきである。

⑴　取引時確認に当たって、追加の本人確認書類を徴求するなど、より厳格かつ慎重な手続を行う。

⑵　疑わしい取引に当たるかについて、追加情報を収集して慎重にその判断を行う。

⑶　顧客の状況や事業の目的、内容、その後の取引態様などの情報を収集して継続的に注意して対応する。

以下は、リスク評価の分類、整理の一例である。

⑴　取引の種類、商品内容

①　為替取引

②　外国為替取引

第1編　総　論　27

③　両替

④　オンライン・バンキング

⑵　取引の態様

①　それまでの取引実績から比較して突然高額な資金移動を伴う取引が開始
される場合

②　休眠口座が突然頻繁な入出金を開始する場合

③　顧客の資産、収入に比較して合理的な理由なく金額の大きな取引の場合

④　国連制裁の対象国、マネー・ローンダリング対策の不十分な国や地域に
頻繁に送金する場合

⑤　顧客の事業等から経済的合理性のない国や地域との取引の場合

⑥　非対面のみで行う取引の場合

⑶　顧客の属性

①　反社会的勢力に当たる顧客

②　口座の不正利用や、架空、借名、名義貸し等に関与したことのある顧客

③　住所が遠隔地にあるにもかかわらず合理的理由なく口座を開設して取引
する顧客

④　合理的な理由なく多数の口座を有する顧客

⑤　口座を開設し、広範な裁量権限のもと顧客にかわって資金の入出金を行
う公認会計士、弁護士等

⑥　その実体や実質的支配者が不明な法人（ペーパーカンパニーなど）

6　犯罪収益移転危険度調査書による取引の危険度の評価

犯罪収益移転危険度調査書（平成27年9月）によれば、リスクベース・ア
プローチの観点から、取引における犯罪による収益の移転の危険度の評価と
して危険度の高い取引を次のように整理している。

⑴　取引形態と危険度

①　非対面取引

非対面取引においては、取引の相手方や本人確認書類を直接観察すること
ができないことから、本人確認の精度が低下することとなる。したがって、

非対面取引は、対面取引に比べて匿名性が高く、本人確認書類の偽変造等により本人特定事項を偽り、または架空の人物や他人になりすますことを容易にする。

マネー・ローンダリングに悪用されていた事例があること等から、非対面取引は危険度が高いと認められる。

なお、非対面取引の危険度の低減を図るため、犯罪収益移転防止法に基づき、特定事業者は、非対面取引を行う場合には、本人確認書類の写しの送付に加えて、取引関係文書を転送不要郵便物等により、顧客の住所に送付するなどの方法による取引時確認を行っている。また、所管行政庁においても非対面取引が犯罪による収益の移転に悪用されないよう監督措置を実施している。

② 現金取引

現金取引は、流動性および匿名性が高く、捜査機関による犯罪収益の流れの解明を困難にする。特に、わが国の消費支出は現金取引が中心であり、現金を取り扱う事業者において、取引内容に関する記録が正確に作成されない限り、犯罪収益の流れの解明が困難となる。

実際にも、他人になりすますなどし、現金取引を通じて、マネー・ローンダリングを行っている事例があること等から、現金取引は危険度が高いと認められる。

なお、現金取引の危険度の低減を図るため、犯罪収益移転防止法は、金融に関する業務等を行う特定事業者が顧客等と一定額を超える現金の受払いをする取引に際して、取引時確認を行わなければならないこと等を定めている。このような措置は、現金取引の危険度の低減に資するものと考えられる。

③ 外国との取引

外国との取引は、法制度や取引システムの相違等から、国内取引に比べて資金移転の追跡を困難にする。

実際にも、正規の商取引を装うなどして外国との間で犯罪収益を移転させている事例があること等から、外国との取引は犯罪による収益の移転が行わ

れる危険性があると認められる。

　そして、以下のような取引は危険度が高いと認められる。

ア　適切なマネー・ローンダリング等対策がとられていない国・地域との間
　　で行う取引

イ　多額の現金を原資とする外国送金取引

　外国との取引の危険度の低減を図るため、犯罪収益移転防止法や外為法が
外国為替取引や支払手段等の輸出入を規制しているほか、当局による指導・
監督も行われている。

(2)　国・地域と危険度

　外国との取引にあっては、前述のとおり、犯罪による収益の移転が行われ
る危険性があると認められるが、FATF声明をふまえれば、イランおよび北
朝鮮との取引は、その危険度が特に高いと認められる。このほか、アルジェ
リアおよびミャンマーについてもFATF声明をふまえると注意を要し、当該
２カ国との取引は、イランおよび北朝鮮ほどではないものの、外国との取引
のなかでも、危険度が高いと認められる。

　このような危険に対処するため、犯罪収益移転防止法は、特定事業者に対
して、特定国等が関係する取引に際して厳格な取引時確認を行うことを義務
づけるとともに、所管行政庁においても、そのような取引が犯罪による収益
の移転に悪用されることがないよう監督措置を実施している。

(3)　顧客の属性と危険度

① 　反社会的勢力（暴力団等）

　暴力団をはじめとする反社会的勢力は、財産的利益の獲得を目的に、さま
ざまな犯罪を敢行しているほか、企業活動を仮装・悪用した資金獲得活動を
行っている。このような犯罪行為または資金獲得活動により得た資金の出所
を不透明にするマネー・ローンダリングは、反社会的勢力にとって不可欠と
いえる。よって、反社会的勢力との取引は危険度が高いと認められる。

　なお、反社会的勢力との取引における危険度の低減を図るため、当局によ
る指導・監督や業界・事業者の取組みの強化が行われているところであり、
これらを通じて反社会的勢力との関係遮断および犯罪による収益の移転防止

のための措置が講じられている。

② 非居住者

非居住者との取引は、非対面取引になるため、匿名性が高く、当該非居住者は、容易に本人特定事項を偽り、または架空の人物や他人になりすますことができるとともに、居住者との取引に比べて、事業者による継続的な顧客管理の手段が制限されることになることから、非居住者との取引は危険度が高いと認められる。

なお、非居住者との取引の危険度の低減を図るため、金融庁が策定している監督指針においては、疑わしい取引の届出を行うに当たって顧客の属性、取引時の状況等を総合的に勘案するなどして適切に検討・判断を行う態勢の整備を求めている。

③ 外国の重要な公的地位を有する者

外国の重要な公的地位を有する者が犯罪による収益の移転に悪用しうる地位や影響力を有することのほか、その本人特定事項等の十分な把握が制限されること、腐敗対策に関する国ごとの取組みの差異等から、外国の重要な公的地位を有する者との取引は危険度が高いと認められる。

なお、外国の重要な公的地位を有する者との取引の上記のような危険度にかんがみ、FATFは、各国に対し、外国の重要な公的地位を有する者との取引について厳格な顧客管理措置を講ずることを求めている。

④ 実質的支配者が不透明な法人

法人は、所有する財産を複雑な権利・支配関係のもとに置くことにより、その帰属を複雑にし、財産を実質的に支配する自然人を容易に隠蔽することができる。このような法人の特性により、実質的支配者が不透明な法人は、その有する資金の追跡を困難にする。

特定事業者においては、犯罪収益移転防止法に基づき、法人顧客の実質的支配者に関する本人特定事項の確認を行っているところ、実務的には、実質的支配者が不透明となる場合がある。

実際にも、詐欺による犯罪収益の隠匿手段として、実質的支配者が不透明な法人の名義で開設された口座が悪用されていた事例があること等から、実

質的支配者が不透明な法人との取引は危険度が高いと認められる。

⑤　顔写真のない身分証明書を用いる顧客

　顔写真のない証明書は、顔写真のある証明書と比べて、本人確認書類の被証明者と提示した顧客等の同一性の証明力が劣るため、犯罪による収益の移転を企図する者が、他人名義の顔写真のない証明書を不正に入手し、他人になりすまして取引を行う場合、特定事業者が取引時確認によりこれを看破することは容易ではない。したがって、顔写真のない証明書には、犯罪による収益の移転に悪用される脆弱性が認められる。

　実際にも、不正に取得した他人名義の顔写真のない証明書を悪用し、他人になりすまして取引が行われた事例があること等から、顔写真のない証明書を提示する顧客等との取引は、顔写真のある証明書を用いた取引と比べて危険度が高いと認められる。

第 2 編

ケーススタディ

第1 金融機関と犯収法

Q1 金融機関の業務と犯収法上の義務

金融機関の行う業務と犯収法が金融機関に課す義務はどのような関係か。

結 論

　金融に関する業務および当該金融機関が行う業務（特定業務）については、取引記録の作成・保存、疑わしい取引の届出および一定の場合、厳格な顧客管理を要する取引としての取引時確認を要する。特定業務のうち、特定取引については、取引時確認および確認記録の作成・保存の義務が課せられている。

············ **解　説** ············

　犯収法は、特定事業者である金融機関の業務について、金融に関する業務および当該金融機関が行う業務を特定業務として定め（法4条1項別表、施行令6条1号）、特定業務のうち、預貯金契約（預金または貯金の受入れを内容とする契約）の締結などの取引を特定取引と定めている（法4条1項別表、施行令7条1項1号）。

　それぞれの業務における金融機関の犯収法上の義務は次のとおりである。

(1)　特定業務

　取引記録等の作成義務（法7条）[Q88]

　疑わしい取引の届出義務（法8条）[Q91]

　なりすましの疑いのある取引などの取引について、厳格な顧客管理を要する取引としての取引時確認義務（法4条2項）[Q61]および確認記録の作成・保存義務（法6条）[Q81]

(2)　特定取引等（[Q12]脚注84）

　取引時確認義務（法4条1項）[Q4]および確認記録の作成・保存義務

（法6条）［Q81］

　なりすましの疑いのある取引などの取引について、厳格な顧客管理を要する取引としての取引時確認義務（法4条2項）［Q61］および確認記録の作成・保存義務（法6条）［Q81］

ワンポイントアドバイス

　概念的には、金融機関の特定業務に当たらない業務は犯収法の規制対象外であるが、特定業務の定義である金融に関する業務および当該金融機関が行う業務以外の業務は実務的には考えにくい。

第2編　ケーススタディ　35

Q2 犯罪収益移転危険度調査書

1 犯罪収益移転危険度調査書とは何か。
2 金融機関は犯罪収益移転危険度調査書をどのように活用すればいいのか。

結論

1 犯収法に基づき国家公安委員会が毎年作成して公表する、事業者が行う取引の種別ごとに、危険度等を記載した情報である。
2 金融機関としては、犯罪収益移転危険度調査書の内容を参考にして、危険度の高い取引にはより注意を払うなどして、顧客管理を適切に実施し、取引がマネー・ローンダリングに悪用されることを適切に防止することが求められる。

·········· 解　説 ··········

1 設問1

国家公安委員会は、毎年、犯罪による収益の移転に係る手口その他の犯罪による収益の移転の状況に関する調査および分析を行った上で、特定事業者その他の事業者が行う取引の種別ごとに、当該取引による犯罪による収益の移転の危険性の程度その他の当該調査および分析の結果を記載した犯罪収益移転危険度調査書[1]を作成し、これを公表するとされている（犯収法3条3項）。

これは、FATFの新40の勧告において、「各国は、自国における資金洗浄およびテロ資金供与のリスクを特定、評価および把握すべき」（A1.）との要請に基づくものである[2]。

その内容は、事業者が行う取引の種別ごとに、危険度が高い取引と危険度

---

1 https://www.npa.go.jp/sosikihanzai/jafic/nenzihokoku/risk/risk270918.pdf

の低い取引等が分析・評価して記載されており、金融機関の行う取引について、リスクベース・アプローチの観点からの分析がなされている。

2 設問2

　金融機関は、犯罪収益移転危険度調査書の内容を参考にして、危険度の高い取引にはより注意を払うなどして、顧客管理を適切に実施し、取引がマネー・ローンダリングに悪用されることを適切に防止することが求められる。

　犯罪収益移転危険度調査書を実際に活用するに当たっては、当該金融機関の業務の種類や規模に応じて個別、具体的に参考にすべきである。当該金融機関が多く行う取引のうち危険度の高いとされた取引については、規程類の制定、実施運用や従業員に対する教育訓練の際に重要な注意点と扱うなどにより活用すべきである。

ワンポイントアドバイス

　取引時確認等を的確に行うための措置には、犯罪収益移転危険度調査書の内容を勘案して講ずべきものが定められている（法11条4号、施行規則32条1項）［Q112］。

2　2013年6月のロック・アーン・サミットのG8行動計画原則においても、各国が「リスク評価を実施し、自国の資金洗浄・テロ資金対策を取り巻くリスクに見合った措置を講じる」ことが盛り込まれている。

第2編　ケーススタディ　37

第2 取引時確認

Q3 取引時確認の概要

取引時確認とは何か。

結 論

金融機関に課せられている、以下の確認をいう。

(1) 特定取引[3]を行うに際しての顧客の本人特定事項[4]、取引目的、職業、事業内容および実質的支配者の本人特定事項の確認

(2) なりすましの疑いのある場合の取引など厳格な顧客管理の必要性が特に高いと認められる取引を行うに際しての顧客等の本人特定事項等 [Q11] および資産・収入の状況[5]の確認

(3) 会社の代表者が会社のために特定取引等を行うなど金融機関との間で現に特定取引等[6]の任に当たっている自然人が会社等顧客と異なるときの、当該顧客等に対する上記(1)または(2)についての確認に加えて、その現に特定取引等の任に当たっている自然人の本人特定事項の確認

(4) 国や上場企業、人格のない社団または財団との間の特定取引において現に特定取引等の任に当たっている自然人の本人特定事項の確認

············ **解　説** ············

犯収法上、特定事業者である金融機関には、次の確認義務が課せられている。

3　法4条1項 [Q4] 参照。
4　自然人については、氏名、住居（本邦内に住居を有しない外国人で政令で定めるものにあっては、主務省令で定める事項）および生年月日、法人については、名称および本店または主たる事務所の所在地（法4条1項1号）[Q11] 参照。
5　200万円を超える財産の移転を伴う場合についてである（施行令11条）。
6　「特定取引等」については [Q12] 参照。

(1) 顧客等との間で、金融に関する業務など特定業務のうち特定取引を行う
　　に際しての次の事項の確認（法4条1項）

　① 顧客等の本人特定事項（自然人については氏名、住居（本邦内に住居を
　　有しない施行令で定める外国人[7]は、国籍および旅券の番号等[8]で定める事
　　項）および生年月日、法人にあっては名称および本店または主たる事務所の
　　所在地）

　② 取引を行う目的

　③ 自然人について職業、法人について事業内容

　④ 法人である場合において、その事業経営を実質的に支配することが可
　　能となる関係にあるものとして施行規則[9]で定める者があるときにあっ
　　ては、その者の本人特定事項

　　なお、金融機関が自ら取引時確認する方法でなく次のような方法による
　　確認も認められる（施行規則13条）[10]。

　　ア 信託や保険契約などに関し、預貯金の口座振替により決済されるも
　　　のについては、その口座が開設されている金融機関が預貯金受入れの
　　　契約の締結の際に取引時確認を行い、かつ、その取引確認についての
　　　確認記録が保存されていることを確認する方法（この方法を用いよう
　　　とする金融機関と取引時確認を行う金融機関があらかじめこの方法を用い
　　　ることについて合意している場合に限る）

　　イ 当該金融機関が、取引時確認（法4条1項）（法4条5項の規定によ
　　　り国等について読み替えて適用する場合を含む）および代表者等につい
　　　ての取引時確認（法4条1項に関する部分に限る）に相当する確認を行
　　　い、その確認について確認記録に相当する記録の作成および保存をし
　　　ている場合の顧客等または代表者等について、施行規則16条に定める

7　本邦に在留する外国人であって、その所持する旅券または乗員手帳の記載によって当
　該外国人のその属する国における住居を確認することができないもの。
8　施行規則8条。
9　施行規則11条2項。
10　ただし、なりすましが疑われる取引、確認事項を偽っていた疑いのある顧客等または
　代表者等との取引、疑わしい取引または同種の取引に態様と著しく異なる態様で行われ
　る取引を行う場合は除外される。

第2編　ケーススタディ　39

方法［Q70］に相当する方法により既に当該確認を行っていることを確認するとともに、当該記録を確認記録として保存する方法

(2)　次に、リスクベース・アプローチの観点から、マネー・ローンダリングの可能性が高い取引（ハイリスク取引）については、より厳格な顧客管理を行うために、関連取引においてなりすましている疑いのある場合の取引等や一定の特定取引を行うに際しては、顧客等について、上記(1)①ないし④の事項とともにその取引の価額が200万円を超える財産の移転を伴う場合にあっては、資産および収入の状況の確認も行わなければならない（法4条2項）［Q61］。

(3)　会社の代表者が会社のために特定取引等を行うなど金融機関との間で現に特定取引等の任に当たっている自然人が会社等顧客と異なるときの、当該顧客等に対する上記(1)①または②についての確認に加えて、その現に特定取引等の任に当たっている自然人の本人特定事項の確認（法4条4項）［Q12］

および

(4)　国や上場企業、人格のない社団または財団との間の特定取引において現に特定取引等の任に当たっている自然人の本人特定事項の確認（法4条5項）［Q13］

が求められている。

以上の(1)ないし(4)の確認の総称が「取引時確認」とされる（法4条6項）。

ワンポイントアドバイス

平成26年改正においては、厳格な顧客管理を要する取引に、外国の重要な公的地位を有する者等との取引が追加された［Q63］。

取引時確認の検討手順については、本節末の図表4を参照されたい。

Q 4 取引時確認の対象（特定取引）

取引時確認を要する特定取引とは何か。

結 論

取引時確認を要する金融機関の特定取引とは次の4種類の取引である。

(1) 簡素な顧客管理を行うことが許容される取引を除き、預金の受入れを内容とする契約など施行令7条各号に定める取引（対象取引）

(2) (1)以外の取引で、疑わしい取引

(3) (1)以外の取引で、同種の取引の態様と著しく異なる態様で行われる取引

·········· 解 説 ··········

平成26年改正前犯収法においては、取引時確認を要する金融機関の特定取引は、犯罪による収益の移転に利用されるおそれがない取引として施行規則で定められた取引を除き、平成27年改正前施行令7条1項各号に定める取引、すなわち、預金の受入れを内容とする契約など継続的取引関係の設定契約や200万円を超える現金の受払いをする取引など多額の一見取引などとされた。

これに対して、平成26年改正犯収法においては、取引時確認を要する特定取引は、次の4種類の取引となった（施行令7条1項柱書・3項）。

(1) 対象取引

電気、ガスまたは水道水の使用料金の支払など施行規則4条で定める簡素な顧客管理を行うことが許容される取引を除き、預金の受入れを内容とする契約など施行令7条各号に定める取引

(2) 顧客管理を行う上で特別の注意を要する取引

① 疑わしい取引

(1)の取引以外の取引で、取引において収受する財産が犯罪による収益[11]である疑いまたは組織的犯罪処罰法10条の罪[12]もしくは麻薬取締法

第2編 ケーススタディ 41

6条の罪[13]に当たる行為を行っている疑いがあると認められる顧客管理を行う上で特別の注意を要する取引である。

取引時確認の義務が課されない200万円以下の現金の受払いをする取引などの取引でもマネー・ローンダリング犯罪が疑われる取引を取引時確認の対象とすることにより、マネー・ローンダリング犯罪の検挙等の実効性を確保するものである[14]。

② 同種の取引の態様と著しく異なる態様で行われる取引

(1)の取引以外の取引で顧客管理を行う上で特別の注意を要するものとして施行規則5条で定める取引である［Q8］。

なお、顧客等が、2以上の現金等受渡取引等の取引を同時にまたは連続して行う場合において、その2以上の取引が1回当たりの取引の金額が特定取引として取引時確認の対象となる敷居値を下回るために1つの取引を分割したものの全部または一部であることが一見して明らかなものであるときは、その2つ以上の取引を1の取引とみなして、対象取引に当たるか否かを検討する［Q9］。

図表3　特定取引の概念

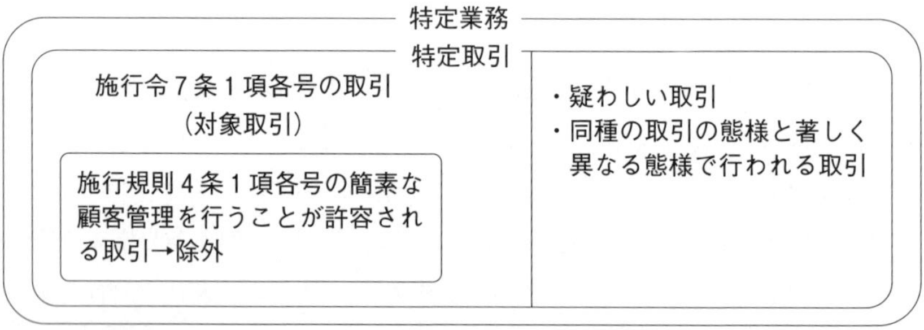

(出典)　筆者作成

11　［Q92］。
12　［Q92］。
13　［Q92］。
14　第3次FATF対日相互審査（平成20年10月）で指摘された事項である。

ワンポイントアドバイス

特定取引の概念を図で示すと図表3のとおりである。

Q5 取引時確認を要する取引（対象取引）の範囲

取引時確認の対象とすべき対象取引（特定取引）とは何か。

結論

　預金または貯金の受入れを内容とする契約の締結、為替取引その他政令（施行令7条1項1号）で定める取引である（法4条1項）。

・・・・・・・・・・・ 解　　説 ・・・・・・・・・・・

　犯収法において特定事業者である金融機関に取引時確認義務が課せられる特定取引は、施行令7条1項1号に列挙されており、具体的には以下のとおりである。

　なお、犯罪による収益の移転に利用されるおそれがない取引として施行規則4条で定めるものは特定取引から除外される［Q6］。

(1)　預金または貯金の受入れを内容とする契約の締結（施行令7条1項1号イ）

(2)　定期積金等の受入れを内容とする契約の締結（同号ロ）

(3)　信託[15]に係る契約の締結（同号ハ）

(4)　(9)に規定する以外の信託行為、信託法89条1項に規定する受益者指定権等の行使、信託の受益権の譲渡その他の行為による信託の受益者との間の法律関係の成立（同号ニ）

(5)　保険業法2条1項に規定する保険業を行う者が保険者となる保険契約の締結（同号ホ）

(6)　農業協同組合法10条1項10号または水産業協同組合法11条1項11号、93

15　受益権が金商法2条1項に規定する有価証券に表示される権利（同項12号から14号に掲げる受益証券に表示される権利を除く）または同条2項の規定により有価証券とみなされる権利（同項1号および2号に掲げるものを除く）である信託および担保付社債信託法2条1項に規定する信託契約に係る信託を除く。

条１項６号の２もしくは100条の２第１項１号に規定する共済に係る契約の締結（同号ヘ）

⑺　保険業法２条１項に規定する保険業を行う者が保険者となる保険契約もしくは郵政民営化法等の施行に伴う関係法律の整備等に関する法律２条の規定による廃止前の簡易生命保険法３条に規定する簡易生命保険契約または共済に係る契約に基づく年金[16]、満期保険金、満期返戻金、解約返戻金または満期共済金の支払（勤労者財産形成貯蓄契約等、勤労者財産形成給付金契約、勤労者財産形成基金契約、資産管理運用契約等および資産管理契約に基づくものを除く）（同号ト）

⑻　保険契約または共済に係る契約の当事者の変更（同号チ）

⑼　金商法２条８項１号から６号もしくは10条に掲げる行為[17]または同項７号から９号に掲げる行為[18]により顧客等に有価証券を取得させる行為を行うことを内容とする契約の締結（同号リ）

⑽　金商法28条３項各号または４項各号に掲げる行為（投資助言・代理業、投資運用業）を行うことを内容とする契約の締結（当該契約により金銭の預託を受けない場合を除く）（同号ヌ）

⑾　有価証券の貸借またはその媒介もしくは代理を行うことを内容とする契約の締結（同号ル）

⑿　無尽業法１条に規定する無尽に係る契約の締結（同号ヲ）

⒀　不動産特定共同事業法２条３項に規定する不動産特定共同事業契約の締結またはその代理もしくは媒介[19]（同号ワ）

⒁　金銭の貸付または金銭の貸借の媒介（手形の割引、売渡担保その他これら

16　人の生存を事由として支払が行われるものに限る。
17　有価証券の売買などである。
18　有価証券の募集または私募などである。
19　「不動産特定共同事業契約の締結又はその代理若しくは媒介」であるから、代理または媒介によって不動産特定共同事業契約が締結された場合に取引時確認を行うことを要する。不動産特定共同事業契約の代理もしくは媒介を行う契約は取引時確認の対象とならない。この点、媒介もしくは代理を行うことを内容とする契約の締結が取引時確認の対象となるルの「有価証券の貸借又はその媒介若しくは代理を行うことを内容とする契約の締結」とは異なる。

に類する方法によってする金銭の交付または当該方法によってする金銭の授受の媒介を含む）を内容とする契約の締結（同号カ）

⒂　商品先物取引法2条22項各号に掲げる行為[20]を内容とする契約の締結（同号ヨ）

⒃　現金、持参人払式小切手[21]、自己宛小切手[22]または無記名の公社債[23]の本券もしくは利札の受払いをする取引[24]であって、当該取引の金額が200万円（現金の受払いをする取引で為替取引または自己宛小切手の振出しを伴うものにあっては、10万円）を超えるもの（同号タ）

⒄　他の金融機関（法2条2項1号から15号（第1編第6、2⑴ないし⒂）のものに限る）が行う為替取引（当該他の金融機関が⒅に規定する契約に基づき行うものを除く）のために行う現金の支払を伴わない預金または貯金の払戻しであって、金額が10万円を超えるもの（同号レ）

⒅　⑴に掲げる取引を行うことなく為替取引または自己宛小切手[25]の振出しを継続的にまたは反復して行うことを内容とする契約の締結（同号ソ）

⒆　貸金庫の貸与を行うことを内容とする契約の締結（同号ツ）

⒇　社債、株式等の振替に関する法律12条1項または44条1項[26]の規定による社債等の振替を行うための口座の開設を行うことを内容とする契約の締結[27]（同号ネ）

㉑　保護預りを行うことを内容とする契約の締結（同号ナ）

20　商品市場における取引（商品清算取引を除く）の委託を受け、またはその委託の媒介、取次ぎもしくは代理を行う行為などである。

21　小切手法5条1項3号に掲げる持参人払式として振り出された小切手または同条2項もしくは3項の規定により持参人払式小切手とみなされる小切手をいい、同法37条1項の線引きがないものに限る。

22　小切手法6条3項の規定により自己宛てに振り出された小切手をいい、同法37条1項に規定する線引きがないものに限る。

23　所得税法2条1項9号に掲げる公社債をいう。

24　本邦通貨と外国通貨の両替ならびに旅行小切手の販売および買取りを除く。

25　小切手法6条3項の規定により自己宛てに振り出された小切手をいう。

26　社債、株式等の振替に関する法律44条1項では、前段として、ある口座管理機関が他の者について口座を開設することができる。後段として、その場合に当該口座管理機関はあらかじめ振替機関または他の口座管理機関から口座の開設を受けなければならないと規定する。このうち犯収法が取引時確認を想定しているのは口座開設する際についてであるから前段の場合だけである（逐条解説141頁）。

⑿　200万円を超える本邦通貨と外国通貨の両替または200万円を超える旅行小切手の販売もしくは買取り（同号ラ）

⒀　外国銀行[28]の業務の代理または媒介として行う上記(1)、(2)、⒁もしくは⒅に掲げる取引[29]または上記(1)、(2)、⒁もしくは⒅に規定する契約[30]に基づく取引

ワンポイントアドバイス

　取引時確認が必要な金融機関の特定取引の範囲は大変広範であり、顧客との間の多くの金融取引が含まれるので、例外として対象取引から除外される犯罪による収益の移転に利用されるおそれがない取引として施行規則４条で定める取引［Ｑ６］を把握することも重要である。

27　直近下位の口座管理機関と直近上位機関との関係についての犯収法上の位置づけは、直近下位の口座管理機関が顧客、直近上位機関が特定事業者である。この場合に直近下位の口座管理機関が直近上位機関の取引時確認をする必要はないとされる（逐条解説141頁）。
28　銀行法10条２項８号に規定する外国銀行をいう。
29　⒅に掲げる取引にあっては、為替取引に係るものに限る。
30　脚注29と同じ。

第２編　ケーススタディ　47

Q6 簡素な顧客管理を行うことが許容される取引

取引時確認すべき特定取引から除外される簡素な顧客管理を行うことが許容される取引とは何か。

結論

貯蓄性のない保険契約の締結など犯罪収益移転危険度調査書にマネー・ローンダリングに利用される危険度が低いとして記載された取引である。

平成26年改正により、電気、ガスおよび水道水の料金ならびに学校の入学金、授業料等の支払も追加された（下記(8)③および④）。かかる取引は、疑わしい取引の届出対象となる場合があるものの、疑わしい取引その他の顧客管理を行う上で特別の注意を要する取引に当たらない限り、取引時確認は不要である。

············ 解　説 ············

1　特定事業者である金融機関の特定取引のうち、犯罪による収益の移転に利用される危険度が低い取引として取引時確認すべき特定取引から除外される取引は次のとおりである（施行令7条、施行規則4条）。

これらの取引は、金融商品取引業者の分別管理の際の顧客保護のための信託行為などマネー・ローンダリングに利用されるおそれのない取引であるため特定取引から除外されている。

(1)　信託に係る契約の締結または信託行為、信託法89条1項に規定する受益者指定権等の行使、信託の受益権の譲渡その他の行為による信託の受益者との間の法律関係の成立[31]に関する取引（施行令7条1項1号ハまたはニ）のうち、次に掲げるもの（施行規則4条1項1号）[32]

　①　金商法43条の2第2項の規定による信託に係る契約の締結または同項

31　施行令7条1号リに規定する行為に係るものを除く。

48

の規定による信託に係る信託行為もしくは信託法89条1項に規定する受
益者を指定する権利の行使による当該信託の受益者との間の法律関係の
成立

② 金融商品取引業等に関する内閣府令143条の2第1項に規定する顧客
区分管理信託に係る契約の締結または同項に規定する顧客区分管理信託
に係る信託行為もしくは信託法89条1項に規定する受益者を指定する権
利の行使による当該信託の受益者との間の法律関係の成立

③ 資金決済に関する法律16条1項に規定する発行保証金信託契約の締結
または同項に規定する発行保証金信託契約もしくは信託法89条1項に規
定する受益者を指定する権利の行使による当該発行保証金信託契約に係
る信託の受益者との間の法律関係の成立

④ 資金決済に関する法律45条1項に規定する履行保証金信託契約の締結
または同項に規定する履行保証金信託契約もしくは信託法89条1項に規
定する受益者を指定する権利の行使による当該履行保証金信託契約に係
る信託の受益者との間の法律関係の成立

⑤ 商品先物取引法施行規則98条1項1号および98条の3第1項1号の規
定による信託に係る契約の締結またはこれらの規定による信託に係る信
託行為もしくは信託法89条1項に規定する受益者を指定する権利の行使
による当該信託の受益者との間の法律関係の成立

(2) 保険契約の締結、共済に係る契約の締結、保険契約または共済契約に係
る契約の契約者の変更（施行令7条1項1号ホ、へまたはチ）についての取
引のうち、保険契約（同号ト）または共済に係る契約（同号へ）であって
次に該当するもの（施行規則4条1項2号)[33]

以下のうち、①は保険料の積立の払戻しのない保険商品であるから貯蓄

---

32 資金の原資が明らかで、法令等により顧客等が限定されているし、取引の過程におい
て、法令により国等の監督が行われていて、顧客等の本人性を確認する手段が法令等に
より担保されている取引であることから、危険度が低いとされる（犯罪収益移転危険度
調査書第5参照：以下同じ）。

33 蓄財性がないまたは低い商品、サービスへの犯罪収益の投資は、マネー・ローンダリ
ングの手段としては非効率的であることが危険度の低い理由である。

性がなく、②は払戻しのある商品であっても、その金額が保険料の総支払額の80パーセント未満である場合には貯蓄性が低いとして、いずれも特定取引から除外する趣旨である。

① 年金[34]、満期保険金、満期返戻金または満期共済金を支払う旨の定めがないもの（期間の限定がなく、人の死亡を事由として支払が行われるものであって、かつ、保険料または共済掛金を一時に払い込むことを内容とするものを除く）

② 年金、満期保険金、満期返戻金または満期共済金を支払う旨の定めがあるもののうち、当該保険契約または共済に係る契約に基づき払い込まれる保険料[35]または共済掛金[36]の総額の100分の80に相当する金額が年金、満期保険金、満期返戻金および満期共済金の金額の合計を超えるもの[37]

(3) 保険業を行う者が保険者となる保険契約もしくは簡易生命保険契約または共済に係る契約に基づく年金[38]、満期保険金、満期返戻金、解約返戻金または満期共済金の支払[39]（施行令7条1項1号）についての取引のうち、次に掲げるものに係るもの（施行規則4条1項3号）[40]

① 上記(2)①または②に掲げるもの

② 適格退職年金契約、団体扱い保険[41]もしくは保険業法施行規則83条1

---

34 人の生存を事由として支払が行われるものに限る。②においても同じ。

35 保険業法施行規則53条1項4号（同規則160条において準用する場合を含む）に規定する既契約の責任準備金、返戻金の額その他の被保険者のために積み立てられている額を含む。

36 既契約の責任準備金、返戻金の額その他の被共済者のために積み立てられている額を含む。

37 同規則74条1号イおよび3号に掲げる保険契約（同規則83条1号ロおよびニに掲げるものを除く）、同規則153条1号イおよび3号に掲げる保険契約ならびに特別の勘定に属するものとして経理される財産の価額により共済金その他の給付金の金額が変動する共済に係る契約その他これに準ずる共済に係る契約は除かれるので、変額年金、変額保険等の契約は特定取引として取引時確認を要する（逐条解説157頁）。

38 人の生存を事由として支払が行われるものに限る。

39 勤労者財産形成貯蓄契約等、勤労者財産形成給付金契約、勤労者財産形成基金契約、資産管理運用契約等および資産管理契約に基づくものは除かれる。

40 これらも貯蓄性が低いなどの理由で特定取引から除外されている。

41 保険契約のうち、被用者の給与等から控除される金銭を保険料とするものをいう。

号イからホもしくは同号リからヲに掲げる保険契約またはこれらに相当
する共済に係る契約[42]

(4)　金商法 2 条 8 項 1 号から 6 号（有価証券の売買など）もしくは10号に掲
げる行為または同項 7 号から 9 号に掲げる行為（有価証券の募集または私募
など）により顧客等に有価証券[43]を取得させる行為を行うことを内容とす
る契約の締結（施行令 7 条 1 項 1 号リ）についての取引のうち、取引所金
融商品市場（金商法 2 条17項）[44]もしくは店頭売買有価証券市場（同法67条
2 項）またはこれらに準ずる有価証券の売買もしくは同法 2 条23項に規定
する外国市場デリバティブ取引を行う外国[45]の市場において、当該市場に
おける取引に参加できる資格に基づき、当該市場の取引に参加して行うも
の（施行規則 4 条 1 項 4 号）[46]

(5)　上記(4)前段の取引（施行令 7 条 1 項 1 号リ）または有価証券の貸借また
はその媒介もしくは代理を行うことを内容とする契約の締結（同号ル）に
ついての取引のうち、特定事業者である金融機関および日本銀行の間で行
われるもので、日本銀行において振替決済がされるもの[47]（施行規則 4 条
1 項 5 号）[48]

(6)　金銭の貸付または金銭の貸借の媒介[49]を内容とする契約の締結（施行令
7 条 1 項 1 号カ）についての取引のうち、次に掲げるもの（施行規則 4 条 1
項 6 号）

①　特定事業者および日本銀行の間で行われるもので、日本銀行において

42　資金の原資が明らかであること、法令等により顧客が限定されていることなどの理由
による。
43　金商法 2 条 1 項に規定する有価証券または同条 2 項の規定により有価証券とみなされ
る権利をいう。
44　金融商品取引所である。
45　金融庁長官が指定する国または地域に限る。
46　法令等により顧客等が限定され、顧客等の本人性を確認する手段が法令等により担保
されている取引であることから、危険度が低いとされる。
47　具体的には国債取引等があげられる（逐条解説157頁）。
48　法令等により、顧客が限定され、本人性を確認する手段が担保されていることを理由
とする
49　手形の割引、売渡担保その他これらに類する方法によってする金銭の交付または当該
方法によってする金銭の授受の媒介を含む。

第 2 編　ケーススタディ　51

振替決済がされるもの[50]

② 上記(2)①もしくは②または(3)②に掲げるものに基づくもの[51]

(7) クレジットカード事業者の利用者たる顧客がクレジットカード等を利用することなく、個別クレジット取引[52]を行うこと[53]

(8) 現金、持参人払式小切手、自己宛小切手または無記名の公社債の本券もしくは利札の受払いをする取引[54]であって、当該取引の金額が200万円（現金の受払いをする取引で為替取引または自己宛小切手の振出しを伴うものにあっては、10万円）を超えるもの（施行令7条1項1号タ）に掲げる取引のうち、次に掲げるもの（施行規則4条1項7号）

① 無記名の公社債（施行令7条1項1号タ）の本券または利札を担保に提供するもの[55]

② 国または地方公共団体に対する金品の納付または納入に係るもの[56,57]

③ 電気、ガスまたは水道水の料金の支払に係るもの[58]

電気等が供給される場所に居住する者についての情報は、それらを供

---

50 脚注48と同様の理由である。

51 保険料の積立の払戻しがない年金、保険等に基づく貸付等は、貯蓄性がないなどの理由で危険度が低いとされる。

52 個別クレジットとは、購入者等がカード等を利用することなく、販売業者等から商品購入等を行う際に、あっせん業者が、購入者等および販売業者等との契約に従い、販売業者等に対して商品代金等に相当する額の金額を支払い、その後購入者等があっせん業者に対し当該額の金銭を一定の方法により払っていく取引形態である。また、個別クレジットの一類型である提携ローンには、金融機関と販売業者等が提携し、販売契約または役務提供契約のための資金提供のためのローンや、購入者からの申込みを受けた個別クレジット業者が審査・承諾し、個別クレジット業者による保証を条件に金融機関が当該購入者等に対して資金を貸し付けるローンがある。

53 顧客等の本人性を確認する手段が法令等により担保されている取引であることから、危険度が低いとされる。

54 本邦通貨と外国通貨の両替ならびに旅行小切手の販売および買取りを除く。

55 資金の原資が明らかで、顧客等の本人性を確認する手段が法令等により担保されている取引であることから、危険度が低いとされる。

56 顧客等の本人性を確認する手段が法令等により担保されている取引である。

57 国税、地方税の納付などである。

58 電気、ガスおよび水道は、いずれも電線や配管、機器を接続し、事業者が場所を定めて居住実態や事業実態に即して供給しているが、電話は転送が可能であり、NHKはその契約先に接続する設備がないため、必ずしも場所を定めて供給しているものではなく、電話あるいはNHKの料金の支払に係るものは簡素な顧客管理を行うことが許容される取引とは認められない。

給する事業者によって契約締結時に把握されることが一般的であり、資金に関する一定の事後追跡が可能であり、危険度が低いといえる。

④　小学校、中学校、義務教育学校、高等学校、中等教育学校、特別支援学校、大学または高等専門学校[59]に対する入学金、授業料その他これに類するもの[60]の支払に係るもの

　　学校への入学および在学に関しては、学生の実在性が担保されていることから、危険度が低いといえる。

⑤　現金の受払いをする取引で為替取引または施行令7条1項1号タに規定する自己宛小切手の振出しを伴うもののうち、顧客等の預金または貯金の受入れまたは払戻しのために行うもの（当該取引の金額が200万円を超えるものを除く）[61]

⑥　現金の受払いをする取引で為替取引を伴うもののうち、商品もしくは権利の代金または役務の対価の支払のために行われるものであって、当該支払を受ける者により、当該支払を行う顧客等またはその代表者等の、法2条2項1号から15号（銀行など第1編第6、2(1)ないし(15)）および30号（資金決済に関する法律2条2項に規定する資金移動業者）の特定事業者の例に準じた取引時確認ならびに確認記録の作成および保存に相当する措置が行われているもの（当該取引の金額が200万円を超えるものを除く）[62]

(9)　社債、株式等の振替に関する法律12条1項または44条1項の規定による社債等の振替を行うための口座の開設を行うことを内容とする契約の締結（施行令7条1項1号ネ）に掲げる取引のうち、次の場合による申出による口座の開設に係るもの（施行規則4条1項8号）[63]

59　ここにいう学校は、学校教育法1条に定める学校に限定されるため、海外の学校は含まれない。

60　施設設備費、実験実習費、図書費、学生互助会等の各種諸会費、各種保険料、寄付金および協賛金等、その費目にかかわらず、学校に対して支払われるものであって、入学金、授業料と同時に支払われるものをいう（H27パブコメ［48］）。

61　顧客等の本人性を確認する手段が担保されていることと、規制の敷居値を下回る取引は、マネー・ローンダリングの手段として非効率的であるため、危険度が低い。

62　脚注61と同じである。

① 会社が社債権者等の口座を知ることができない場合に関する手続（同法69条の2第3項本文）[64]

② 受託者が受益者等の口座を知ることができない場合に関する手続（同法127条の6第3項本文）

③ 会社が株主等の口座を知ることができない場合に関する手続（同法131条3項本文）[65]

④ 発行者が新株予約権者等の口座を知ることができない場合に関する手続（同法167条3項本文）[66]

⑤ 発行者が新株予約権付社債権者等の口座を知ることができない場合に関する手続（同法196条3項本文）[67]

⑽ 施行令7条1項1号イ（預貯金の受入契約）、リ（上記⑷前段の取引）、ル（上記⑸）、カ（上記⑹本文の取引）、ネ（上記⑼本文の取引）またはラ（保護預りを行うことを内容とする契約の締結）についての取引のうち、特定通信手段[68]を利用する特定事業者および日本銀行ならびに外国特定事業者を顧客等とするものであって、当該特定通信手段を介して確認または決済の指示が行われるもの[69]（施行規則4条1項9号）[70]

⑾ すべての特定取引（施行令7条1項各号）について次に掲げるもの（施行規則4条1項13号）

① 国または地方公共団体を顧客等とし、当該取引の任に当たっている当

---

63 脚注61と同様の理由である。

64 同法276条（1号に係る部分に限る）において準用する場合を含む。

65 同法228条1項、235条1項、239条1項および276条（2号に係る部分に限る）において準用する場合を含む。

66 同法276条（3号に係る部分に限る）において準用する場合を含む。

67 同法276条（4号に係る部分に限る）において準用する場合を含む。

68 特定事業者および日本銀行ならびにこれらに相当する者で外国に本店または主たる事務所を有するもの（以下「外国特定事業者」という）の間で利用される国際的な通信手段であって、当該通信手段によって送信を行う特定事業者および日本銀行ならびに外国特定事業者を特定するために必要な措置が講じられているものとして金融庁長官が指定するものをいう。

69 外国特定事業者との取引については、金融庁長官が指定する国または地域に本店または主たる事務所を有するものとの取引は除かれる。

70 スイフト（SWIFT：Society for Worldwide Interbank Financial Telecommunication）により行われる取引であり、脚注48と同様の理由で危険度が低い。

該国または地方公共団体の職員が法令上の権限に基づき、かつ、法令上の手続に従い行う取引であって、当該職員が当該権限を有することを当該国もしくは地方公共団体が証明する書類またはこれに類するものが提示されまたは送付されたもの

② 破産管財人またはこれに準ずる者が法令上の権限に基づき行う取引であって、その選任を裁判所が証明する書類[71]またはこれに類するものが提示されまたは送付されたもの

2 敷居値

金融機関が、①同一の顧客等との間で、②複数の現金の受払取引等の取引を、③同時にまたは連続して行う場合において、④その複数の取引が1回当たりの取引の金額を減少させるために1つの取引を分割したものの全部または一部であることが、一見して明らかな場合には、その複数の取引を1つの取引とみなして簡素な顧客管理を行うことが許容される取引に当たるか否かを判断しなければならない（施行規則4条2項）。［Q9］参照。

3 取引時確認の要否

簡素な顧客管理を行うことが許容される取引に当たる取引については、原則として取引時確認は不要である。

例外的に、次の場合は取引時確認を要する。

① 取引において収受する財産が犯罪による収益である疑いまたは組織的犯罪処罰法10条の罪もしくは麻薬取締法6条の罪に当たる行為を行っている疑いがあると認められる取引（疑わしい取引）

② 同種の取引の態様と著しく異なる態様で行われる取引

ワンポイントアドバイス

簡素な顧客管理を行うことが許容される取引に当たったとしても、関連する取引でなりすましが疑われる取引、取引時確認事項を偽っていた疑いがある顧客等との取引および海外PEPsとの間の取引については、厳格な顧客管

---

71 破産規則23条3項。

第2編 ケーススタディ 55

理に基づく取引時確認が必要となる（法4条2項、施行令12条）。

　なお、敷居値以下に分割されていることが一見して明らかである場合には、複数の取引を1つの取引とみなされ、取引時確認すべき特定取引から除外される簡素な顧客管理を行うことが許容される取引か否かを判断しなければならない（施行規則4条2項）。

Q7 顧客管理を行う上で特別の注意を要する取引と取引時確認

　次の取引は、取引時確認を行うべきか。また、その顧客が取引時確認済顧客の場合、再度の取引時確認は不要か。

(1)　顧客Aから求められた預金から引き出した日本円100万円と米ドルの両替の際に、当該口座が振り込め詐欺に利用されている疑いが判明した場合

(2)　資金繰りに窮し、再三、約定分割弁済について条件変更の申入れを行っていた顧客B社が突然多額の残債務の一括弁済を申し入れてきた場合

結論

　いずれの取引も取引時確認を行わなければならず、その顧客が取引時確認済顧客であったとしても、再度の取引時確認を要す。

············· 解　　説 ·············

　平成26年改正前においては、取引時確認を要する取引は、金融機関の特定業務のうち、預金または貯金の受入れを内容とする契約の締結など、継続的取引関係を成立させる取引や一定額以上の多額の一見取引といった特定取引に限られていた。

　しかしながら、以上のような特定取引に当たらない取引であっても、取引において収受する財産が犯罪による収益である疑いがある等の疑わしい取引などマネー・ローンダリングおよびテロ資金供与の疑いのある場合については、金融機関に疑わしい取引の届出（法8条）を課すのみでは、顧客管理の観点からは不十分である。第3次FATF対日相互審査（平成20年10月）においても、「顧客管理は、資金洗浄およびテロ資金供与の疑いがある場合をカバーしていない。顧客や取引が、資金洗浄およびテロ資金供与の手段として使用されるリスクがない、またはほとんどないとされた場合には、本人確認義務から除外される」との指摘を受けている[72]。

第2編　ケーススタディ　57

そこで、平成26年改正により、次の取引は顧客管理を行う上で特別の注意を要する取引として取引時確認を要するとされた[73]（施行令7条1項柱書、施行規則5条）。

(ｱ)　取引において収受する財産が犯罪による収益である疑いまたは組織的犯罪処罰法10条の罪もしくは麻薬取締法6条の罪に当たる行為を行っている疑いがあると認められる取引［Q92］

(ｲ)　同種の取引の態様と著しく異なる態様で行われる取引［Q8］

さらに、上記顧客管理を行う上で特別の注意を要する取引については、本人特定事項等の取引時確認が不要となる取引時確認済顧客との取引には当たらないため、取引時確認済顧客についても取引時確認を要する。

本設問については、(1)は、対象取引の敷居値は200万円超であるため、対象取引には当たらないが、取引において収受する財産が犯罪による収益である疑いがあるため、Aに対する取引時確認を要する。Aが取引時確認済顧客の場合も取引時確認を要する。

(2)は、同種の取引の態様と著しく異なる態様で行われる取引に当たり、B社に対する取引時確認を要する。B社が取引時確認済顧客の場合も取引時確認を要する。

ワンポイントアドバイス

平成26年改正前の実務運用においては、特定取引に当たらない敷居値以下の取引は、取引時確認の対象ではなく、疑わしい取引の届出の有無について管理していたと思われるが、改正後は、上記のとおり、一定の場合には取引時確認の対象となることに注意が必要である。

72　対日相互審査報告書概要（仮訳）（平成20年10月30日）（以下「対日相互審査報告書」という）19。

73　敷居値が定められているため対象取引（平成26年改正前の特定取引）に含まれない敷居値以下の取引（200万円までの現金取引など）についても取引時確認の対象となる。

Q8 同種の取引の態様と著しく異なる態様で行われる取引

取引時確認を要する、同種の取引の態様と著しく異なる態様で行われる取引とは何か。

結論

その取引の態様等から同様種類の取引と著しく異なり、類型的に疑わしい取引に該当する可能性がある取引である。

············ 解　説 ············

取引時確認の対象となる顧客管理を行う上で特別の注意を要する取引である、同種の取引の態様と著しく異なる態様で行われる取引とは、「疑わしい取引」に当たるとは直ちにいえないまでも、

たとえば、

① 資産や収入に見合っていると考えられる取引ではあるものの、一般的な同種の取引と比較して高額な取引

② 定期的に返済はなされているものの、予定外に一括して融資の返済が行われる取引

③ 個々の取引は顧客の業態からして不自然ではないが、一般的な同種の取引と比較して回数や頻度が尋常でない場合

のように、その取引の態様等から類型的に疑わしい取引に該当する可能性がある取引で、業界における一般的な知識、経験、商慣行等に照らして、それらから著しく乖離している取引などをいう。

これに該当するか否かの判断は、金融機関が有する一般的な知識や経験、商慣行等をふまえて行うべきである。

ワンポイントアドバイス

同種の取引の態様と著しく異なる態様で行われる取引か否かの判断は、金

第2編　ケーススタディ　59

融機関の担当者による顧客へのヒアリング等、金融機関の通常の業務の範囲内で行えば足り、特別な調査や判断に使用する顧客提出の資料の収集、保存等は求められていない。

Q 9 敷居値以下に分割された取引に対する取引時確認

敷居値以下に分割されていることが一見して明らかであるとして、複数の取引を1つの取引とみなされ、取引時確認の対象となるのはどのような場合か。

結論

金融機関が、①同一の顧客等との間で、②複数の現金の受払取引等の取引を、③同時にまたは連続して行う場合において、④その複数の取引が1回当たりの取引の金額を減少させるために1つの取引を分割したものの全部または一部であることが、一見して明らかなときに、その複数の取引を1つの取引とみなした場合に特定取引に当たる場合である。

・・・・・・・・・・ 解　説 ・・・・・・・・・・

1　平成26年改正前犯収法における施行令においては、特定取引は一定の種類の取引すべてを対象とせず、一定の金額（敷居値）を超えた多額の取引を対象としている。そのため、顧客が、1回で取引すれば敷居値を超えて特定取引に当たり取引時確認を要する場合に、あえて複数の取引に分割して取引時確認を免れるという事態も生じた。この場合、ごく短期間に同種の取引が複数行われた場合には、それら取引全体が実質的に1つの取引と認められるであろう。

　そこで、平成26年改正による施行令において、新たに、敷居値以下に分割された取引を一定の要件の認められる場合に一の取引とみなして、特定取引に該当する場合に取引時確認を実施することが定められた（施行令7条3項）。

2　分割された取引が一の取引とみなされる要件は次のとおりである。

①　同一の顧客等[74]との間で

同一の取引当事者の意味である。したがって、たとえば、一顧客当たりの

第2編　ケーススタディ　61

取引額が200万円相当額以下の外貨両替取引について、複数顧客の取引額を合計すれば200万円超となる場合に、複数の顧客の取引を同一取引担当者が取引する場合であっても、同一顧客との間の取引ではないため、対象とはならない。

② 複数の現金の受払取引等

金融機関について対象となりうる取引は、現金等受払取引[75]、預金等払戻し[76]、本邦通貨と外国通貨の両替または旅行小切手の販売もしくは買取り、である。

③ 同時にまたは連続して行う場合

複数の取引が実質的に１つの取引と評価されるためには、複数の取引が時期的に近接して行われる必要がある。

問題となるのは「連続して」の適用範囲である。

日が異なる場合には連続性はないと一応いいうるとしても、複数の取引が同じ日の午前と午後の２回で行われた場合には、単純に一定の時間的間隔が存在するため連続性なしとは言い切れず、取引の種類、態様、その他の事情から、金融機関の窓口職員の気づきに基づく判断として連続性ありと認める場合もありうる。

④ その複数の取引が１回当たりの取引の金額を減少させるために１つの取引を分割したものの全部または一部であることが、一見して明らかなとき

個別の取引が「一の……取引を分割したものの全部または一部であることが一見して明らかであるもの[77]」に該当するか否かは、各金融機関において、当該取引の態様や各金融機関の一般的な知識や経験、商慣行をもとに適宜判断すべきである[78]。

たとえば、

---

74 顧客等の「等」には信託受益者を含む（H27パブコメ［10]）。

75 施行令７条１項１号タ。

76 施行令７条１項１号レ。

77 顧客の言動等の金融機関の職員の知りまたは知りえた事情からすれば、客観的に明白な場合という意味に解される。このような事情が存在した場合には複数の取引を一の取引とみなして処理しなければならない。

78 必ずしも金融機関に顧客の申告まで求めるものではない（H27パブコメ［11]）。

ア　顧客から現金で15万円の振込みを依頼されたため、取引時確認を実施しようとしたところ、顧客が8万円の振込みを2回行うよう依頼を変更した場合における当該2回の取引

イ　顧客から300万円を外貨に両替するよう依頼されたため、取引時確認を実施しようとしたところ、150万円を2回に分けて両替するよう依頼を変更した場合における当該2回の両替

といった取引が該当すると考えられる。

3　金融機関による確認の対象範囲

本規定に該当するか否かの判断は、基本的には窓口における金融機関職員の気づきに基づく判断、あるいは、その上席者により判断されることが想定されているため、ATMやインターネットバンキングなど非対面取引まで金融機関に確認の義務を負担させるものではない[79]。

4　調査に関する記録の保存義務はない

顧客等との間で行う取引が「一の……取引を分割したものの全部または一部であることが一見して明らかであるもの」に該当するか否かを判断するに当たって特定事業者が行った調査等の結果に関する記録を作成・保存することについて、特段の規定は設けておらず、犯収法上は当該記録の作成・保存の義務はない。

5　経過措置

施行日前に行われた取引については、本規定は適用されない（施行令附則2条）。

ワンポイントアドバイス

窓口職員の負担軽減のために、複数の取引を1つの取引とみなす場合をルール化することは必要であるが、最終的には現場の個別具体的な判断とな

---

[79]　たとえば同日中に時間を空けて複数回来店する場合に気づくことや、ATMやインターネットバンキングなど非対面で行われる取引をシステムにより検知することも排除するものではないが、システムの整備を義務づけるものではないとされる（H27パブコメ[13]）。

ろう。

　本規定により複数の取引が１つの取引とみなされたときのその取引金額が敷居値を超える場合は、取引時確認が必要となるが、取引時確認済みの確認がとれれば、法４条３項の規定により取引時確認は不要となる。

Q10 敷居値以下に分割された取引に対する取引時確認の要否（ケース）

　以下の取引は、複数の取引を１つの取引とみなされ、取引時確認が必要となるか。

⑴　顧客が１日に複数の支店を訪れて、A支店で180万円、B支店では100万円の外貨両替取引を行った場合

⑵　顧客甲がX銀行C支店で甲名義預金から９万円を引き出し、現金の振込みを行った10分後に、甲の妻である乙が同じ支店で甲名義預金から９万円を引き出し、甲の名義で同じ振込先に振込みを行った場合

⑶　顧客が、Y銀行D支店で同じ日の午前と午後に現れ、同じ振込先に各９万円の現金による振込みを行った場合

結論

　⑴および⑵は顧客の言動等から窓口で金融機関職員が気づいた場合には必要となり、⑶も必要となる場合がある。

············ 解　　説 ············

　金融機関が、①同一の顧客等との間で、②複数の現金の受払取引等の取引を、③同時にまたは連続して行う場合において、④その複数の取引が１回当たりの取引の金額を減少させるために１つの取引を分割したものの全部または一部であることが、一見して明らかなときには、その複数の取引を１つの取引とみなし取引時確認の要否を検討しなければならない（施行令７条３項）。

1　⑴について

　複数の取引が１つの取引とみなされるか否かの判断は、支店単位で行われるものではなく、金融機関ごとに行わなければならない。

　したがって、顧客の言動等により複数の支店における一連の取引が「一の……取引を分割したものの全部または一部であることが一見して明らかであ

第２編　ケーススタディ　65

るもの」であることが窓口の従業員において認められる等の事情があれば、複数の取引を一の取引とみなして施行令7条3項が適用されるため、本設問の場合は取引時確認を要する（施行令7条1項1号ム）。ただし、こうした取引を網羅的に捕捉するためのシステムの整備を金融機関に義務づけるものではない。

2 (2)について

実際にＣ支店に現れているのは甲と乙であるが、取引主体である顧客は同じ甲であるから、(1)と同じく、「一見して明らかであるもの」であることが窓口の従業員において認められる場合等の事情があれば、複数の取引を一の取引とみなして、取引時確認を要する（施行令7条1項1号タ）。

3 (3)について

当該顧客の取引が「一の……取引を分割したものの全部または一部であることが一見して明らかであるもの」であることが窓口の従業員が気づく場合には、一定の時間間隔があっても、複数の取引を一の取引とみなして、取引時確認を要する（施行令7条1項1号タ）とされる場合はある。

ワンポイントアドバイス

「一見して明らかであるもの」であることの判断は、基本的には窓口における金融機関職員の気づきに基づく判断、あるいは、その上席者により判断されることが想定されているため、職員の負担軽減と判断水準の維持と統一性を図るためには、現場の担当者にわかりやすいチェックポイントを作成して周知することが必須であると思われる。

Q11 取引時に確認を要する本人特定事項等

取引時に確認を要する本人特定事項等とは何か。

結 論

顧客の本人特定事項、取引目的、職業、事業内容および実質的支配者の本人特定事項の確認である。

············ 解　説 ············

特定事業者である金融機関は、顧客等との間で、特定業務のうち特定取引を行うに際しては、施行規則で定める方法により[80]、当該顧客等について、自然人と法人とで次の1および2に掲げる事項（以下「本人特定事項等」という）の確認を行わなければならない（法4条1項）。

1　自然人

(1)　本人特定事項

氏名、住居（本邦内に住居を有しない外国人で政令で定めるもの[81]にあっては、主務省令で定める事項[82]）および生年月日

(2)　取引を行う目的

---

[80]　本人特定事項の確認方法については施行規則6条、取引を行う目的の確認方法については同9条、職業および事業の内容の確認方法については同10条、実質的支配者の確認方法については同11条。

[81]　施行令10条「本邦に在留する外国人であって、その所持する旅券（出入国管理及び難民認定法2条5号に掲げる旅券）または乗員手帳（出入国管理及び難民認定法2条6号に掲げる乗員手帳）の記載によって当該外国人のその属する国における住居を確認することができないものとする」。

[82]　施行令7条1項1号タ（10万円を超える現金等の受払いをする取引）もしくはム（200万円を超える本邦通貨と外国通貨の両替または200万円を超える旅行小切手の販売もしくは買取り）に掲げる取引の場合は、国籍および旅券等の番号、それ以外の取引は、住居とされている。なお、前者の取引を行う場合において、出入国管理及び難民認定法により認められた在留または上陸に係る旅券または許可書に記載された期間が90日を超えないときは、法4条1項1号の本邦内に住居を有しないことに該当するものとされる（施行規則8条）。

第2編　ケーススタディ　67

(3) 職業

2 法 人

(1) 本人特定事項

　名称および本店または主たる事務所の所在地

(2) 取引を行う目的

(3) 事業の内容

(4) その事業経営を実質的に支配することが可能となる関係にあるものとして施行規則で定める者[83]があるときにあっては、その者の本人特定事項

> ### ワンポイントアドバイス

　平成26年改正前においては、上記2(4)法人の実質的支配者は自然人に限定されておらず法人も含むとされていたが、平成26年改正においては、法人の実質的支配者を自然人までさかのぼって確認することが求められることとなった［Q52］。

83　施行規則11条2項［Q52］。

Q12 特定取引等の任に当たっている自然人の本人特定事項等

　取引の相手方が会社の場合や自然人でも代理人を通じて行う取引における取引時確認において確認すべき事項は何か。

結 論

　当該顧客等の本人特定事項、取引目的、職業、事業内容および実質的支配者の本人特定事項の確認のほか、会社の代表者等当該特定取引の任に当たっている自然人についても本人特定事項の確認を要する。

············ 解　　説 ············

　特定事業者である金融機関は、顧客等について本人特定事項、取引目的、職業、事業内容および実質的支配者の本人特定事項の確認（法4条1項）または厳格な顧客管理による確認（同条2項）の規定による確認を行う場合において、会社の代表者が当該会社のために当該特定事業者との間で特定取引等[84]を行うときその他の当該特定事業者との間で現に特定取引等の任に当たっている自然人が当該顧客等と異なるときには（顧客等が国等の場合（法4条5項）を除く）、当該顧客等の当該確認に加え、当該特定取引等の任に当たっている自然人についても、その者の本人特定事項の確認を行わなければならないとされる[85]（法4条4項）。

　その趣旨は、マネー・ローンダリング対策のためには、実際の資金移動を事後的にトレースする必要があるため、法人や代理人を通じた取引の場合に

---

[84]　「特定取引等」とは、①法4条1項の特定取引または②法4条2項前段に定める特定業務のうち関連取引においてなりすましの疑いがある取引、③取引時確認事項を偽っていた疑いのある顧客等との取引および④特定取引のうち、犯罪による収益の移転防止に関する制度の整備が十分に行われていないと認められる国（イラン、北朝鮮）または地域に居住または所在する顧客等との間におけるものその他特定国等に居住または所在する者に対する財産の移転を伴うもの、⑤外国の重要な公的地位を有する者等との取引（施行令12条3項）をいう（法4条4項）。

[85]　具体的な確認方法は、施行規則12条、13条で定められている［Q40］。

第2編　ケーススタディ　69

は実際に取引を担当している自然人の本人特定事項を把握する必要があることにある。実際上も、法人に関しては設立規制が大幅に緩和された状況からすれば、ペーパーカンパニーを悪用したマネー・ローンダリングが行われたり、代理人による取引も実際の資金移動主体は代理される本人ではなく代理人という事態も十分考えられるので、かかる規定が設けられたものである。

なお、代表者等が「取引の任に当たっている」ものであることの該当性判断については［Q14］を参照されたい。

> ### ワンポイントアドバイス

金融機関との間で現に特定取引等の任に当たっている自然人が当該顧客等と異なるときに当該自然人の本人特定事項の確認を要する取引は特定取引に限らないことに注意が必要である。

マネー・ローンダリングは、法人という取引主体や代理人という取引手段を利用して行われることが多いことからすれば、金融機関としても、疑わしい取引の届出の要否の判断のためにも、特定取引等の任に当たっている自然人の本人特定事項等の確認は慎重かつ確実に行うべきである。

Q13 顧客等が国、上場会社等の場合の取引時の確認事項

取引の相手方が国、地方公共団体、上場会社、人格のない社団または財団等の場合の取引時確認においては何を確認しなければならないか。

結論

当該顧客等の本人特定事項等の確認は必要ではなく、現に当該特定取引の任に当たっている自然人の本人特定事項などの確認を要する。

············ 解　説 ············

1　取引の相手方が国等の場合における取引時確認

取引の相手方が国、地方公共団体、人格のない社団または財団その他政令（施行令14条、施行規則18条）で定めるもの[86]の場合における取引時確認においては、特定事業者である金融機関は、顧客等について本人特定事項、取引目的、職業、事業内容および実質的支配者の本人特定事項の確認を行う必要はなく、現に当該特定取引の任に当たっている自然人について、下記3のとおり本人特定事項等の確認を要する（法4条5項）。

これは、国および地方公共団体は、その実在性には疑いはないものの、それを公的書類で確認することは困難であるため、実際に当該特定取引の任に当たっている自然人について本人特定事項の確認を行えば足りることとし、上場会社などについては、その実在性には疑問がないため、会社自体については、わざわざ本人特定事項を確認することを要しないとしたものである。

また、人格のない社団または財団等の場合も法人の場合の登記事項証明書等の実在性を裏付ける公的書類がほとんど存在しないため、その確認は困難であることから、やはり現に当該特定取引の任に当たっている自然人について本人特定事項の確認を行えば足りることとしたものである。

86　いわゆる上場会社も含まれる（本文2(5)）。以上を「国等」という。

第2編　ケーススタディ　71

なお、「取引の任に当たっている」代表者等であることの該当性判断については［Q14］を参照されたい。

2　施行令により国等と定めるもの

次のとおりである（施行令14条）。

(1)　独立行政法人通則法 2 条 1 項に規定する独立行政法人

(2)　国または地方公共団体が資本金、基本金その他これらに準ずるものの 2 分の 1 以上を出資している法人（(1)、(3)および(5)に掲げるものを除く）

(3)　外国政府、外国の政府機関、外国の地方公共団体、外国の中央銀行またはわが国が加盟している国際機関

(4)　勤労者財産形成貯蓄契約等を締結する勤労者

(5)　金商法施行令27条の 2 各号に掲げる有価証券（金商法67条の18第 4 号に規定する取扱有価証券に該当するものを除く）の発行者[87]

　　さらに、以上に準ずるものとして施行規則で定める次のもの（施行規則15条）

(6)　勤労者財産形成基金

(7)　厚生年金基金

(8)　国民年金基金

(9)　国民年金基金連合会

(10)　企業年金基金

(11)　施行令 7 条 1 項 1 号イ（預金または貯金の受入れ）またはロ（定期積金等）に規定する契約のうち、被用者の給与等から控除される金銭を預金もしくは貯金または同号ロに規定する定期積金等とするものを締結する被用者

(12)　施行令 3 条 4 号に掲げる信託契約を締結する被用者

(13)　団体扱い保険またはこれに相当する共済に係る契約を締結する被用者

---

[87]　いわゆる上場会社を意味する。金商法施行令27条の 2 第 1 号は、「法 2 条 1 項 5 号（社債券）、 7 号（優先出資証券）、 9 号（株券）に掲げる有価証券で、金融商品取引所に上場されており、または店頭売買有価証券若しくは取扱有価証券に該当するもの」と規定している。なお、金商法163条 1 項参照。

⑭　施行令７条１項１号リに規定する契約[88]のうち、被用者の給与等から控除される金銭を当該行為の対価とするものを締結する被用者

⑮　施行令７条１項１号カに規定する契約（金銭の貸付または金銭の貸借の媒介）のうち、被用者の給与等から控除される金銭により返済がされるものを締結する被用者

⑯　有価証券の売買を行う外国（国家公安委員会および金融庁長官が指定する国または地域に限る）の市場に上場または登録している会社

3　確認すべき事項

(1)　人格のない社団または財団を除いた国等の場合

現に当該特定取引の任に当たっている自然人の本人特定事項の確認を要する。

(2)　人格のない社団または財団の場合

現に当該特定取引の任に当たっている自然人の本人特定事項、取引を行う目的、事業の内容の確認を要する。

ワンポイントアドバイス

同じく顧客等の本人特定事項等の確認を要しないものであっても、人格のない社団または財団とそれ以外の国等とでは、取引時確認事項の内容に差異があることには注意を要する。これは、人格のない社団または財団は、会社登記のような公的にその実在性を証明する方法が存在する場合が少なくないことによる。

88　金商法２条８項１号から６号（有価証券の売買等）、もしくは10号に掲げる行為または同項７号から９号（有価証券の募集等）に掲げる行為により顧客等に有価証券（同条１項に規定する有価証券または同条２項の規定により有価証券とみなされる権利）を取得させる行為を行うことを内容とする契約の締結である。

第２編　ケーススタディ　73

Q14 「取引の任に当たっている」代表者等であることの該当性

　顧客等のために実際の取引実務を行っている自然人が「取引の任に当たっている」代表者等であることの該当性判断はどのように行うか。

結論

　「取引の任に当たっている」ことを示す一定の事実関係の確認により行う。

・・・・・・・・・・・　解　　説　・・・・・・・・・・・

1 「取引の任に当たっている」自然人の本人特定事項の確認

　会社の代表者が当該会社のために特定事業者である金融機関との間で特定取引等を行うときその他の当該金融機関との間で現に特定取引等の任に当たっている自然人が当該顧客等と異なる場合[89]（法4条4項）および特定事業者である金融機関との間で現に特定取引等の任に当たっている自然人が顧客等と異なる場合であって、当該顧客等が国、地方公共団体、人格のない社団または財団その他政令（施行令14条、施行規則18条）で定めるものの場合（法4条5項）には（以上の特定取引の任に当たっている自然人を「代表者等」という）、現に特定取引等の任に当たっている自然人の本人特定事項の確認を要する。

2 「取引の任に当たっている」該当性の判断

　本人特定事項の確認を要する現に特定取引等の任に当たっている自然人（以下「代表者等」という）であることの該当性は次の場合に認められる[90]（施行規則12条4項）。

---

[89] 顧客等が自然人で代理人による取引の場合も含まれる。

[90] 人格のない社団または財団である顧客等の代表者等については、国等と同様にその実在性の証明方法が乏しいため顧客等の本人特定事項の確認を要しないが、当該代表者等が当該顧客等のために当該特定取引等の任に当たっていることの証明も困難であるため、その確認は不要である。

(1) 顧客等が自然人である場合　次のいずれかに該当すること

① 当該代表者等が、当該顧客等の同居の親族または法定代理人であること[91]

② 当該代表者等が、当該顧客等が作成した委任状[92]その他の当該代表者等が当該顧客等のために当該特定取引等の任に当たっていることを証する書面[93]を有していること

③ 当該顧客等に電話をかけることその他これに類する方法により当該代表者等が当該顧客等のために当該特定取引等の任に当たっていることが確認できること

④ ①から③に掲げるもののほか、金融機関（取引時確認を行っている他の特定事業者があるときは当該他の特定事業者（施行令13条1項1号）下記(2)⑤および14条2項において同じ）が当該顧客等と当該代表者等との関係を認識していることその他の理由により当該代表者等が当該顧客等のために当該特定取引等の任に当たっていることが明らかであること

(2) 顧客等が自然人である場合以外の場合（顧客等が人格のない社団または財団である場合を除く）　次のいずれかに該当すること

なお、平成26年改正前においては、ア社員証などの顧客等が発行した身分証明書その他の当該顧客等の役職員であることを示す書面を有している場合、イ当該代表者等が当該顧客等の役員として登記されている場合のいずれも該当性が認められていた。しかしながら、アの社員証等はあくまで

---

91 単なる申告によることは認められず、なんらかの方法により「同居の親族または法定代理人」であることを確認することが必要となる。具体的には、住民票、戸籍謄本等により関係を確認すること、顧客等と代表者等の本人確認書類により同一の姓・住所であることを確認すること、実際に顧客等の住所に赴いて代表者等との関係を確認すること等が想定されるとする（H24パブコメ［77］）。

92 これは民法上の代理権の確認の趣旨ではなく、代表者等が顧客等のために特定取引等の任に当たっていることが明らかであることを求めている趣旨である（H24パブコメ［75］）。なお、委任状の確認に当たっては、印鑑証明書による実印押捺の確認までは求められないが、顧客等が作成したものであると認められることが必要とされる（H24パブコメ［78］）。

93 顧客等が代表者等に取引の任に当たらせていることが明らかになる書類をいう（H24パブコメ［79］）。たとえば、顧客等が作成した取引申込書に取引担当者として当該取引に当たらせている者の氏名等が記載されているなどが考えられる。

第2編　ケーススタディ　75

当該顧客等と代表者等との関係を示すにすぎず、代表者等がその特定取引の任に当たる権限の有無の確認はできないし、イも役員であることは確認できても代表権の有無は確認できないため、不都合である[94]。そこで、平成26年改正においては、アは削除され、イについては、顧客等を代表する権限を有する登記がなされていることに改められた。

① 上記(1)②に掲げること

② 当該代表者等が、当該顧客等を代表する権限を有する役員として登記されていること

③ 当該顧客等の本店等もしくは営業所または当該代表者等が所属すると認められる官公署に電話をかけること[95]その他これに類する方法[96]により当該代表者等が当該顧客等のために当該特定取引等の任に当たっていることが確認できること

④ ①から③に掲げるもののほか、金融機関[97]が当該顧客等と当該代表者等との関係を認識していること[98]その他の理由により当該代表者等が当該顧客等のために当該特定取引等の任に当たっていることが明らかであること[99]

3 確認記録への記録

特定事業者である金融機関は、当該代表者等と当該顧客等との関係および当該代表者等が顧客等のために特定取引等の任に当たっていると認めた理由を確認記録に記録しなければならない[100]（法6条1項、施行規則20条1項15

---

94 第3次FATF対日相互審査（平成20年10月）においても指摘されていた（対日相互審査報告書別添表5）。

95 電話において確認する内容は、当該代表者等が当該法人に所属していることに関してであり、取引権限の確認は不要である。

96 営業所等の場所に対してFAX、電子メールを送信して確認すること、実際に当該場所に赴いて確認すること等が想定されている（H24パブコメ［83］）。

97 取引時確認を行っている他の特定事業者があるときは当該他の特定事業者（施行令13条1項1号）。

98 たとえば、営業担当者が契約の締結前に顧客等の所在地を訪問し、顧客等および代表者等と面談を行っている場合などが含まれる。

99 たとえば、委任状と再委任状のような複数の書類の確認によって顧客等と代表者等との関係を明らかにする場合が想定される（H24パブコメ［87］）。なお、代表者等が顧客等の本人確認書類を持参していることのみでは、明らかであるとはいえない。

76

号）。

ワンポイントアドバイス

「取引の任に当たっている」者が顧客等の代理人である場合には、取引行為の代理権限の確認を行う際に徴求する委任状により「取引の任に当たっている」該当性の判断をも行うことができる。

なお、既に社員証等で確認した既存顧客の代表者等については、あらためて「取引の任に当たっている」ことの確認をする必要はない。

100　実際に行う記録事項は、施行規則12条4項（本文2(1)および(2)）のいずれの事由に該当するかを記録することで足りるであろう。

第2編　ケーススタディ　77

Q15 株式会社などの取引の任に当たっている者であることの確認方法

X銀行は、融資の申込みから融資条件の交渉を取締役財務部長Aが担当しているY株式会社に対する融資を行う予定である。この場合、Aが取引の任に当たっていることの確認はどのような方法で行うべきか。

結論

Aが代表権のある取締役であればそれが記載されている会社登記事項証明書で確認し、Aが代表権のない取締役である場合には、Y株式会社代表取締役作成の融資申込書に担当者としてAが記載されていることを確認するなどの方法で行うが、Y社発行の社員証での確認は認められない。

············ **解　説** ············

顧客等が株式会社の場合には、株式会社の本人特定事項等の確認[101]のほか、金融機関との間で現に特定取引等の任に当たっている担当者の本人特定事項の確認を要する。この場合、その担当者が「現に特定取引等の任に当たっている」ことの確認方法として、平成26年改正前においては、①社員証など株式会社が発行した身分証明書の提示、②役員として登記されていることによることも認めていた（改正前施行規則11条4項2号ロ、ハ）。

しかしながら、①の社員証はあくまで身分や所属を証明するものにすぎず、その取引においてその社員が取引を担当する権限を有していることを示すものではないため、担当していない者が取引担当者と偽って取引することを防止できないし、②では役員であることは確認できても代表権の確認はできない。

第3次FATF対日相互審査（平成20年10月）においても、「金融機関は、法

101　株式会社でも上場企業の場合は、会社の本人特定事項の確認の必要はない（法4条5項）。

人顧客の代理人として活動する自然人が当該法人から権限委任されていることを確認する義務を負わない」との指摘がなされていた[102]。

そこで、平成26年改正法においては、①は削除され、②は、顧客等を代表する権限を有する役員として登記されていることと改められた。

本設問においては、社員証による確認は認められず、Aが取引の任に当たっていることの確認は［Q14］2⑵により確認すべきである。

ワンポイントアドバイス

実務的には、取引に際して、会社の代表者に作成してもらう取引申込書に取引担当者を記載してもらう書式を用意するなどの実際的かつ定型的な方法を工夫すべきであろう。

---

102 対日相互審査報告書別添表5。

第2編　ケーススタディ　79

Q16 顧客等の概念

顧客等とは何か。

結論

顧客および顧客に準ずる者として信託の受益者（ただし、除外される契約がある）のことをいう。

············ 解　説 ············

「顧客等」とは、顧客および顧客に準ずる者として政令で定める者をいう（法2条3項）。

このうち、「顧客」とは、特定事業者が特定業務において行う特定取引または厳格な顧客管理による確認の対象となる取引（法4条2項1号および2号）の相手方、すなわちこれらの取引に係る役務の直接の受け手を意味する[103]［Q17］。

「顧客に準ずる者」として政令は、「信託の受益者」を定めるが、次の契約の受益者については除外している（施行令5条）。

(1)　勤労者財産形成促進法6条1項に規定する勤労者財産形成貯蓄契約

(2)　同条2項に規定する勤労者財産形成年金貯蓄契約

(3)　同条4項に規定する勤労者財産形成住宅貯蓄契約

(4)　同法6条の2第1項に規定する勤労者財産形成給付金契約

(5)　同法6条の3第1項に規定する勤労者財産形成基金契約

(6)　確定給付企業年金法65条3項に規定する資産管理運用契約

(7)　企業年金基金が同法66条1項の規定により締結する同法65条1項各号に掲げる契約

(8)　同法66条2項に規定する信託の契約

---

[103]　逐条解説68頁。

⑼　社債、株式等の振替に関する法律51条１項の規定により締結する加入者保護信託契約

⑽　確定拠出年金法８条２項に規定する資産管理契約

⑾　その他主務省令で定める契約に係るものとして、法人税法附則20条３項に規定する適格退職年金契約などの除外が規定されている（施行令５条、施行規則３条）。

ワンポイントアドバイス

　本設問では、基本としての形式的顧客概念を解説しているが、[Q17] および [Q18] においては、実質的総合的判断による顧客概念の適用範囲を検討している。

Q17 顧客の概念(1)「直接利益の真の帰属者」

　A銀行が事業資金500万円を貸し付ける際に、融資申込みや融資金額その他の融資条件の交渉と決定はすべて個人事業を営んでいる事業主Bが行ってきたものの、金銭消費貸借契約の当事者としては、借主は事業主Bではなくその事業の従業員Cとし、Bは連帯保証人として契約する場合に、Bは単なる連帯保証人であるから本人特定事項の確認等を行う必要はないか。

結論

　Bについて本人特定事項の確認等を行うべきである。

.... 解　説 ....

　「顧客」とは、特定事業者が特定業務において行う特定取引の相手方、すなわち特定取引に係る役務の直接の受け手を意味する[104]　[Q16]。

　ただし、この顧客概念は形式的機械的にのみ判断されるものではない。

　犯収法の目的である不正な資金移転とマネー・ローンダリング防止のための事後的な資金トレースの点からすれば、本人特定事項の確認等の対象たる「顧客」は、実質的な資金帰属者で、かつ資金をコントロールしている者であることを要する。そこで、「顧客」該当性の判断は、当該取引を行う際に、実際に取引の意思決定を行っている者はだれかという点と、当該取引の実質的利益（計算）の帰属主体はだれかという点の実質的総合判断により行われることになる。

　もちろん、通常の場合であれば、特定取引上の契約者が「顧客」に該当するのが通例であるが、例外的に特定取引上の契約者以外の者が実質的総合的判断により直接利益の真の帰属者として「顧客」と認定されることがある。

　本設問の場合には、融資申込みや融資金額その他の融資条件の交渉と決定

---

[104]　逐条解説68頁。

はすべて事業を行っている事業主Bが行っていたのであるから、実際に取引の意思決定を行っている者はBであること、融資金はBの事業資金となるのであるから当該取引の実質的利益（計算）の帰属主体はBと評価されるから、実質的総合的判断からは「顧客」はBと認められる。よって、Bについて本人特定事項の確認等を行うべきである。

ワンポイントアドバイス

実務的には、形式的顧客概念からすれば「顧客」に当たるCについても念のため本人特定事項の確認等を行うべきであろう。

なお、通常のケースであれば連帯保証契約の締結は特定取引に当たらないため、連帯保証人に対しては本人特定事項の確認等の必要はない［Q22］。

Q18 顧客の概念(2)「特定業務において行う特定取引の相手方」

　X銀行は、保有しているA社株式についての公開買付者Y社が行う公開買付けに応募するつもりであるが、株式公開買付けも株式の売買であるので、施行令7条1項1号リの「顧客等に有価証券を取得させる行為を行うことを内容とする契約の締結」に当たり、Y社の本人特定事項の確認等を行わなければならないか。

結論

　「顧客」に当たらないためY社の本人特定事項の確認等は不要である。

············· 解　　説 ·············

　「顧客」とは、特定事業者が特定業務において行う特定取引の相手方である［Q17］。

　ただし、犯収法の目的である不正な資金移転とマネー・ローンダリング防止のための資金トレースの確保からすれば、その必要があるとされるのは、特定事業者が特定業務において行う特定取引の相手方の場合である。

　ところが、本件の場合は、Y社は、X銀行の特定業務である金融に関する業務において行う特定取引の相手方ではなく、たまたまX銀行が保有していた株式についての公開買付けによる売買についての取引の相手方であるから、本人特定事項の確認等の対象たる「顧客」には該当しないと考えられる。

ワンポイントアドバイス

　公開買付けは、証券会社が公開買付代理人となることが通例であるが、当該証券会社にとっては、公開買付けに関する取引は、「有価証券の売買の代理」または「有価証券の売買の仲介」により顧客等に有価証券を取得させる

84

図表4 取引時確認の検討手順

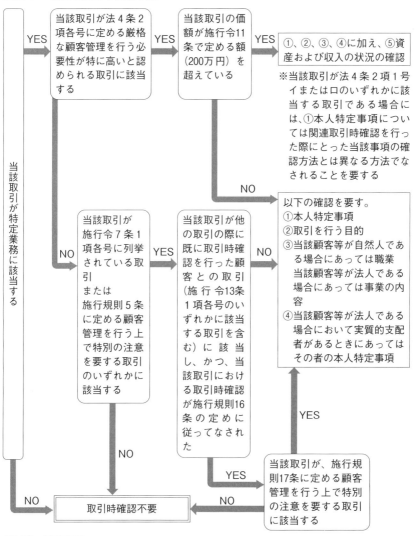

(出典) 筆者作成

行為を行うことを内容とする契約の締結に当たるため、特定取引（施行令7条1項1号リ）として公開買付者および応募株主の双方に対して本人特定事項の確認等の手続[105]を要することになろう。

---

[105] 上場会社など国等の場合には法4条5項で取引担当者の本人特定事項のみの確認となる。

第3 各種取引と取引時確認等

Q19 変更契約および借替契約

　取引時確認として本人特定事項等の確認を必要とする「金銭の貸付けを内容とする契約の締結」には返済条件の変更契約や新たな借入れによる旧債務の完済であるいわゆる借替契約も含むか。

結論

　返済条件の変更契約は、「金銭の貸付けを内容とする契約の締結」には当たらないため、本人特定事項等の確認の必要はないが、新たな借入れによる旧債務の完済であるいわゆる借替契約は「金銭の貸付けを内容とする契約の締結」に当たるため、確認済みの顧客等との取引に該当しない限り本人特定事項等の確認が必要である。

………… 解　　説 …………

　特定事業者である銀行、信用金庫等の金融機関の業務のうち取引時確認として本人特定事項等の確認が要求される特定取引（法4条1項）のうち対象取引の具体的内容は、施行令7条1項に列挙されている。そして、同条1項1号カには、「金銭の貸付けを内容とする契約の締結」が規定されている。

　ここでいう「金銭の貸付けを内容とする契約の締結」とは、金銭の貸し借りを目的とするいわゆる金銭消費貸借契約あるいはその予約契約の締結を意味する。法の趣旨は、資金移動を目的とする契約の締結時点でその相手方を捕捉することにある。

　したがって、新たな借入れによる旧債務の完済であるいわゆる借替契約は、新たな金銭の貸付契約に関しては金銭消費貸借契約といえるため、再度の本人特定事項等の確認が不要となる確認済みの顧客等との取引に当たらない限り、本人特定事項等の確認を要する。

第2編　ケーススタディ　87

これに対して、返済期限、分割弁済額、回数等分割弁済の条件の変更を目的とする変更契約は、金銭の貸し借りを目的とする金銭消費貸借契約あるいはその予約契約の締結そのものではないため、「金銭の貸付けを内容とする契約の締結」には該当せず、本人特定事項等の確認を要する特定取引には当たらない。

ワンポイントアドバイス

　金融機関の取り扱う取引のうち金銭の貸し借りを目的とするか否かの基準によって「金銭の貸付けを内容とする契約」として本人特定事項等の確認を要するか否かを判断すればよい。

Q20 コミットメントライン契約における確認時期

　コミットメントライン契約については以下のどの時点において取引時確認を行うべきか。
(1)　コミットメントライン契約を締結しただけで、資金交付がない時点
(2)　コミットメントライン契約に基づき借入先が銀行に対して融資の申込みを行った時点
(3)　融資の申込みを受けて銀行が借入先に対して資金交付を行った時点

結論

　(1)の時点で取引時確認を行うべきである。

············　解　　説　············

　コミットメントライン契約とは、銀行等が、一定期間にわたり一定の融資枠を設定し、その範囲内であれば顧客の申込みに応じて融資を実行することを約束する契約である。

　施行令７条１項１号カは「金銭の貸付けを内容とする契約の締結」について本人特定事項等の確認を要するとしているので、コミットメントライン契約の締結そのものが「金銭の貸付けを内容とする契約の締結」に当たり、本人特定事項等の確認を要する。したがって、本設問においては(1)の時点での本人特定事項等の確認を要する。

　そして、(1)の時点で取引時確認を行った以上、その後のコミットメントライン契約に基づき借入先が銀行に対して融資の申込みを行った時点では新たな本人特定事項等の確認は不要であるから、(2)の時点での本人特定事項等の確認は不要である。

　次に、(3)の資金交付についての取引は、200万円を超える現金等の受払いであれば施行令７条１項１号タに該当し、取引時確認義務が生じるが、その場合も顧客等である借入先が同一の場合には、「確認済みの顧客等との取

第２編　ケーススタディ　89

引」（法4条3項）に当たり、本人特定事項等の確認を要しないことになる。

なお、(3)の資金交付については、財産移転を伴う取引であるから取引記録の作成保存をしなければならない（法7条1項）。

ワンポイントアドバイス

コミットメントライン契約は、融資を実行することを約束する契約締結の時点と、融資の申込みを受けて銀行が借入先に対して資金交付を行う時点が異なり、前者については、本人特定事項等の確認を行わなければならず、後者については、原則として本人特定事項等の確認義務は生じないが、取引記録の作成保存義務は生じる点に注意すべきである。

Q21 シンジケートローンにおける取引時確認等

シンジケートローンにおいて、借入人のメインバンクであるA銀行がリード・アレンジャーとなった場合に、貸付人となる他の参加金融機関であるB銀行は、貸付契約の本人特定事項等の確認手続をA銀行に代行させることはできるか。その場合の確認記録の保存はだれが行うべきか。

結論

シンジケートローンにおける貸付契約の本人特定事項等の確認手続は、リード・アレンジャーとなってエージェント業務を行う金融機関に代行させることは許される。その場合の確認記録の保存は当該リード・アレンジャーとなった金融機関が行うことで足りるが、他の参加金融機関からの照会があればそれに応じて直ちに確認記録の内容の報告をできる状態にしておく必要がある。

············ **解　説** ············

1　シンジケートローンにおける貸付契約の取引時確認手続

シンジケートローンは、各貸付人と借入人との間で別個独立に複数の金銭消費貸借契約を成立させることが通例である。この場合、取引時確認を要する「金銭の貸付けを内容とする契約の締結」（施行令7条1項1号）は、各貸付人と借入人との間で別個独立に行われるから、その各契約の締結につき、それぞれ本人特定事項等の確認が必要となる。

そして、本人特定事項等の確認義務を定める法4条は委任契約あるいは準委任契約に基づく本人特定事項等の確認行為の代行を排除する趣旨ではないので、シンジケートローンにおいても貸付人となる他の参加金融機関は、貸付契約の本人特定事項等の確認手続をリード・アレンジャーとなった銀行に代行させることは許される[106]。

したがって、本設問においても、取引時確認事務代行委託契約を締結して

第2編　ケーススタディ　91

Ｂ銀行がＡ銀行に取引時確認事務代行を委託し、Ａ銀行が借入人の本人特定事項等の確認を行えば、Ｂ銀行は本人特定事項等の確認義務を履行したことになる。

2　確認記録の保管者

　次に、この場合には作成された確認記録はだれが保管し、保存すべきか。法６条２項は、本人特定事項等の確認を行った特定事業者に確認記録の保存を課しているのであるから、シンジケートローンにおいても、特定事業者である各貸付人が保存するのが原則である。しかしながら、確認記録の保管、保存の目的は、特定事業者の取引が犯罪収益の移転に利用された場合のトレースを可能にすることにあるから、記録の保管代行も、保管委託者が自ら保管して保存しているのと同じように、捜査機関からの要求があれば直ちにデータを取り出して提供できる状況を確保しているのであれば例外的に許されるであろう。

　したがって、本設問においてもＢ銀行がＡ銀行に確認記録保管代行を委託し、その委託契約の内容としてＢ銀行の要求があれば直ちに確認記録をＡ銀行が提供できる取決めをしておけば、Ｂ銀行は確認記録の保存義務を履行したことになる。

ワンポイントアドバイス

　シンジケートローンにおける各貸付契約の本人特定事項等の確認義務および確認記録の保存は、各貸付金融機関に課すのが法の趣旨である。そこで、本人特定事項等の確認をリード・アレンジャーとなった銀行に代行させる場合には、各貸付人である参加金融機関は、リード・アレンジャーとの間の委託契約の約定内容を精査、整備し、本人特定事項等の確認義務および確認記録の保存義務の履行を怠らないようにしなければならない。

106　ただし、代行者が取引時確認および確認記録保管義務を怠った場合にも、委託した金融機関は、犯収法により課せられた義務が履行されなかった原因が受託者（代行者）にあることを主張して責任を免れることはできない（逐条解説71頁）。

Q22 保証契約および保証予約

保証契約および保証予約の締結については、取引時確認が必要か。

結論

不要である。

.... **解　説** ....

　銀行、信用金庫等の金融機関の業務のうち取引時確認が要求される特定取引（法4条1項）の具体的内容は、施行令7条1項に列挙されている。そのうち、同条1項1号カには、「金銭の貸付けを内容とする契約の締結」が規定されている。

　しかしながら、保証契約および保証予約[107]の締結は「金銭の貸付けを内容とする契約の締結」には当たらない。そして、同規定以外の施行令7条1項に列挙された特定取引のなかにも保証契約および保証予約の締結は含まれていない。これは、法が取引時確認、本人確認記録の作成・保存を行うことを要求する趣旨は、事後的に資金移動の検索を可能にすることでこれらの事業者が犯罪収益の移転に利用されるのを防止するためであるが、保証契約や保証予約は資金移動とは直結しないためである。

　したがって、保証契約および保証予約の締結については、保証人や保証予約した者について取引時確認すべき義務はない。

ワンポイントアドバイス

　貸金契約の締結と保証契約の締結は、融資契約において通常は一体として

---

[107] 保証予約には、実務上、①本契約締結義務形式（銀行が請求したときは、義務者が保証契約を締結する義務を負うもの）、②形成権形式（銀行が保証予約完結権を行使したときは、義務者は保証債務を負うもの）、③停止条件付保証契約（一定の事由が発生すれば、条件が成就したとして保証契約の効力が発生する旨の保証契約を発生させるもの）の3つがあるとされる（五味廣文ほか監修『銀行窓口の法務対策3800講III』527頁）。

第2編　ケーススタディ　93

扱われるが、両者の犯収法上の取引時確認義務の扱いは異なる。その差異は
たとえば、融資契約とは別に行われる追加設定の保証契約や保証予約の場合
には取引時確認が不要であることで明確となる。

　なお、取引時確認を行わなかった追加設定の保証契約や保証予約に基づ
き、後日保証人の保証履行として金融機関が200万円を超える現金等の支払
を受けるなど[108]の場合には、当該保証人は確認済みの顧客ではないため、
その時点で取引確認を要することには注意が必要である。

108　施行令7条1項1号タ。

Q23 担保設定契約

担保設定契約の締結については、取引時確認が必要か。

結論

不要である。

············ 解　説 ············

　担保設定契約の締結は施行令7条1項に列挙された特定取引のいずれにも該当しない。法が取引時確認、取引時確認記録の作成・保存を行うことを要求する趣旨は、事後的に資金移動の検索を可能にすることでこれらの事業者が犯罪収益の移転に利用されるのを防止するためであるが、担保設定契約の締結それ自体は資金移動を伴わないためである。

　よって、金融機関は、担保設定契約の締結については、担保設定者について取引時確認すべき義務はない。

ワンポイントアドバイス

　貸金契約の締結と担保設定契約の締結は、融資契約において一体として扱われることが多いが、融資契約とは別個の機会の追加担保の設定のケースには取引時確認が不要であること、その場合に担保設定者から代位弁済として200万円を超える現金等を受け入れるなどの場合には確認済顧客とはならないため、その時点で取引時確認を要することは保証契約の場合と同様である[Q22]。

第2編　ケーススタディ　95

Q24 貸付先債務者等からの入金

　貸付先債務者、代位弁済者、連帯保証人あるいは担保提供者からの振込入金、現金、小切手の受入れについて本人特定事項等の確認は必要か。

結論

　振込入金については不要である。現金、小切手の受入れについては、一定金額を超える金額の場合には、確認済みの顧客等との取引に当たらなければ必要である。

············ 解　　説 ············

　取引時確認を必要とする特定取引（法4条1項）として、施行令7条1項は、振込入金を規定していない。他方、同条1項1号夕は、「現金、持参人払式小切手、自己宛小切手または無記名の公社債の本券もしくは利札の受払いをする取引であって、当該取引の金額が200万円（現金の受払いをする取引で為替取引または自己宛小切手の振出しを伴うものにあっては、10万円）を超えるもの」は本人特定事項等の確認を必要とする特定取引として規定している。したがって、貸付先債務者、代位弁済者、連帯保証人あるいは担保提供者からの振込入金には本人特定事項等の確認は必要ない。

　これに対して、現金、持参人払式小切手、自己宛小切手の受入れについては当該取引の金額が200万円（現金の受払いをする取引で為替取引または自己宛小切手の振出しを伴うものにあっては、10万円）を超えるものは原則として本人特定事項等の確認を必要とすることとなる。

　例外的に、「確認済顧客等との取引」であれば（法4条3項）、本人特定事項等の確認は不要である。したがって、貸付先債務者、代位弁済者、連帯保証人または担保提供者が既に本人特定事項等の確認済みであり、当該本人特定事項等の確認について確認記録を保存し当該顧客等が既に本人特定事項等の確認を行っている顧客等であることを確かめる措置をとった「確認済顧客

等との取引」であれば（法4条3項）、上記受入取引についても本人特定事項
等の確認は不要である。

ワンポイントアドバイス

　貸付先債務者、代位弁済者、連帯保証人あるいは担保提供者からの振込入
金、現金、小切手の受入れは、1万円を超える金額については別途取引記録
の作成が必要である（法7条1項、施行令15条1項）［Q88］。

Q25 ローン債権の譲渡

　　ローン債権を譲渡あるいは譲り受ける契約の締結には取引時確認が必要か。また、譲渡人がローン借受人に対して行った取引時確認の記録は譲受人に引き渡すべきか。

結論

　いずれも不要である。

············ 解　　説 ············

1　ローン債権を譲渡あるいは譲り受ける契約の締結と本人確認の要否

　銀行、信用金庫等の金融機関の業務のうち取引時確認が要求される特定取引（法4条1項）を列挙した施行令7条1項には、債権の譲渡あるいは譲受けに関する契約の締結は規定がない。

　したがって、ローン債権を譲渡あるいは譲り受ける契約の締結には取引時確認は必要ない。

2　ローン債権の譲渡と本人確認記録の保管者

　特定事業者は、取引時確認を行った場合には、直ちに確認記録を作成し、特定取引に係る契約が終了した日等の日から7年間保存しなければならない（法6条1項・2項、施行規則21条）。

　ここでいう確認記録の保存義務を課せられた特定事業者は、取引時確認を行った特定事業者である。つまり、取引時確認義務を履行して確認記録を作成した特定事業者が保存義務も負担するものである。

　そして、ローン債権の譲渡があった場合においても、そもそも譲渡人が、法4条1項に基づき、ローン債務者の取引時確認を行い、確認記録を作成したのであれば、その後の確認記録の保存義務も譲渡人が負担している。

　したがって、譲渡人は確認記録の保存義務を負う以上、確認記録を譲受人に引き渡すことは許されず、これを引き渡すことは、確認書類の保存義務違

反とならないかが問題となる。この点は、取引時確認および確認記録の保管の外部委託が解釈上許容されること［Q60］との均衡からすれば、確認記録の保管委託契約に基づき、譲渡人の求めに応じて直ちにいつでも確認記録を検索できる関係を確保しつつ、犯収法上の確認記録の保存義務を譲渡人が負担するという前提であれば、確認記録を譲渡人から譲受人に引き渡すことは許されると考える。

ワンポイントアドバイス

　ローン債権の譲渡後に特定事業者である譲受人がローン債務者と新たに特定取引を行う場合[109]には、当該ローン債務者が譲受人にとって「確認済みの顧客等」に当たらない限り、譲受人は新たにローン債務者の取引時確認を行う必要がある。たとえ、ローン債権の譲渡人がローン債務者の取引時確認を行っていたとしても、譲受人の取引時確認義務を免除する理由とはならない点に注意が必要である。

---

[109] 債務者の弁済が200万円を超える現金の受払いの場合などである（施行令7条1項1号タ）。

第2編　ケーススタディ　99

Q26 アレンジメント契約の締結

ローン等のファイナンスに関するアレンジメント契約の締結には本人特定事項等の確認が必要か。マンデート・レターのみの交付の場合はどうか。

結論

ローン等のファイナンスに関するアレンジメント契約の締結は、施行令7条1項1号カ「金銭の貸借の媒介を内容とする契約の締結」に当たり取引時確認として本人特定事項等の確認が必要である。マンデート・レターのみの交付の場合も交付当事者間にファイナンスのアレンジメント（組成）を目的とした（準）委任契約が成立するため本人特定事項等の確認が必要である。

············ **解　説** ············

1　アレンジメント契約の締結と取引時確認義務

シンジケートローン等のファイナンスに関するアレンジメント契約とは、各案件において、ファイナンスのアレンジメント（組成）と融資検討を行う立場を有する金融機関であるアレンジャーの参加を明確にし、かつ守秘義務や弁護士費用等の借入人における支払義務等を定めることを目的とした契約である。

一方、本人特定事項等の確認を要する特定取引である施行令7条1項1号カ「金銭の貸借の媒介を内容とする契約の締結」における「貸借の媒介」とは、消費貸借契約の成立に尽力するいっさいの行為を意味する[110]。

したがって、アレンジメント契約は、ファイナンスのアレンジメント（組成）を確約する契約であるから、「金銭の貸借の媒介を内容とする契約の締結」に当たり本人特定事項等の確認が必要となる。

110　森泉章編著『新貸金業規制法〔第2版〕』68頁。

100

2 マンデート・レターのみの交付と取引時確認義務

アレンジャー業務の委託書であるマンデート・レターの交付により、借入人とアレンジャーとの間にはファイナンスのアレンジメント（組成）を目的とした委任契約あるいは準委任契約が成立する[111]。

かかる（準）委任契約も「金銭の貸借の媒介を内容とする契約の締結」であるから、契約の締結に際して本人特定事項等の確認が必要となる。

ワンポイントアドバイス

取引時確認を要する特定取引である施行令7条1項1号カ「金銭の貸借の媒介を内容とする契約の締結」とは、消費貸借契約の成立に尽力するいっさいの行為を目的とする契約を意味するのでその適用範囲が広いことに注意すべきである。

---

111 佐藤正謙監修『シンジケートローンの実務』33頁。

Q27 信託と特定取引

信託に関する取引のうち特定取引とされるのはどの範囲か。

結論

信託に係る契約の締結の場面と受益権の発生および移転の場面についてである。

············ 解　説 ············

1　信託に係る契約の締結

信託[112]に係る契約の締結は、特定取引とされる。ただし、次のものは除かれる（施行令7条1項1号ハ）。

(1)　貸付信託の受益証券（同項12号）、資産の流動化に関する法律に規定する特定目的信託の受益証券（同項13号）、信託法に規定する受益証券発行信託の受益証券（同項14号）は除かれないが、それ以外の受益権が金商法2条1項に規定する有価証券に表示される権利は除かれる。

　　その趣旨は、受益権が有価証券として表示されている有価証券は後記3の対象となるのでここに含めないものの、後記3では信託銀行自身が受益証券を新たに発行して販売する「募集」の対象である有価証券は限定されているため（金商法2条8項7号参照）、貸付信託の受益証券、特定目的信託の受益証券、受益証券発行信託の受益証券については、施行令7条1項1号ハで含める必要があるからである。

(2)　金商法2条2項の規定により有価証券とみなされる権利である信託

　　ただし、投資信託の受益証券など以外の信託の受益権（同項1号）および外国の者に対する権利で信託の受益権の性質を有するもの（2号）は除かれない。

112　信託法2条1項、3条。

その趣旨は、上記(1)と同じである。

(3) 担保付社債信託法2条1項に規定する信託契約に係る信託

その趣旨は、担保付社債信託法2条1項に規定する信託契約は、社債権者のために社債発行会社が自己の財産に担保権を設定した場合のその者と信託会社との間の信託契約であるが、この契約は当該担保権を単に保証するものであること、また、受益権の行使の結果資金の移動を伴うものではないことから取引時確認対象取引たる信託契約から除かれているのである[113]。

2 信託の受益者との法律関係の成立

信託行為、信託法89条1項に規定する受益者指定権等の行使、信託の受益権の譲渡その他の行為による信託の受益者との間の法律関係の成立が特定取引とされる[114]（施行令7条1項1号ニ）。

信託の委託者と受益者が同一である自益信託の場合には、上記1により委託者の取引時確認を行えば同時に受益者の確認も行えるが、委託者と受益者が異なる他益信託では受益者の確認はできない。そこで、本規定は、受益権が転々流通することが予定される信託以外の一般の信託の場合において、受益権の発生時点と流通時点で受益者を取引時確認の対象としている。

この特定取引においては、信託の受益者が顧客等となる。

3 金商法上有価証券として扱われる信託受益権に係る契約の締結

信託の受益権が有価証券化されたものまたは有価証券とみなされるものに関して次の行為[115]を行うことを内容とする契約の締結（施行令7条1項1号リ[116]）は特定取引とされる。

---

113 逐条解説131頁参照。
114 本文3（施行令7条1項1号リ）に規定する行為と重複するものは除かれる。
115 金商法2条8項1号から6号もしくは10号に掲げる行為または同項7号から9号に掲げる行為により顧客等に有価証券（金商法2条1項に規定する有価証券または同条2項の規定により有価証券とみなされる権利をいう）を取得させる行為である。同法2条8項の行為は同法においては金融取引業の定義とされているが、取引時確認の対象となる犯収法の特定取引は金融商品取引業として行われる行為に限定されない。
116 本条項は、一般的に有価証券に関する取引を特定取引とするものであり、信託受益権が有価証券化された場合のみを対象とするものではない。

第2編 ケーススタディ 103

本規定は、有価証券化されているため受益権が転々流通することが予定されている信託受益権の場合における受益権の発生時点と流通時点で受益者を取引時確認の対象とする趣旨の規定である。

(1)　有価証券の売買、市場デリバティブ取引または外国市場デリバティブ取引（デリバティブ取引に該当するものを除く。以下同じ）、市場デリバティブ取引または外国市場デリバティブ取引（有価証券の売買にあっては、下記(7)に掲げるものを除く）（金商法 2 条 8 項 1 号）

(2)　有価証券の売買、市場デリバティブ取引または外国市場デリバティブ取引の媒介、取次ぎ（有価証券等清算取次ぎを除く）または代理[117]（有価証券の売買の媒介、取次ぎまたは代理にあっては、下記(7)に掲げるものを除く）（同項 2 号）

(3)　次に掲げる取引の委託の媒介、取次ぎまたは代理（同項 3 号）

　①　取引所金融商品市場における有価証券の売買または市場デリバティブ取引

　②　外国金融商品市場（取引所金融商品市場に類似する市場で外国に所在するものをいう）における有価証券の売買または外国市場デリバティブ取引

(4)　店頭デリバティブ取引またはその媒介、取次ぎ（有価証券等清算取次ぎを除く）もしくは代理（同項 4 号）

(5)　有価証券等清算取次ぎ（同項 5 号）

(6)　有価証券の引受け（有価証券の募集もしくは売出しまたは私募もしくは特定投資家向け売付勧誘等に際し、金商法 2 条 6 項各号に掲げるもののいずれかを行うことをいう）（同法 2 条 8 項 6 号）

(7)　有価証券の売買またはその媒介、取次ぎもしくは代理であって、電子情報処理組織を使用して、同時に多数の者を一方の当事者または各当事者として次に掲げる売買価格の決定方法またはこれに類似する方法により行う

117　(2)ないし(5)の媒介、取次ぎまたは代理については、媒介する売り手と買い手、取次ぎの売り手と買い手、代理契約の相手方と代理人として行う売買契約の相手方など、当事者双方が取引時確認の対象となる（逐条解説134頁）。

もの、ただし、取り扱う有価証券の種類等に照らして取引所金融商品市場
または店頭売買有価証券市場（金商法67条2項に規定する店頭売買有価証券
市場をいう）以外において行うことが投資者保護のため適当でないと認めら
れるものとして政令で定めるものは除かれる（同法2条8項10号）

① 競売買の方法（有価証券の売買高が政令で定める基準を超えない場合に限
る）

② 金融商品取引所に上場されている有価証券について、当該金融商品取
引所が開設する取引所金融商品市場における当該有価証券の売買価格を
用いる方法

③ 金商法67条の11第1項により登録を受けた有価証券（店頭売買有価証
券）について、当該登録を行う認可金融商品取引業協会が公表する当該
有価証券の売買価格を用いる方法

④ 顧客の間の交渉に基づく価格を用いる方法

⑤ ①から④に掲げるもののほか、内閣府令で定める方法

上記(1)ないし(7)と異なり、以下の(8)ないし(10)については、「顧客等に有価
証券を取得させる行為」を行うことを内容とする契約の締結と規定されてい
る。

その理由は、以下の行為に関する契約は、顧客等が有価証券を取得するこ
とが現実化した段階となってはじめて取引時確認の対象となることを明確に
したものである。

(8) 次に掲げる有価証券の募集または私募により顧客等に有価証券[118]を取
得させる行為を行うことを内容とする契約の締結（同法2条8項7号）

① 金商法2条1項10号に規定する投資信託の受益証券のうち、委託者指
図型投資信託の受益権（投資信託及び投資法人に関する法律2条1項）に
係るもの

② 金商法2条1項10号に規定する外国投資信託の受益証券

③ 金商法2条1項16号に規定する抵当証券

---

118 金商法2条1項に規定する有価証券または同条2項の規定により有価証券とみなさ
れる権利をいう。

第2編 ケーススタディ 105

④　外国または外国の者が発行する証券または証書で上記③に掲げる有価証券の性質を有するもの

⑤　①もしくは②に掲げる有価証券に表示されるべき権利または③もしくは④に掲げる有価証券のうち内閣府令で定めるものに表示されるべき権利であって、金商法2条2項の規定により有価証券とみなされるもの

⑥　金商法2条2項の規定により有価証券とみなされる社債券または特別の法律により設立された法人の発行する出資証券に掲げる権利

⑦　①から⑥に掲げるもののほか、政令で定める有価証券

(9)　有価証券の売出しまたは特定投資家向け売付勧誘等により顧客等に有価証券[119]を取得させる行為を行うことを内容とする契約の締結（同項8号）

(10)　有価証券の募集もしくは売出しの取扱いまたは私募もしくは特定投資家向け売付勧誘等の取扱いにより顧客等に有価証券[120]を取得させる行為を行うことを内容とする契約の締結（同項9号）

4　信託の受益者が特定等されていないケース

　特定事業者である金融機関が上記1または2に掲げる取引を行う場合において、信託の受益者が特定されていないときもしくは存在しないとき、信託の受益者が受益の意思表示をしていないときまたは信託の受益者の受益権に停止条件もしくは期限が付されている場合には、金融機関が当該受益者の特定もしくは存在、当該受益の意思表示または当該停止条件の成就もしくは当該期限の到来を知った時[121]に当該受益者について上記2に規定する信託の受益者との間の法律関係が成立したものとみなして、上記2を適用して特定取引として扱う（施行令7条2項）。

　信託の受益者が未確定の場合には、それが確定したことを金融機関が知った時から取引時確認を要求することによって金融機関の負担を軽減する趣旨

119　脚注118と同じ。

120　脚注118と同じ。

121　ここでいう「知った時」は、偶然、金融機関が当該事情を知っただけの場合までも含む趣旨ではなく、金融機関と受益者との間で、たとえば、受益者が受託者である金融機関に対して信託財産に係る支払を受けるために配当要求をするなど一定の行為があったなどの受益者を確知したといいうる場合との趣旨である（逐条解説147頁）。

である。

ワンポイントアドバイス

適用される条項は複数であるが、信託の受益権については、一般の信託と有価証券化されていて転々流通する信託のいずれについても、受益権の発生時期と流通時期のそれぞれの場面で受益者の取引時確認を犯収法は求めている。

Q28 保険および共済と特定取引

保険契約または共済に係る契約に関して特定取引とされるのはどのような取引か。

結論

貯蓄型の保険契約または共済に係る契約の締結、それらの契約に基づく年金等の支払および保険契約または共済に係る契約の契約者の変更である。

············ 解　説 ············

1　貯蓄型の保険契約または共済に係る契約の締結

保険契約は人の死亡などに関して一定額の保険金を支払い、あるいは、偶然生じた事故に関して損害のてん補を行うことを内容とする契約である。共済に係る契約は、特定の地域や職場の人を構成員とする団体が、構成員の相互扶助を目的とした保険と同様の種類の内容を含む契約である。

マネー・ローンダリングとの関係で考えれば、偶然的、偶発的な事由による保険金や共済金の給付の場合には、これをマネー・ローンダリングに利用することは考えにくいため、犯収法では、保険金[122]支払が発生の確実な事由に係らしめられる貯蓄型のものを特定取引の対象としている。

そのため、保険契約または共済に係る契約のうち年金、満期保険金、満期返戻金または満期共済金（以下「年金等」という）を支払う旨の定めがないもの（施行規則4条1項2号イ）および保険料または共済掛金の総額の80パーセントに相当する金額が年金等の金額を超えるものを除外した（同号ロ）保険契約を特定取引としている（施行令7条1項1号ホ）（以下この特定取引に当たる契約を「貯蓄型の保険契約または共済に係る契約」という）。

122　人の生存を事由として支払が行われるものに限る。

2 貯蓄型の保険契約または共済に係る契約に基づく年金等の支払

貯蓄型の保険契約[123]または共済に係る契約に基づく年金等の支払は、貯蓄型の保険契約または共済に係る契約の締結時に取引時確認を行っていれば、確認済顧客として取引時確認は不要である。

しかしながら、年金等の受取人が保険契約または共済に係る契約者以外の場合には、取引時確認の行われていない顧客等への資金移動であるから、その支払の場面で取引時確認が求められる（施行令7条1項1号ト）。

なお、年金等の支払が勤労者財産形成貯蓄契約等、勤労者財産形成給付金契約および勤労者財産形成基金契約に基づくものは、その資金が賃金の天引きにより提供されるため、資産管理運用契約等および資産管理契約に基づくものは年金等の支払が特定の年齢に達することなどの要件が必要なため、いずれも顧客等が自由な資金移動ができない性格のものであることから特定取引より除外され、取引時確認は不要である[124]。

3 保険契約またはは共済に係る契約の契約者の変更

［Q29］を参照されたい。

ワンポイントアドバイス

犯収法は、保険契約の実務運用をふまえて取引時確認の場面を設定している。なお、年金等についても支払が偶然の事情により給付されるものであれば、マネー・ローンダリング規制の必要性が低いため特定取引から除外されることになる[125]。

123　簡易生命保険契約を含む。
124　その他、貯蓄型でない保険契約または共済に係る契約（施行規則4条1項3号イ）、適格退職年金契約、団体扱い保険もしくは保険業法施行規則83条1号イ～ホもしくは同号リ～ヲに掲げる保険契約またはこれらに相当する共済に係る契約（同号ロ）が特定取引から除外されている。
125　逐条解説149頁（注3）。

第2編　ケーススタディ　109

Q29 保険契約または共済に係る契約の契約者の変更

　保険契約または共済に係る契約の契約者の変更については、取引時確認が必要か。

結論

　必要である。

·········· 解　説 ··········

　銀行、信用金庫等の金融機関の業務のうち取引時確認が要求される特定取引には、原則として契約者の変更は含まれていない。したがって、契約者の変更時点では取引時確認は不要であり、変更した契約者である債務者からの弁済が200万円を超える現金の受払いの場合（施行令7条1項1号タ）などの場合にのみ取引時確認を要する。

　しかしながら、保険契約または共済に係る契約の契約者の変更は、取引時確認が必要な特定取引（法4条1項）とされ（施行令7条1項1号チ）、取引時確認を要する[126]。

　かかる例外が設けられた趣旨は、保険契約の実務においては、保険契約または共済に係る契約の契約者の変更の場合には新契約者の本人特定事項等の確認を行うのが実際の運用として行われてきたことから、契約者の変更の場面で取引時確認を実施し、その後の保険契約または共済契約に基づく年金等の受払いについては確認済顧客として取り扱うことが実際上効率的だからである。

---

[126]　満期保険金等の定めがない場合や満期保険金等の定めがある場合でも、保険料等の総額の80パーセントの金額が年金等の金額を超えるものは除外される（施行規則4条1項2号）。

ワンポイントアドバイス

　保険契約または共済に係る契約以外の契約者の変更については、特定取引に該当しないため、取引時確認が義務づけられていないが、特定事業者があえて契約者の変更時点で取引時確認を行うのであれば、その後の当該顧客との取引は確認済顧客と取り扱うことができるとの解釈の可能性もあると思われる[127]。

127　確認済顧客との取引を定める法4条3項は、「特定事業者が他の取引の際に……確認を行っている顧客等」と規定しており、取引時確認の対象を特定取引に限定していない。

Q30 外国銀行の業務の代理または媒介として行う取引

外国銀行の業務の代理または媒介として行う取引が特定取引とされるのはどの範囲の取引か。

結論

預金等受入契約、金銭の貸付・金銭の貸借の媒介の契約または継続的な為替取引契約の締結ならびにそれらの契約に基づく取引についてである。

………… 解　説 …………

1　預金等受入契約等の締結

外国銀行の業務の代理または媒介として行う次の契約の締結は、特定取引とされる[128]（施行令7条1項1号ウ）。

⑴　預金または貯金の受入れを内容とする契約の締結（施行令7条1項1号イ）

⑵　定期積金等（銀行法2条4項に規定する定期積金等をいう）の受入れを内容とする契約の締結（施行令7条1項1号ロ）

⑶　金銭の貸付または金銭の貸借の媒介（手形の割引、売渡担保その他これらに類する方法によってする金銭の交付または当該方法によってする金銭の授受の媒介を含む）を内容とする契約の締結（施行令7条1項1号カ）

⑷　上記⑴の取引を行うことなく為替取引を継続的にまたは反復して行うことを内容とする契約の締結（施行令7条1項1号ソ）

2　預金等受入契約等に基づく取引

上記1の契約に基づく取引については、外国銀行の業務の代理または媒介を行う金融機関は、特定取引として取引時確認が要求される。たとえば、外

---

[128]　委託元の外国銀行における所在国における取引時確認制度の整備状況が不明であるし、委託元の外国銀行にはわが国の担当官署の監督が及ばないことから、マネー・ローンダリング対策のために、外国銀行の業務の代理または媒介として行う一定の取引についてそれを行う国内金融機関に取引時確認を課す趣旨である。

国銀行と顧客等との間で預金等受入契約等の締結が行われ、わが国の金融機関が当該契約に基づく預金払戻取引について代理する場合などである。

ワンポイントアドバイス

　預金等受入契約等の締結のみならず、それらの契約に基づく個別取引についても取引時確認が必要なことには注意を要する。

Q31 ラップ口座による投資一任契約の締結

顧客との間でラップ口座による投資一任契約の締結あるいはその代理または媒介を行うことを内容とする契約を締結する場合には本人特定事項等の確認は必要か。

結論

顧客との間での投資一任契約の締結あるいはその代理または媒介は、当該契約により顧客の金銭の預託を受けないときには本人特定事項等の確認は不要であるが、顧客の金銭の預託を受けるときは本人特定事項等の確認が必要となる。

············ 解 説 ············

当事者の一方が、相手方から、金融商品の価値等の分析に基づく投資判断の全部または一部を一任されるとともに、当該投資判断に基づき当該相手方のため投資を行うのに必要な権限を委任されることを内容とする契約である投資一任契約、あるいは、投資一任契約の代理または媒介を行うことを内容とする契約の締結は、当該契約により金銭の預託を受ける場合は、本人特定事項等の確認を要する特定取引に当たる（施行令7条1項1号ヌ、金商法28条3項・4項、2条8項12号・13号）。

したがって、銀行において、顧客との間でラップ口座による投資一任契約の締結あるいはその代理または媒介を行うことを内容とする契約を締結する場合には、当該契約により顧客の金銭の預託を受けないときには本人特定事項等の確認は不要であるが、顧客の金銭の預託を受けるときは本人特定事項等の確認が必要となる。

なお、投資一任契約の締結あるいはその代理または媒介を行うことを内容とする契約を締結する場合であっても、当該顧客が既に銀行との取引において確認済みの顧客との取引である場合には、なりすまし等が疑われる取引に

114

該当しない限り、その顧客等が既に取引時確認を行っている顧客等であることを確かめる措置をとった場合には、再度の取引時確認は不要である（法4条3項）。

ワンポイントアドバイス

　銀行との間で預金取引やローン取引を既に行っている顧客に対する勧誘により、当該顧客と新たにラップ口座による投資一任契約の締結あるいはその代理または媒介を行う場合には、通常は確認済みの顧客等に当たるため、再度の本人特定事項等の確認が不要とされるケースが多いであろう。

第4　取引時確認の確認方法

Q32　本人確認書類

本人特定事項の確認において金融機関が提示または送付を受ける本人確認書類とは具体的にどのような書類か。

結　論

本人特定事項を確認する対象である顧客等や代表者等が自然人の場合と法人の場合等で異なる（施行規則7条）。

············ 解　　説 ············

1　本人特定事項確認対象が自然人の場合

(1)　運転免許証等（道路交通法92条1項に規定する運転免許証および同法104条の4第5項に規定する運転経歴証明書）、在留カード（出入国管理及び難民認定法19条の3）、特別永住者証明書（日本国との平和条約に基づき日本の国籍を離脱した者等の出入国管理に関する特例法7条1項）、個人番号カード（行政手続における特定の個人を識別するための番号の利用等に関する法律2条7項）、旅券等（出入国管理及び難民認定法2条5号の旅券または同条6号の乗員手帳で氏名および生年月日の記載のあるもの）、身体障害者手帳、精神障害者保健福祉手帳、療育手帳または戦傷病者手帳（当該自然人の氏名、住居および生年月日の記載があるものに限る）

(2)　(1)に掲げるもののほか、官公庁から発行され、または発給された書類その他これに類するもので、当該自然人の氏名、住居および生年月日の記載があり、かつ、当該官公庁が当該自然人の写真を貼り付けたもの

(3)　国民健康保険、健康保険、船員保険、後期高齢者医療もしくは介護保険の被保険者証、健康保険日雇特例被保険者手帳、国家公務員共済組合もしくは地方公務員共済組合の組合員証または私立学校教職員共済制度の加入

者証、国民年金手帳（国民年金法13条１項）、児童扶養手当証書、特別児童
扶養手当証書、母子健康手帳（当該自然人の氏名、住居および生年月日の記
載があるものに限る）または金融機関との間の預金契約等の特定取引を行
うための申込みまたは承諾に係る書類に顧客等が押印した印鑑に係る印鑑
登録証明書

(4)　印鑑登録証明書（(3)に掲げるものを除く）、戸籍の謄本もしくは抄本（戸
籍の附票の写しが添付されているものに限る）、住民票の写しまたは住民票の
記載事項証明書（地方公共団体の長の住民基本台帳の氏名、住所その他の事項
を証する書類をいう）

(5)　(1)から(4)に掲げるもののほか、官公庁から発行され、または発給された
書類その他これに類するもので、当該自然人の氏名、住居および生年月日
の記載があるもの[129]

2　本人特定事項確認対象が法人の場合

(1)　当該法人の設立の登記に係る登記事項証明書（当該法人が設立の登記をし
ていないときは、当該法人を所轄する行政機関の長の当該法人の名称および本
店または主たる事務所の所在地を証する書類）または印鑑登録証明書（当該
法人の名称および本店または主たる事務所の所在地の記載があるものに限る）

(2)　(1)に掲げるもののほか、官公庁から発行され、または発給された書類そ
の他これに類するもので、当該法人の名称および本店または主たる事務所
の所在地の記載があるもの

3　本人特定事項確認対象が外国人または外国法人の場合

(1)　法４条１項に規定する「本邦内に住居を有しない外国人」（本邦に在留す
るが、その所持する旅券または乗員手帳の記載によって当該外国人のその属す
る国における住居を確認することができないもの）（施行令10条）については
旅券等

(2)　外国人[130]および外国に本店または主たる事務所を有する法人について
は、上記１または２に定めるもののほか、日本国政府の承認した外国政府

---

[129]　国家公安委員会、金融庁長官、総務大臣、法務大臣、財務大臣、厚生労働大臣、農
林水産大臣、経済産業大臣および国土交通大臣が指定するものを除く。

第２編　ケーススタディ　117

または権限ある国際機関の発行した書類その他これに類するもので、上記
1または2に定めるものに準ずるもの（自然人の場合にあってはその氏名、
住居および生年月日の記載のあるものに、法人の場合にあってはその名称およ
び本店または主たる事務所の所在地の記載のあるものに限る）

4　本人確認書類の有効期限

上記1(1)および(3)に掲げる本人確認書類[131]および上記3(1)に定める本人
確認書類ならびに有効期間または有効期限のある上記1(2)および(5)、2(2)に
掲げる本人確認書類ならびに上記3(2)に定める本人確認書類については金融
機関が提示または送付を受ける日において有効なものに、その他の本人確認
書類にあっては金融機関が提示または送付を受ける日前6カ月以内に作成さ
れたものに限る。

ワンポイントアドバイス

　平成26年改正において、顔写真のない本人確認書類（上記1(3)ないし(5)）
による本人特定事項の確認方法は、顔写真のある本人確認書類による確認方
法の場合と区別され、追加的な確認措置が求められることとなった［Q35］。

130　日本の国籍を有しない自然人をいい、本邦に在留しているもの（日本国とアメリカ
　合衆国との間の相互協力及び安全保障条約第6条に基づく施設及び区域並びに日本国に
　おける合衆国軍隊の地位に関する協定（日米地位協定）9条1項または日本国における
　国際連合の軍隊の地位に関する協定3条1項の規定により本邦に入国し在留しているも
　のを除く）を除く。
131　金融機関との間の預金契約等の特定取引を行うための申込みまたは承諾に係る書類
　に顧客等が押印した印鑑に係る印鑑登録証明書を除く。

Q33 自然人の本人特定事項の確認方法

　自然人である顧客等や代表者等に対する本人特定事項の確認方法は、対面取引の場合と非対面取引の場合で異なるか。

結 論

　対面取引の場合は原則として本人確認書類の提示を受ける方法によるが、非対面取引と対面取引でも顔写真のない証明書など確認に使用される本人確認書類の種類によっては、当該書類に記載された住所宛てに転送不要郵便物で取引関係文書を送付する方法による。

············ 解　　説 ············

　自然人（法4条1項の政令で定める本邦に住居を有しない外国人[132]以外の外国人を含む）である顧客等や代表者等に対する本人特定事項の確認方法は次のとおりである。なお、外国人については［Q37］を参照されたい。

1　対面取引

⑴　自然人のうち次の本人確認書類の場合は、特定取引を行った本人のみが所持または本人に1通しか交付されない書類で、しかも顔写真付きであることからなりすましのチェックなどの場面で証明力が高いと認められるため、金融機関が本人確認書類の提示[133]を受ける方法によれば足りる[134]（施行規則6条1項1号イ）。

132　本邦に在留する外国人であって、その所持する旅券または乗員手帳の記載によって当該外国人のその属する国における住居を確認することができないものをいう（施行令10条）。

133　写しの提示は認められない。

134　この場合、他の確認方法の場合の負担との均衡を考慮して、確認した金融機関には本人確認書類の写しを確認記録に添付することを義務づけてはいないが、写しを添付しない場合には、当該提示を受けた日付のみならず時刻の記録を義務づけることにより、当該確認をしたとされる担当者の出勤状況との突合せによるチェックなどが事後的に可能となり、その確認の実効性を確保している（施行規則20条1項3号）。

第2編　ケーススタディ　119

① 運転免許証等（道路交通法92条1項に規定する運転免許証および同104条の4第5項に規定する運転経歴証明書）、在留カード（出入国管理及び難民認定法19条の3）、特別永住者証明書（日本国との平和条約に基づき日本の国籍を離脱した者等の出入国管理に関する特例法7条1項）、個人番号カード（行政手続における特定の個人を識別するための番号の利用等に関する法律2条7号）、旅券等（出入国管理及び難民認定法2条5号の旅券または同条6号の乗員手帳で氏名および生年月日の記載のあるもの）、身体障害者手帳、精神障害者保健福祉手帳、療育手帳または戦傷病者手帳（当該自然人の氏名、住居および生年月日の記載があるものに限る）

② ①に掲げるもののほか、官公庁から発行され、または発給された書類その他これに類するもので、当該自然人の氏名、住居および生年月日の記載があり、かつ、当該官公庁が当該自然人の写真を貼り付けたもので、代表者等による提示の場合ではなく、顧客等本人から提示を受ける場合[135]

(2) 自然人のうち次の場合は、本人以外の第三者が入手して所持している可能性があるため、その提示を受けるとともに当該本人確認書類に記載されている住所[136]に宛てて、預金通帳その他の当該顧客または代表者等との取引に係る文書（以下「取引関係文書[137]」という）を書留郵便もしくは引受けおよび配達の記録をする郵便またはこれらに準ずるものにより、その取扱いにおいて転送をしない郵便物またはこれに準ずるもの（転送不要郵便物等）として送付する方法による（施行規則6条1項1号ロ）。

① 上記(1)①に掲げるもののほか、官公庁から発行され、または発給され

---

135 顧客等の書面を代表者等が代わって提示する場合は、写真による容貌の確認が困難であるため適用除外となる。ただし、一を限り発行または発給されたものは本人確認書類としての証明力が高いため含まれる。

136 当該本人確認書類またはその写しに当該顧客等の現在の住居の記載がないときの補完書類による現在の住居の確認方法については［Q39］参照。

137 取引関係文書は、預金通帳が例示されている以上、だれにでも頒布されるパンフレット等では足りず、特定事業者と顧客等または代表者との間での取引に係る文書であって、通常他の者への到達が期待されないもの（契約書、領収書、第1回の取引明細書、支払明細書等）である必要があるとされる（逐条解説89頁）。

た書類その他これに類するもので、当該自然人の氏名、住居および生年月日の記載があり、当該官公庁が当該自然人の写真を貼り付けたもので、代表者等により提示されたもの（顧客等本人から提示を受けない場合）

② 国民健康保険、健康保険、船員保険、後期高齢者医療もしくは介護保険の被保険者証、健康保険日雇特例被保険者手帳、国家公務員共済組合もしくは地方公務員共済組合の組合員証または私立学校教職員共済制度の加入者証（当該自然人の氏名、住居および生年月日の記載があるものに限る）、国民年金手帳（国民年金法13条1項）、児童扶養手当証書、特別児童扶養手当証書、母子健康手帳（当該自然人の氏名、住居および生年月日の記載があるものに限る）または金融機関との間の預金契約等の特定取引を行うための申込みまたは承諾に係る書類に顧客等が押印した印鑑に係る印鑑登録証明書

③ 印鑑登録証明書（②に掲げるものを除く）、戸籍の謄本もしくは抄本（戸籍の附票の写しが添付されているものに限る）、住民票の写しまたは住民票の記載事項証明書（地方公共団体の長の住民基本台帳の氏名、住所その他の事項を証する書類をいう）

④ ①から③に掲げるもののほか、官公庁から発行され、または発給された書類その他これに類するもので、当該自然人の氏名、住居および生年月日の記載があるもの

(3) 顔写真のない本人確認書類について、当該顧客等もしくはその代表者等から次のとおり複数の本人確認書類の提示を受ける方法（施行規則6条1項1号ハ）

① 上記(2)②のいずれか2つの書類の提示を受ける方法

または

② 上記(2)②の書類に加えて次のいずれかの書類の提示を受ける方法

ア 上記(1)①のほか、官公庁から発行され、または発給された書類その他これに類するもので、当該自然人の氏名、住居および生年月日の記載があり、かつ、当該官公庁が当該自然人の写真を貼り付けたもので代表者等から提示された場合の書類

イ　上記(2)③の書類

ウ　上記(2)④の書類

エ　当該顧客等の現在の住居の記載がある補完書類[138]

(4)　当該顧客またはその代表者等から当該顧客等の本人確認書類のうち(2)②の提示を受け、かつ、それ以外の本人確認書類もしくは当該顧客等の現在の住居の記載がある補完書類またはその写しの送付を受けて当該本人確認書類もしくは当該補完書類またはその写し（金融機関が作成した写しを含む）を確認記録の記録に添付（施行規則19条1項2号）する方法（施行規則6条1項1号ニ）

(5)　なお、(2)の転送不要郵便により送付することに代えて、次のような金融機関の役職員による当該顧客等の住居に赴いて行う方法も認められる（施行規則6条4項1号・2号）。

①　金融機関の役職員が、当該本人確認書類またはその写しに記載されている当該顧客等の住居に赴いて当該顧客等に取引関係文書を交付する方法（②の場合を除く）

②　金融機関の役職員が、当該顧客等の本人確認書類もしくは補完書類[139]またはその写しに記載されている当該顧客等の住居に赴いて当該顧客等に取引関係文書を交付する方法[140]

2　非対面取引

メールオーダーやインターネット取引[141]などの非対面取引の場合は、相手方と対面する対面取引と比較して、相手方の人相、風体、風貌等など特徴の確認ができないため、証明対象者と顧客等の同一性の確認情報が必ずしも

138　本人確認書類を除き、領収日付の押印または発行年月日の記載のあるもので、その日が金融機関の提示または送付を受ける日の前6カ月以内のものに限る［Q39］。

139　領収日付の押印または発行年月日の記載があるもので、その日が金融機関が提示または送付を受ける日前6月以内の国税または地方税の領収証書または納税証明書等である（施行規則6条2項）。

140　当該本人確認書類もしくは補完書類またはその写しを用いて当該顧客等の現在の住居を確認した場合に限る。

141　取引の急速なインターネット化に伴い、今後は非対面取引における本人特定事項の確認の重要性が大きくなると思われる。

十分ではない。そこで、本人特定事項の確認方法としては、次のような厳格な方法によることが義務づけられている。

(1) 当該顧客等またはその代表者等から当該顧客等の本人確認書類のうち上記 1(1)もしくは(2)に定めるものまたはその写しの送付[142]を受けて当該本人確認書類またはその写し（金融機関が作成した写しを含む）を施行規則19条1項2号に掲げる方法［Q81］により確認記録に添付する[143]とともに、当該本人確認書類またはその写しに記載されている当該顧客等の住居[144]に宛てて、取引関係文書を書留郵便等により、転送不要郵便物等として送付する方法（施行規則6条1項1号ホ）

　なお、転送不要郵便により送付することに代えて、金融機関の役職員が当該本人確認書類またはその写し、もしくは、補完書類またはその写しに記載されている当該顧客等の住居に赴いて取引関係文書を交付する方法によることもできる（施行規則6条4項1号・2号）。

(2) その取扱いにおいて名宛人本人もしくは差出人の指定した名宛人に代わって受け取ることができる者に限り交付する郵便またはこれに準ずるもの[145]により、当該顧客等に対して、取引関係文書を送付する方法（施行規則6条1項1号ヘ）

3 電子署名が行われた特定取引

　電子証明書により確認される電子署名が行われた特定取引については、情報の送信を受ける方法により行える（施行規則6条1項1号ト・チおよびリ）。

---

142 郵便、FAX、電子メールによる送信等が認められる。

143 紙資料に限定されず、電子データも含む。

144 当該本人確認書類またはその写しに当該顧客等の現在の住居の記載がないときの補完書類による現在の住居の確認方法については［Q39］参照。

145 金融機関に代わって住居を確認し、本人確認書類の提示を受け、ならびに取引時確認を行った者の氏名その他の当該者を特定するに足りる事項（施行規則20条1項1号）、顧客等または代表者等の本人特定事項の確認のために本人確認書類の提示を受けたときは、当該提示を受けた日付および時刻（同3号）および顧客等または代表者等の本人特定事項の確認のために本人確認書類または補完書類の提示を受けたときは、当該本人確認書類または補完書類の名称、記号番号その他の当該本人確認書類または補完書類を特定するに足りる事項（同11号）を当該特定金融機関に伝達する措置がとられているものに限る。

第2編　ケーススタディ　123

4 信託、保険契約、金銭貸借等の特定取引のうち、特定の預金口座における口座振替の方法により決済されるものについては、当該口座が開設されている他の金融機関が当該口座の預金契約を締結する際に本人確認を行い、本人確認記録を保存していることを確認する方法によることも認められている[146]（他の金融機関とあらかじめこの方法を用いることに合意している場合に限る）（施行規則13条1項1号）。

ワンポイントアドバイス

平成26年改正により、顔写真のある本人確認書類と顔写真のない本人確認書類とでは、本人特定事項の確認方法が区別され、差異が生じた点には注意が必要である。

---

[146] ただし、取引の相手方が当該取引時確認もしくは相当する確認に係る顧客等もしくは代表者等になりすましている疑いがある取引または当該取引時確認もしくは相当する確認が行われた際に当該取引時確認もしくは相当する確認に係る事項を偽っていた疑いがある顧客等もしくは代表者等（その代表者等が当該事項を偽っていた疑いがある顧客等または代表者等を含む）との間における取引、疑わしい取引または同種の取引の態様と著しく異なる態様で行われる取引を行う場合は、この方法は認められない。

Q34 個人番号カードによる本人特定事項の確認

個人番号カードによる本人特定事項の確認方法で注意すべき点はあるか。

結 論

顧客等から個人番号カードが提示された場合でも個人番号を記録すべきではなく、本人確認書類を特定するための事項として名称、発行自治体、有効期限を記録すれば足りる。

.... 解 説 ....

行政手続における特定の個人を識別するための番号の利用等に関する法律（以下「マイナンバー法」という）の施行に伴い、平成28年1月1日をもって、本人確認書類から住民基本台帳カードが削除され、個人番号カード[147]が新たに追加された（通知カードは本人確認書類から除外）。

個人番号については、マイナンバー法の定める場合を除き、個人番号の提供を求めてはならないとされている（マイナンバー法15条）。したがって、金融機関としては、本人確認書類として個人番号カードが提示された場合には個人番号を記録すべきではなく、本人確認書類を特定するための事項として名称、発行自治体、有効期限を記録すれば足りる（施行規則20条1項11号）。

さらに、個人番号カードの写しの送付を求める場合には、個人番号の記載がない表面のみの送付を要請するなどの注意が必要である。

ワンポイントアドバイス

住民基本台帳カードは、その効力を失う時または個人番号カードの交付を受ける時のいずれか早い時までの間は個人番号カードとみなされるため、その間は本人確認書類として認められる。

---

147 氏名、住所、生年月日、性別、個人番号その他政令で定める事項が記載され、本人の写真が表示されたカードである（マイナンバー法2条7号）。

第2編 ケーススタディ 125

Q35 顔写真のない本人確認書類による本人特定事項の確認方法

健康保険証や年金手帳など、顔写真のない本人確認書類の提示を受ける場合には本人特定事項の確認はどのような方法により行うべきか。

結論

顧客等の住所に宛てて、取引関係文書を転送不要郵便物等として送付する、あるいは他の本人確認書類や顧客等の現在の住居の記載がある納税証明書、公共料金の領収証書等の提示を受けた上で、顔写真のない本人確認書類以外の本人確認書類もしくは補完書類またはこれらの写しの送付を受けて、確認記録に添付する方法による。

············ **解　　説** ············

犯収法では、健康保険証や年金手帳などの顔写真のない本人確認書類も本人確認書類として認めているが、なりすましの防止のためのチェックなどの場面において、顔写真のない本人確認書類が、顔写真のある本人確認書類と比較して証明力が劣ることは明白である。そのため、第3次FATF対日相互審査（平成20年10月）において、金融機関が依拠することが許されている本人確認書類の質が不十分であると指摘されていたところである。他方、わが国においては、自動車運転免許証やパスポートなど顔写真付公的証明書を保有しない、いわゆる証明弱者が少なからず存在する[148]。

そこで、平成26年改正においては、引き続き顔写真のない証明書を本人確認書類として認めつつも、顔写真のない証明書を本人確認書類として利用する場合には、追加的な確認措置を求めることとした［Q33］。

---

[148]　平成26年7月17日「マネー・ローンダリング対策等に関する懇談会報告書」6頁。

ワンポイントアドバイス

　いわゆるマイナンバー法に基づく個人番号カードが新たに顔写真のある本人確認書類として追加された。

Q36 法人の本人特定事項の確認方法

法人に対する本人特定事項の確認方法はどのように行うか。

結論

　自然人の場合と同様、対面取引の場合は原則として本人確認書類の提示を受ける方法によるが、非対面取引と対面取引でも確認に使用される本人確認書類の種類によっては、当該書類に記載された住所宛てに転送不要郵便物等で取引関係文書を送付する方法による。

‥‥‥‥‥ 解　説 ‥‥‥‥‥

　法人である顧客等に対する本人特定事項の確認方法は次のとおりである。

1　対面取引

　次の本人確認書類の場合は、本人確認書類の原本を当該法人の代表者等が金融機関に提示することから、金融機関が本人確認書類の提示[149]を受ける方法によれば足りる（施行規則6条1項3号イ）。

(1)　当該法人の設立の登記に係る登記事項証明書（当該法人が設立の登記をしていないときは、当該法人を所轄する行政機関の長の当該法人の名称および本店または主たる事務所の所在地を証する書類）または印鑑登録証明書（当該法人の名称および本店または主たる事務所の所在地[150]の記載があるものに限る）その他官公庁から発行、発給された書類等で当該法人の名称および本店または主たる事務所の所在地の記載があるもの

(2)　外国に本店または主たる事務所を有する法人について、(1)の書類のほか日本国政府の承認した外国政府または権限ある国際機関の発行した書類そ

149　写しの提示は認められない。

150　当該本人確認書類またはその写しに当該顧客等の現在の本店または主たる事務所の所在地の記載がないときの補完書類による現在の住居の確認方法については［Q39］参照。

128

の他これに類するもので、上記(1)に定めるものに準ずるもの（法人の名称
および本店または主たる事務所の所在地の記載があるものに限る）

2　非対面取引

(1)　本店等への転送不要郵便物等による送付

上記1(1)または(2)の本人確認書類またはその写しの送付の場合は、金融機
関が対面して確認できない点で偽造等のリスクが高まるため、その送付を受
けるとともに施行規則19条1項2号に掲げる方法［Q81］により確認記録に
添付する[151]とともに、当該本人確認書類またはその写しに記載されている
当該顧客等の本店または主たる事務所、支店、または日本に営業所を設けて
いない外国会社の日本における代表者の住居（以下「本店等」という）の所
在地[152]に宛てて、取引関係文書を書留郵便等により、転送不要郵便物等と
して送付する方法によることとされる（施行規則6条1項3号ロ）。

(2)　本店等以外の営業所へ送付する方法

当該顧客等の本店等に代えて、当該顧客等の代表者等から当該顧客等の営
業所であると認められる場所の記載がある当該顧客等の本人確認書類もしく
は補完書類の提示を受け、または当該本人確認書類もしくはその写しもしく
は当該補完書類もしくはその写しの送付を受けて当該本人確認書類もしくは
その写し[153]もしくは当該補完書類もしくはその写し[154]を施行規則19条1項
2号に掲げる方法により確認記録に添付するとともに、当該場所に宛てて取
引関係文書を送付する確認方法が認められる（施行規則6条3項）。

(3)　本店等に赴いて交付する方法

転送不要郵便物等により送付することに代えて、金融機関の役職員が当該
本人確認書類またはその写し、もしくは、補完書類[155]またはその写しに記
載されている当該顧客等の本店等に赴いて取引関係文書を交付する方法によ

151　紙資料に限定されず、電子データも含む。
152　脚注150参照。
153　特定事業者である金融機関が作成した写しを含む。
154　脚注153と同じ。
155　領収日付の押印または発行年月日の記載があるもので、その日が金融機関が提示ま
　　たは送付を受ける日前6月以内の国税または地方税の領収証書または納税証明書等であ
　　る（施行規則6条2項）［Q39］。

第2編　ケーススタディ　　129

ることもできる（施行規則 6 条 4 項 1 号・2 号）。

(4) 営業所に赴いて交付する方法

さらに、転送不要郵便物等により送付することに代えて、金融機関の役職員が当該法人の本人確認書類もしくは、補完書類またはその写しに記載されている当該法人の営業所であると認められる場所に赴いて当該法人の代表者等に取引関係文書を交付する方法も認められている[156]（施行規則 6 条 4 項 3 号）。

3 電子署名が行われた特定取引

当該法人の代表者等から、商業登記法12条の 2 第 1 項および 3 項の規定に基づき登記官が作成した電子証明書ならびに当該電子証明書により確認される電子署名法 2 条 1 項に規定する電子署名が行われた特定取引等に関する情報の送信を受ける方法による（施行規則 6 条 1 項 3 号ハ）。

4　信託、保険契約、金銭貸借等の特定取引のうち、特定の預金口座における口座振替の方法により決済されるものについては、当該口座が開設されている他の金融機関が当該口座の預金契約を締結する際に本人確認を行い、本人確認記録を保存していることを確認する方法によることも認められている[157]（他の金融機関とあらかじめこの方法を用いることに合意している場合に限る）（施行規則13条 1 項 1 号）。

ワンポイントアドバイス

法人の本人特定事項の確認は、法人というヴィークルを利用した非対面取

---

[156]　ただし、当該法人の代表者等から当該本人確認書類もしくは、補完書類の提示を受け、または当該本人確認書類またはその写し、もしくは、補完書類またはその写しの送付を受けて当該本人確認書類またはその写し、もしくは、補完書類またはその写し（写しはいずれも特定事業者である金融機関作成のものを含む）を施行規則20条 1 項 2 号に掲げる方法により確認記録に添付する場合に限る。

[157]　ただし、取引の相手方が当該取引時確認もしくは相当する確認に係る顧客等もしくは代表者等になりすましている疑いがある取引または当該取引時確認もしくは相当する確認が行われた際に当該取引時確認もしくは相当する確認に係る事項を偽っていた疑いがある顧客等もしくは代表者等（その代表者等が当該事項を偽っていた疑いがある顧客等または代表者等を含む）との間における取引、疑わしい取引または同種の取引の態様と著しく異なる態様で行われる取引を行う場合は、この方法は認められない。

引がマネー・ローンダリングに利用されることが多いことにかんがみて、法人の実在性のチェックも含めて慎重かつ確実な本人特定事項の確認を行わなければならない。

Q37 外国人の本人特定事項の確認方法（その1）

外国人に対する本人特定事項の確認方法はどのように行うか。

結 論

　本邦に在留する外国人であって、その所持する旅券または乗員手帳の記載によって当該外国人のその属する国における住居を確認することができないものとそれ以外の外国人とで異なる。

············ **解　　説** ············

　犯収法は、外国人を法4条1項1号の政令で定める外国人とそれ以外の外国人とに分けて本人特定事項の確認方法を定めている。

1　法4条1項1号の政令で定める外国人の確認方法

　法4条1項1号の政令で定める外国人とは、本邦内に住居を有しない在留する外国人で、その所持する旅券または乗員手帳の記載によって当該外国人のその属する国における住居を確認することができないものをいう（施行令10条）。

　これは観光等の短期目的で入国して在留している外国人は、旅券以外に本人確認書類を所持していないケースが多く、しかも外国政府発行の旅券には住居の記載がないことが多いことから、かかる短期在留の外国人について本人特定事項である住居の確認は困難となる[158]。

　他方、かかる短期在留の外国人は短期在留であるがゆえに継続的取引を行う可能性は高くないため、通常の自然人に対して要求される本人特定事項である住居についての確認方法の特例を認めても大きな弊害は生じないと考えられる。

　そこで、特例として、本人特定事項である「住居」については、次の種類

---

[158]　10万円超の現金送金等が特定取引として本人特定事項の確認を要することとなったため、特にその状況が発生した。

の取引[159]については、住居でなく国籍および旅券等の番号を確認すれば足りる（施行規則8条1項）。

⑴　現金、持参人払式小切手（小切手法5条1項3号に掲げる持参人払式として振り出された小切手または同条2項もしくは3項の規定により持参人払式小切手とみなされる小切手をいい、同法37条1項に規定する線引きがないものに限る）、自己宛小切手（同法6条3項の規定により自己宛に振り出された小切手をいい、同法37条1項に規定する線引きがないものに限る）または無記名の公社債（所得税法2条1項9号に掲げる公社債をいう）の本券もしくは利札の受払いをする取引（本邦通貨と外国通貨の両替ならびに旅行小切手の販売および買取りを除く）であって、当該取引の金額が200万円（現金の受払いをする取引で為替取引または自己宛小切手の振出しを伴うものにあっては、10万円）を超えるもの（施行令7条1項1号タ）

⑵　施行令7条1項1号ムで定める200万円を超える本邦通貨と外国通貨の両替または200万円を超える旅行小切手の販売もしくは買取り

2　本人特定事項の確認方法

当該顧客等から旅券等であって、国籍および旅券等の番号の記載があるものの提示を受ける方法による（施行規則6条1項2号）。

3　それ以外の外国人の確認方法

自然人の本人特定事項の確認方法の規定による（施行規則6条1項1号）[Q33]。その要点は次のとおりである。

⑴　対面取引

①　次の本人確認書類については、金融機関が提示を受ける方法（施行規則6条1項1号イ）

a　在留カード、特別永住者証明書等（[Q32]　1⑴）

b　aに掲げるもののほか、官公庁から発行され、または発給された書類

159　ここに掲げる取引を行う場合において、出入国管理及び難民認定法の規定により認められた在留または上陸に係る旅券または許可書に記載された期間（施行規則20条1項24号において「在留期間等」という）が90日を超えないと認められるときは、法4条1項1号の本邦内に住居を有しないことに該当するものとされる（施行規則8条2項）。

その他これに類するもので、当該自然人の氏名、住居および生年月日の記載があり、かつ、当該官公庁が当該自然人の写真を貼り付けたもの（代表者等による提示の場合ではなく、顧客等本人から提示を受ける場合）（[Q32] 1(2)）

c　日本国政府の承認した外国政府または権限ある国際機関の発行した書類その他これに類するもので、aまたはbに定めるものに準ずるもの（その氏名、住居および生年月日の記載のあるものに限る）

② ①以外の本人確認書類については、自然人の確認方法［Q33］

(2) 非対面取引

① 次の本人確認書類またはその写しの送付を受けて当該本人確認書類またはその写し（金融機関が作成した写しを含む）を施行規則19条1項2号に掲げる方法［Q81］により確認記録に添付するとともに、当該本人確認書類またはその写しに記載されている当該顧客等の住居に宛てて、取引関係文書を書留郵便等により、転送不要郵便物等として送付する方法（施行規則6条1項1号ホ）

a　［Q32］1の本人確認書類またはその写し

b　上記(1)c

② ①以外の非対面取引については、自然人の確認方法［Q33］

> **ワンポイントアドバイス**

　法は、リスクベース・アプローチの観点から、観光等の短期目的で入国して在留している外国人に対する本人特定事項の確認方法をそれ以外の在留する外国人と区別して扱っていると考えられる。

　なお、外国に本店または主たる事務所を有する法人に対する確認方法については［Q36］を参照されたい。

Q38 外国人の本人特定事項の確認方法（その２）

外国に居住してわが国に在留しない外国人顧客Aから、氏名、住居、生年月日を１通で記載した書類がないため、外国の政府発行の氏名および生年月日が記載されたX証明書と住居が記載されたY証明書という複数の証明書を本人確認書類として送付してきた場合には本人特定事項の確認方法としてはどのように扱うべきか。

結 論

複数の書類が顧客Aに関する証明書類であると合理的に判断できるのであれば、本人確認書類として認められる。

············ 解　説 ············

外国に居住してわが国に在留しない外国人[160]の本人確認書類としては、日本国政府の承認した外国政府または権限ある国際機関の発行した書類その他これに類するもので、施行規則７条１号[161]に定めるものに準ずるもの（その氏名、住居および生年月日の記載があるものに限る）が認められている（施行規則７条４号）。

このような規定が設けられた趣旨は、わが国に在留しない外国人との取引を行う場合に、旅券などの保有を要求するのは実務的実際的ではないため、取引の円滑を確保するためにある。

そして、施行規則７条４号に定める本人確認書類は１通であることが要求されているわけではないため、「日本国政府の承認した外国政府または権限

160　日本の国籍を有しない自然人をいい、本邦に在留しているものは除かれる。ただし、日本国とアメリカ合衆国との間の相互協力及び安全保障条約第６条に基づく施設及び区域並びに日本国における合衆国軍隊の地位に関する協定９条１項または日本国における国際連合の軍隊の地位に関する協定３条１項の規定により本邦に入国し在留しているものは含まれる。

161　たとえば旅券などである（同号ホ）。

第２編　ケーススタディ　135

ある国際機関の発行した書類その他これに類するもの」に関しては、1通の書類で氏名、住居、生年月日の記載要件を満たさない場合には、複数の書類の組合せで本人確認書類として扱うことは認められる。ただし、それらの書類が当該確認対象者である顧客等を特定し確認するものであることに合理性、整合性が認められるものである場合に限られる。

よって、本設問においては、X証明書とY証明書がともに顧客Aの本人特定事項を証明するものであると合理的に判断できるのであれば、本人確認書類として認められると考える。

ワンポイントアドバイス

「施行規則7条1号に定めるものに準ずるもの」の判断は、第一義的には、特定事業者である金融機関の判断に委ねられているのであるから、必要な調査と裏付けに基づく合理的な判断を行うことが求められる。

Q39 補完書類等による住居、本店もしくは主たる事務所の所在地の確認

次の場合には、住居、本店もしくは主たる事務所の所在地の確認はどのような方法で行うことができるか。

(1) 本人確認書類として運転免許証の提示を受けたが、本人は既に転居しており、当該運転免許証には現住居が表示されていない場合

(2) 株式会社の本人確認書類として会社登記事項証明書の送付を受けたが、本店所在地は既に移転しており、当該登記事項証明書は現所在地が表示されていない場合

結論

(1) 住居の記載がある本人確認書類もしくは一定の補完書類の提示または送付を受け、当該書類もしくはその写しを確認記録に添付する方法による。

(2) 本店もしくは主たる事務所の所在地の記載がある本人確認書類もしくは一定の補完書類の提示または送付を受け、当該書類もしくはその写しを確認記録に添付し、当該記載の住所地に宛てて取引関係文書を送付する方法による。

············ 解　説 ············

1 補完書類による住居、本店もしくは主たる事務所の所在地の確認

金融機関は、自然人である顧客等について本人確認書類の提示を受けるなど施行規則6条1項1号イからホ[162]、法人である顧客等について3号イもしくはロに掲げる方法（[Q33] 1(1)ないし(4)、2(1)、[Q36] 1および2(1)）

---

[162] ただし、本項で定める補完書類による確認方法は、ハの方法［Q33］ 1(3)は、国民健康保険証などの本人確認書類2つの提示の方法の場合に限り、補完書類の提示による方法の場合（［Q33］ 1(3)②Ⅰ）は認められない。ニの方法［Q33］ 1(4)は、国民健康保険証などの本人確認書類の提示の方法に限り、補完書類の送付を受ける方法の場合は認められない。

第2編　ケーススタディ　137

により本人特定事項の確認を行う場合において、当該本人確認書類またはその写しに当該顧客等の現在の住居または本店もしくは主たる事務所の所在地の記載がないときは、当該顧客等またはその代表者等から、当該記載がある当該顧客等の本人確認書類もしくは下記に掲げる書類（補完書類。ただし、領収日付の押印または発行年月日の記載があり、その日が金融機関が提示または送付を受ける日から6カ月以内のものに限る）のいずれかの提示を受け、または当該本人確認書類もしくはその写しもしくは当該補完書類もしくはその写しの送付を受けて当該本人確認書類もしくはその写し[163]もしくは当該補完書類もしくはその写し[164]（特定事業者が作成した写しを含む）を施行規則19条1項2号に掲げる方法［Q81］により確認記録に添付することにより、当該顧客等の現在の住居または本店もしくは主たる事務所の所在地を確認することができる（施行規則6条2項）。

　さらに、自然人について顔写真のない本人確認書類などの提示（施行規則6条1項1号ロ）、本人確認書類の送付（施行規則6条1項1号ホ）を受けて本人確認する場合、あるいは法人について法人の登記事項証明書などの送付（施行規則6条1項3号ロ）を受けて本人確認する場合に行う書留郵便等の転送不要郵便による取引関係文書の送付は、当該本人確認書類もしくは当該補完書類またはその写しに記載されている当該顧客等の住居または本店等に宛てて送付することになる。

① 　国税または地方税の領収証書または納税証明書
② 　所得税法74条2項に規定する社会保険料の領収証書
③ 　公共料金（日本国内において供給される電気、ガスおよび水道水その他これに準ずるものに係る料金をいう）の領収証書
④ 　当該顧客等が自然人である場合にあっては、前各号に掲げるもののほか、官公庁から発行され、または発給された書類その他これに類するもので、当該顧客等の氏名および住居の記載があるもの[165]
⑤ 　日本国政府の承認した外国政府または権限ある国際機関の発行した書類

163　特定事業者である金融機関が作成した写しを含む。
164　脚注163に同じ。

その他これに類するもので、本人確認書類のうち運転免許証等（施行規則
7条1号）または法人の登記事項証明書等（施行規則7条2号）に定めるも
のに準ずるもの（当該顧客等が自然人の場合にあってはその氏名および住居、
法人の場合にあってはその名称および本店または主たる事務所の所在地の記載
があるものに限る）

2　以上から、本設問においては、現在の住居、本店もしくは主たる事務所
の所在地の記載がある本人確認書類もしくは一定の補完書類の提示または送
付を受けて、本人確認記録に添付し、(2)については取引関係文書を上記所在
地に宛てて転送不要郵便により送付すべきである。

ワンポイントアドバイス

　金融機関としては、マネー・ローンダリング対策の実効性を確保しつつ、
取引時の本人特定事項の確認方法としてより負担の軽い方法を選択できるよ
うなマニュアルの作成をすべきと思われる。

165　国家公安委員会、金融庁長官、総務大臣、法務大臣、財務大臣、厚生労働大臣、農
　　林水産大臣、経済産業大臣および国土交通大臣が指定するものを除く。

第2編　ケーススタディ　139

Q40 代表者等の本人特定事項の確認方法

代表者等に対する本人特定事項の確認方法はどのように行うか。

結 論

自然人である顧客等に対する本人特定事項の確認方法に準じて行う。

.... **解 説** ....

会社の代表者が会社のために特定事業者である金融機関との間で特定取引等を行うときなど、当該金融機関との間で現に特定取引等の任に当たっている自然人が当該顧客等と異なる場合（法4条4項）および特定事業者である金融機関との間で現に特定取引等の任に当たっている自然人が顧客等と異なる場合であって、当該顧客等が国、地方公共団体、人格なき社団または財団その他政令（施行令14条、施行規則18条）で定めるものの場合（法4条5項）における、現に特定取引等の任に当たっている自然人（代表者等）の本人特定事項の確認方法は次のとおり定められている。

(1) 自然人である顧客等に対する本人特定事項の確認方法

施行規則6条に規定する顧客等に対する本人特定事項の確認方法の規定のうち、施行規則6条1項1号（自然人である顧客等に対する本人特定事項の確認方法）および2項（補完書類による確認方法）が準用されている[166]（施行規則12条1項）（確認方法の内容については、[Q33]および[Q39]を参照）。

(2) 代表者等の住居に代えた場所による確認方法

特定事業者である金融機関は、上記(1)において準用する施行規則6条1項1号ロ（一定の本人確認書類あるいは写しの提示を受け、書留郵便等にて取引関係文書を住居に宛てて送付する）、同ホ（一定の本人確認書類あるいは写しの送付を受け、書留郵便等にて取引関係文書を住居に宛てて送付する）、同号ヘ（特定事

---

[166] 準用に当たって施行規則6条の「顧客等」という文言を「当該代表者」に読替えを行う。

業者である金融機関に代わって住居の確認、本人確認書類の提示を受け、一定の事項を特定事業者に伝達する措置がとられている受取人限定の郵便等により取引関係文書を送付する）の方法の場合には、当該代表者等の住居に代えて、次の確認方法が認められている（施行規則12条2項）。

　すなわち、当該代表者等から、当該代表者等に係る顧客等（国等に限る。ただし、人格なき社団または財団等[167]は除く）の本店等、営業所、あるいは当該代表者等が所属する官公署であると認められる場所の記載がある当該顧客等、当該代表者等の本人確認書類、あるいは補完書類の提示を受け、または当該本人確認書類、その写し、当該補完書類、あるいはその写しの送付を受けて当該本人確認書類、その写し[168]、当該補完書類、あるいはその写し[169]を本人特定事項の確認方法に応じて、文書、電磁的記録またはマイクロフィルムを用いて確認記録に添付するとともに（施行規則19条1項2号）［Q81］、当該場所に宛てて取引関係文書を送付する方法によることができる。

(3) 代表者等の住居などに赴いて確認する方法

　特定事業者である金融機関は、上記(1)において準用する施行規則6条1項1号ロ（一定の本人確認書類あるいは写しの提示を受け、書留郵便等にて取引関係文書を住居に宛てて送付する）および同ホ（一定の本人確認書類あるいは写しの送付を受け、書留郵便等にて取引関係文書を住居に宛てて送付する）の方法の場合には、取引関係文書を書留郵便等により転送不要郵便物等として送付する方法に代えて、次の方法が認められている（施行規則12条3項）。

① 　金融機関の役職員が、当該本人確認書類またはその写しに記載されている当該代表者等の住居に赴いて当該代表者等に取引関係文書を交付する方法（②の場合を除く）

② 　金融機関の役職員が、当該代表者等の本人確認書類もしくは補完書類またはその写しに記載されている当該代表者等の住居に赴いて当該代表者等

167 　人格のない社団または財団のほか勤労者財産形成貯蓄契約等を締結する勤労者（施行令14条4号）および施行規則18条6号から10号に掲げるものである。
168 　特定事業者が作成した写しを含む。
169 　脚注168と同じ。

第2編　ケーススタディ　141

に取引関係文書を交付する方法[170]

③　金融機関の役職員が、当該代表者等についての顧客等または当該代表者等の本人確認書類もしくは補完書類またはその写しに記載されている当該顧客等の本店等もしくは営業所または当該代表者等が所属する官公署であると認められる場所に赴いて当該代表者等に取引関係文書を交付する方法[171]

ワンポイントアドバイス

　代表者等の本人特定事項などは確認記録の記録事項である（施行規則20条1項15号）。

170　当該本人確認書類もしくは補完書類またはその写しを用いて施行規則6条2項の規定により当該代表者等の現在の住居を確認した場合［Q39］に限る。

171　当該代表者等から、当該本人確認書類もしくは補完書類の提示を受け、または当該本人確認書類もしくはその写しもしくは当該補完書類もしくはその写しの送付を受けて当該本人確認書類もしくはその写し（特定事業者が作成した写しを含む）もしくは当該補完書類もしくはその写し（特定事業者が作成した写しを含む）を施行規則19条1項2号に掲げる方法により確認記録に添付する場合に限る。

Q41 送付を受けた本人確認書類にマスキングがあるケース

　顧客Bから送付されてきた健康保険証のコピーに、氏名、住居および生年月日以外の記載事項がマスキングされていた場合には本人確認書類として認められるか。

結 論

　本人確認書類としての真正性の点で疑問があるため、本人確認書類として認められない。

············ **解　　説** ············

　本人確認書類の提示による確認方法の場合については、施行規則20条11号により「当該本人確認書類又は補完書類の名称、記号番号その他の当該本人確認書類又は補完書類を特定するに足りる事項」が確認記録の記録事項とされている。これに対して、本人確認書類の送付を受けることによる確認方法の場合については、本人確認書類またはその写しを本人確認記録に添付することが求められているが（施行規則6条1号ホ）、施行規則20条11号のような規定が存在しないため、本人特定事項である氏名、住居および生年月日が記録されていれば、それ以外の事項がマスキングされた本人確認書類でもそれを添付すれば施行規則上は問題ないようにも思われる。

　しかしながら、送付された書類がそのような状態であれば、本人確認書類としての真正性には疑問がある。

　そもそも、本人確認書類の提示による確認方法の場合について施行規則20条11号により、「当該本人確認書類を特定するに足りる事項」が本人確認記録の記録事項とされているのは、顧客等から提示を受けて本人確認書類を返却することが予定されているからである。これに対して、本人確認書類の送付による確認方法の場合についても、提示による確認方法の場合と同様に当該本人確認書類を特定する必要はあるものの、完全な状態の書類が送付され

第2編　ケーススタディ　143

たことを前提としているから写しの添付で足るとしているのである。したがって、マスキングがされている写しの場合には法の要求を満たしていないため、本人確認書類と認められないものである。

ワンポイントアドバイス

写しはあくまで原本を忠実に記録したものであることからすれば、原本である書類にはすべての記載事項が記載されている以上、かかる原本にマスキングした複写物はそもそも「写し」といえないと考えることもできる。

Q42 送付した取引関係文書の返送

　預金開設手続時の本人特定事項の確認の際に、預金開設申込人である個人顧客から住民票の記載事項証明書の提示を受けたので、そこに記載された住所に宛てて、預金通帳を書留郵便で送付したところ、留置期間満了で返送された。この場合には本人特定事項の確認義務を果たしたことにならないか。

結 論

　当該顧客または代表者等の住所に宛てて転送しない書留郵便で送付し、「宛て所に訪ねあたらず」あるいは「転居先不明」でなく、居住者留守のため留置期間満了により返送された場合には、送付があったとして本人特定事項の確認義務を履行したとみていいと考える。

············ 解　　説 ············

　自然人の本人確認書類のうち住民票の記載事項証明書の場合は、本人以外の第三者が入手して所持している可能性があるため、その提示を受けるとともに当該本人確認書類に記載されている住所に宛てて、預金通帳その他の当該顧客または代表者等との取引に係る文書（取引関係文書）を書留郵便もしくはその取扱いにおいて引受けおよび配達の記録をする郵便またはこれらに準ずるものにより、その取扱いにおいて転送をしない郵便物またはこれに準ずるもの（転送不要郵便物等）として送付する方法をとらなければならない（施行規則6条1項1号ロ）。

　法が当該本人確認書類に記載されている住所に宛てて取引関係文書を転送不要郵便物等による「送付」を要求する趣旨は、本人特定事項の確認対象者が当該本人確認書類に記載されている住所に実際に居住していることの確認のためにあると考えられる。だとすれば、ここにいう「送付」の意味内容は、発送のみでは当たらないものの、本人特定事項の確認対象者による取引関係文書の厳格な受領まで要求するものではなく、その住居に本人特定事項

第2編　ケーススタディ　145

の確認対象者が所在すると取引通念、社会通念上合理的に認められれば足りると考えられる。

そして、本人特定事項の確認対象者である当該顧客または代表者等の住所に宛てて転送しない書留郵便で送付し、「宛て所に訪ねあたらず」あるいは「転居先不明」でなく、居住者留守のため留置期間満了により返送された場合には、少なくとも当該住居に本人特定事項の確認対象者が所在しているとみて取引通念上はさしつかえない。とすれば、この場合には「送付」があったとして本人特定事項の確認義務を履行したと考える。

ワンポイントアドバイス

施行規則6条1項1号ロによれば、その取扱いにおいて転送をしない郵便物またはこれに準ずるもの（転送不要郵便物等）として送付する方法と規定しているが、郵便物に準ずるものによる場合の「送付」の意味内容も取引通念から合理的に判断すべきである。

Q43 顧客の依頼による本人確認書類の入手

　融資の申込みのあったA株式会社の本人特定事項の確認を行う場合に、同社代表者社長Bの依頼により、銀行の担当者Cが最寄りの法務局からA株式会社の法人登記事項証明書を入手すれば、同社代表者等と対面しなくても法人の本人特定事項の確認方法として足りるか。

結 論

　法人の本人特定事項の確認方法として要求される法人登記事項証明書等の「提示」とは、あくまで対面において、法人の代表者等から直接示されることを指すものであるから、たとえ当該法人の代表者等からの依頼であっても金融機関の職員が法務局等から法人登記事項証明書等を入手したのみで法人の代表者等と対面しなかった場合には確認方法たる「提示」には当たらない。

………… 解　説 …………

　法人の本人特定事項の確認方法として、法が定める方法は次のとおりである。

　法人登記事項証明書、印鑑登録証明書、その他官公庁の発行または発給した書類等で当該法人の名称および本店または主たる事務所の所在地の記載があるもの等の本人確認書類（施行規則7条2号・4号）を、

(1)　当該法人の代表者等から提示を受ける方法（同6条1項3号イ）

(2)　当該法人の代表者等から原本またはその写しの送付を受けて、当該本人確認書類またはその写しを確認記録に添付するとともに、当該本人確認書類またはその写しに記載されている当該顧客等の本店、主たる事務所、支店または日本に営業所を設けていない外国会社の日本における代表者の住居に宛てて、取引関係文書を書留郵便等により、転送不要郵便物等として送付する方法（同6条1項3号ロ）

第2編　ケーススタディ　147

等によることとされる［Q36］。

　このうち、(1)の「提示」とは、当該法人の代表者等から直接示されることを指すから、対面でのやりとりを想定している。そのため、「提示」により、①提示の際の場所、状況、その他の事情から被証明者と顧客等の同一性を確認する情報が得られ、②本人確認書類を当該法人の代表者等が直接示すのであるから、顧客等が自らその真正性を確認したこととなるものである。

　ところが、たとえ当該法人の代表者等からの依頼であっても、金融機関自身が法務局等から法人登記事項証明書等を入手したのみで代表者等と対面しない場合には、上記①および②の機能は期待できない。したがって、これは、法人の本人特定事項の確認方法である上記(1)の「提示」には該当しない。

　以上から、本設問においても、A株式会社に対する「提示」としての本人特定事項の確認方法が認められるためには、同社代表者等と対面の上、当行の担当者Cが入手したA株式会社の法人登記事項証明書の確認を求めることが必要である。

ワンポイントアドバイス

　法人の本人特定事項の確認方法として、本人確認書類の送付を受けた場合には、当該本人確認書類またはその写しに記載されている当該顧客等の本店、主たる事務所、支店等に宛てて、取引関係文書を書留郵便等により、転送不要郵便物等として送付することまで要求されているのに比して、本人確認書類の提示を受けた場合には、かかる面倒な手続が必要とされないのは、当該法人の代表者等との対面でのやりとりが条件とされているからである。したがって、実際の実務処理にあたっても、かかる法の趣旨にかんがみて、安易な処理を行うことにより本人特定事項の確認義務の不履行とならないように対応することが肝要である。

Q44 取引時確認から相当期間経過後の取引

　融資の相談のあったＡ株式会社について、当行が融資取引先から徴求している融資基本約定書を締結し、その締結に際して取引時確認を行ったが、融資審査などに手間取り実際の貸付契約は、当該確認後6ヵ月になってしまった。この場合には取引時確認済みの貸付けを内容とする契約といえるか。

結 論

　融資基本約定書の締結が「金銭の貸付けを内容とする契約の締結」に当たる場合であれば、その時点で取引時確認済みであるから、貸付契約に際して「確認済顧客等との取引」の要件を備えれば、再度の取引時確認は不要である。

　これに対して、融資基本約定書の締結が「金銭の貸付けを内容とする契約の締結」に当たらない場合には、取引時確認から相当な時間が経過しているのであれば、原則として再度の取引時確認が必要であると考えられる。

.... 解　　説 ....

　金融機関が行う取引時確認の時期について、法は「取引を行うに際しては」と規定している（法4条1項）。これは、社会通念、取引通念からして取引を行うのと時期を同じくして、を意味する。

　本設問においては、銀行が融資取引先から徴求している融資基本約定書を融資予定先との間で締結し、その締結に際して取引時確認を行ったのであるから、この融資基本約定書の内容が、利息その他の金銭貸付契約の内容を含むものであれば、その締結が「金銭の貸付けを内容とする契約の締結」（施行令7条1項1号カ）に当たり、その時点で取引時確認済みとなり、今回の貸付契約に際して「確認済顧客等との取引」の要件を備えれば、再度の取引時確認は不要である（法4条3項、施行令7条1項）。

　これに対して、融資基本約定書の締結が「金銭の貸付けを内容とする契約

第2編　ケーススタディ　149

の締結」に当たらない場合には、取引時確認から6カ月と相当な時間が経過しているから、貸付契約を締結するため、社会通念、取引通念からして取引を行うのと時期を同じくして取引時確認をしたとはいえず、本来、今回の貸付契約に際してあらためて取引時確認すべきとも考えられる。

しかしながら、本設問の事例においては、あくまで同一の融資に向けた一連の手続における時間経過として行われているのであるから、再度の取引時確認義務を免除する「確認済顧客等との取引」の趣旨からして、その要件を備えれば、再度の取引時確認までは必要ではないと考える。

ワンポイントアドバイス

特定取引についての本人確認の時期について、法は「取引を行うに際しては」と規定しているのみであり、その意味内容は必ずしも明確ではない。そこで、各金融機関において、取引時確認を要する特定取引の時期と実際に行う取引時確認の時期について各取引に応じたルールづくりをすべきであろう。

Q45 取引時確認完了前の特定取引

　金融機関が預金受入れや貸金契約等取引時確認すべき特定取引を行う場合には取引時確認を完了するまでは当該特定取引を行ってはならないか。

結論

　取引時確認を完了しなくても当該特定取引を行うことはできるが、そのためには、少なくとも取引時確認対象取引を行う場合に取引時確認手続が開始しているなど、合理的期間内に取引時確認手続が終了することが予測される客観的状況であることを要する。

············ 解　　説 ············

　法4条1項および2項は、特定事業者が行うべき取引時確認の時期として「取引を行うに際して」と規定しているが、その意味内容は必ずしも明確ではない。

　そもそも、法が金融機関等の特定事業者に対して取引時確認を求める趣旨は、事後的な資金移転の検索を可能とすることにより、これらの事業者が犯罪収益の移転に利用されるのを防止しようとすることにある。そのため、顧客等に対する取引時確認は金融機関等の特定事業者と顧客等との間の特定取引と時期的、機会的に関連づけられているものである。

　そうだとすれば、「取引を行うに際して」とは、社会通念、取引通念から判断して取引時確認対象取引と時期的、機会的に関連づけられていることを要するため、「あらかじめ」とは異なり、取引時確認対象取引の時点で取引時確認が完了していることまでも要求するものではないが、少なくとも取引時確認対象取引を行う場合に取引時確認手続が開始しているなど、合理的期間内に取引時確認手続が終了することが予測される客観的状況であることを要するであろう。

　たとえば、取引時確認として、取引先から本人確認書類の送付を受けて、

第2編　ケーススタディ　151

その本人確認書類に記載されている取引先の住所に宛てて取引文書を書留郵便により送付する方法により本人特定事項の確認を行う場合には、本人特定事項の確認対象取引の時点で当該取引先の住所に向けて書留郵便を送付するための送付書面を作成するなどの事務手続を開始している客観的状況が要求されるであろう（法４条１項・施行規則６条１項１号ホ）。

ワンポイントアドバイス

　本人特定事項の確認の事実については、本人特定事項の確認のために本人確認書類の提示を受ける方法によったときは提示を受けた日付および時刻（施行規則20条１項３号）、それ以外の方法によったときは日付（同条４号ないし７号）が本人特定事項確認記録の記録事項である。

Q46 本人特定事項の確認をすべき取引の任に当たっている自然人

A株式会社との貸金契約において、法人とともに本人特定事項の確認をすべき「取引の任に当たっている自然人」とは、契約の締結のみを行う取締役部長Bか、銀行との間で実際の交渉を行っている担当者Cのいずれか。

また、実際の交渉の担当者が複数いる場合には、そのうち1人の本人特定事項の確認を行えばよいか。

結論

本人特定事項を確認すべき金融機関との間で現に取引の任に当たっている自然人とは、実際の取引交渉に当たっている人間であるから、契約の締結を行うのみの役職者ではなく、実際の交渉担当者である。

············ 解 説 ············

金融機関との間で預金取引や貸金取引等の特定取引を行う場合において、会社の代表者が当該会社のために金融機関との間で特定取引を行うときその他の金融機関との間で現に取引の任に当たっている自然人が当該顧客等と異なるときは、契約の当事者本人である当該顧客等の取引時確認に加え、現に取引の任に当たっている自然人についても本人特定事項の確認が必要である（法4条4項）。

この規定は、会社名や社員名を利用して実体のない取引を行おうとする者が窓口に現れた場合に、直接当該者の本人特定事項に係る情報を捕捉しようとする趣旨であるから、本人特定事項の確認の対象者は、実際の取引交渉に当たっている担当者である。

よって、本設問においては、担当者Cについて本人特定事項の確認をすべきである。

また、実際の交渉担当者が複数いる場合には、そのうち1人について本人

第2編 ケーススタディ 153

特定事項の確認を行えば足りる。

ワンポイントアドバイス

　確認済みでない新規顧客との取引に当たっては、相手方の実際の交渉担当者を確定特定した上で当該者について本人特定事項の確認を行わなければならない。

Q47 特別目的会社（SPC）の取引時確認

特別目的会社（SPC）の取引時確認はどのようにすべきか。

結 論

　特別目的会社（SPC）の法人としての本人特定事項等の確認に加えて、その会社の取引担当者を特定し、その者についても本人特定事項を確認しなければならない。

・・・・・・・・・・・ 解　　説 ・・・・・・・・・・・

　法4条4項に従い、次の確認が必要となる。
⑴　特別目的会社（SPC）の法人としての本人特定事項等の確認
⑵　その会社で金融機関との間で「現に取引の任に当たっている自然人」の本人特定事項
　このうち、⑵については、特別目的会社（SPC）は、プロジェクトファイナンス等の単一事業目的のために設立される法人であるため、組織や運営について会社としての実体に乏しい。
　代表者等もプロジェクトの遂行上の便宜から選任されるため、日常的な実務取引には関与せず、実際の会社の取引手続は特定の担当者に委ねられていることが多い。
　そこで、特定取引を行う金融機関としては、相手方会社（SPC）の実際の取引担当者を特定し、その者についての本人特定事項の確認の際には、その者と特別目的会社（SPC）との関係および当該取引担当者が特別目的会社（SPC）のために特定取引の任に当たっていると認めた理由も正確に確認して記録しなければならない（法6条1項、施行規則20条1項15号）。

ワンポイントアドバイス

　特別目的会社（SPC）は、会社としての実体に乏しいため、取引担当者の

第2編　ケーススタディ　155

特定とその者と会社との関係の調査を含めた確認が重要であることを心がけ
るべきである。

Q48　ペーパーカンパニーに対する取引時確認

ペーパーカンパニーに対する取引時確認で注意すべきことは何か。

結 論

　法人の取引時確認に加えて、代表者等その会社の取引担当者について確実な本人特定事項の確認をすべきである。

・・・・・・・・・・　解　　説　・・・・・・・・・・

　ペーパーカンパニーについては、法人としての本人特定事項等の確認に加えてその会社で金融機関との間で「現に取引の任に当たっている自然人」についての本人特定事項の確認も必要となる（法4条4項）。

　ペーパーカンパニーは、会社としての組織としての実体がない存在であるから、実際に会社の取引手続を行う取引担当者に対する本人特定事項の確認が重要である。

　金融機関としては、相手方会社の実際の取引担当者を特定し、その者についての本人特定事項の確認の際には、その者と会社との関係および当該取引担当者が特別目的会社のために特定取引の任に当たっていると認めた理由も慎重かつ確実に確認して記録するとともに（法6条1項、施行規則20条1項15号）、届出すべき疑わしい取引に当たるか否かについても慎重に判断することが必要となる（法8条）。

ワンポイントアドバイス

　ペーパーカンパニーは、会社としての実体が存在せず、マネー・ローンダリングのために利用される可能性もあるため、金融機関としては、注意深く慎重に対応することが望まれる。

第2編　ケーススタディ　157

Q49 人格なき社団または財団の取引時確認の確認事項

人格なき社団または財団と取引する場合の取引時確認は何を確認したらよいか。

結論

本人特定事項の確認については、団体の代表者などの現に特定取引の任に当たっている自然人に対して確認しなければならない。

・・・・・・・・・・・ 解 説 ・・・・・・・・・・・

金融機関が行う預金取引や融資などの特定取引（施行令7条1項）については、取引の相手である顧客等の取引時確認を行わなければならないが（法4条1項・2項）、顧客等が人格なき社団または財団の場合には、法人格が存在しないことから、取引時確認の確認事項については次のとおりとされている（法4条5項）。

1 本人特定事項等の確認（法4条1項）の場合

(1) 本人特定事項……顧客等が人格なき社団または財団の場合には、当該顧客等のために金融機関との間で現に特定取引の任に当たっている自然人についての本人特定事項の確認をしなければならない（法4条5項）。

人格なき社団または財団は法人格が付与されていないのでその実在性を証明する書類がないため、団体そのものについては本人確認書類に基づく本人特定事項の確認ができない。そこで、代表者など現に特定取引の任に当たっている自然人に対して本人特定事項の確認を行うこととしたのである。

(2) 取引を行う目的

(3) 事業の内容

なお、事業経営の実質的支配者の本人特定事項の確認は不要とされる[172]。

2 厳格な顧客管理を行う取引の確認（法4条2項）の場合

(1) 本人特定事項（上記1(1)と同じ）

(2) 取引を行う目的

(3) 事業の内容

　なお、対象取引につきその価額が200万円を超える財産の移転を伴う場合における資産および収入の状況は確認事項とされていない。

3 確認記録事項

　本人確認記録には、人格なき社団または財団の名称、所在地その他の特定するに足りる事項、代表者などの本人特定事項（氏名、住居および生年月日）、代表者などと人格なき社団または財団との関係および当該代表者等が顧客等のために特定取引等の任に当たっていると認めた理由を記録しなければならない（法6条1項、施行規則20条1項14号・15号）。

　なお、代表者などの交代により、新たな自然人が特定取引の任に当たることになった場合には、本人である団体に法人格がないことから、「確認済顧客等」との取引とは認められないため（法4条3項）、交代した新たな代表者などに対してあらためて本人特定事項の確認を行わなければならない。この点は、国、地方公共団体、上場会社等の場合と扱いを異にする点に注意が必要である［Q73］。

ワンポイントアドバイス

　人格なき社団または財団は法人格がないため、資金移転の捕捉は代表者などの実際に取引を担当している自然人を対象として把握しなければならない。

　したがって、金融機関としても人格なき社団または財団の代表者など取引担当者の交代、変更の有無には注意すべきである。

172　法人格なき社団等については、当該社団等の運営を実質的に支配している者と当該社団等との支配関係が一様でなく、法令上、「実質的支配者」を一義的に定義することが困難であるため、その確認が義務づけられていないとされる（概説85頁注12）。

第2編　ケーススタディ　159

Q50 取引を行う目的の確認方法

取引時確認において必要とされる「取引を行う目的」はどのような方法で確認すべきか。

結論

当該顧客等またはその代表者等から申告を受ける方法による。

########## 解　説 ##########

特定取引を行うに際して、金融機関は、本人特定事項とともに顧客等の「取引を行う目的」の確認が求められる（法4条1項2号）。その確認方法は、当該顧客等またはその代表者等から申告を受ける方法とされる（施行規則9条）。

申告を受ける方法として具体的には、口頭（面談あるいは電話）で顧客等から聞き取る、FAXを受ける、文書の提出を受ける、あるいは金融機関があらかじめ用意したチェックリストにチェックしてもらうなどの方法が考えられる。

具体的な確認方法については、取引を行う目的の類型の例示が金融庁により示されている[173]ので参考にされたい［巻末資料1］。

ワンポイントアドバイス

取引の種類内容から取引を行う目的が一義的に明らかである取引については、取引の目的が客観的に明確であるから、当該取引を行ったことをもって取引の目的の確認も行ったものと取り扱うことができる[174]。申込書や契約書等の記載により、取引を行う目的が確認できる場合も同様である。

---

[173] 平成24年10月金融庁総務企画局企画課調査室「犯罪収益移転防止法に関する留意事項について」（以下「金融庁留意事項」という）1取引を行う目的の類型。
[174] H24パブコメ［40］。

Q51 職業および事業内容の確認方法

取引時確認において必要とされる「自然人についての職業、法人についての事業の内容」はどのような方法で確認すべきか。

結論

当該顧客等の種類に応じて、申告を受け、あるいは一定の書類またはその写しを確認する方法による。

············ 解 説 ············

1 特定取引時に金融機関は、本人特定事項とともに当該顧客等が自然人である場合にあっては職業、当該顧客等が法人である場合にあっては事業の内容の確認が求められる（法4条1項3号）。

(1) **確認すべき自然人の「職業」の内容**[175]

確認すべき「職業」の内容としては、勤務先の名称や役職までは含まれず、たとえば「会社員」「公務員」などその分類程度は、金融庁留意事項2職業および事業の内容の類型［巻末資料1］に類型の例示が示されている。

確認すべき対象事項はあくまで職業であるため、たとえば、「○○市役所」のように勤務先の名称から職業が判明する場合を除き、勤務先の名称等の確認のみでは職業の確認としては足りない。

複数の職業、たとえば会社員兼学生、を有している顧客等については、それらすべての職業について確認する必要があるが、1つの職業を確認した場合において、他の職業を有していないかについて積極的に確認することまで求められてはいない。

(2) **確認すべき法人の「事業の内容」**[176]

事業の内容の分類としては、たとえば「製造業」「建設業」などがあり、

---

175 H24パブコメ［42］ないし［45］参照。
176 H24パブコメ［46］ないし［49］参照。

第2編 ケーススタディ 161

その分類程度は、金融庁留意事項2職業および事業の内容の類型［巻末資料1］に類型の例示が示されている。

法人が複数の事業を営んでいる場合には、それらの事業すべてについて確認すべきであるが、営んでいる事業が多数ある場合には、特定取引に関連する主たる事業のみの確認も認められる。法人の主たる事業が特定取引に関連しない場合には、特定取引に関連する事業の確認を行うべきである。

2　確認の方法

その確認方法は、顧客等の種類に応じて次のように定められている（施行規則9条）。

(1)　自然人または人格なき社団もしくは財団である顧客等

当該顧客等またはその代表者等から申告を受ける方法による。

申告を受ける方法として具体的には、口頭（面談あるいは電話）で顧客等から聞き取る、FAXを受ける、文書の提出を受ける、あるいは金融機関があらかじめ用意したチェックリストにチェックしてもらうなどの方法が考えられる。

(2)　法人である顧客等（次の(3)に掲げる者を除く）

当該法人の次に掲げる書類（③の書類および有効期間または有効期限のない④の書類にあっては金融機関が確認する日の前6カ月以内に作成されたものに、有効期間または有効期限のある④の書類については金融機関が確認する日において有効なものに限る）のいずれかまたはその写しを確認する方法による。

なお、確認の方法としては、顧客等や代表者等から書類の提示を受け、あるいは金融機関において書類を入手、閲覧するなどがある。

①　定款[177]（これに相当するものを含む）

②　①に掲げるもののほか、法令の規定により当該法人が作成することとされている書類で、当該法人の事業の内容の記載があるもの[178]

---

[177]　原本と同一の内容のものであれば、原本の写しであることを証明する法人の代表者等の印がないものでも認められる（H24パブコメ［51］）。

[178]　「有価証券報告書」、株主総会の招集の通知に付された事業報告、法令により所管官庁に提出することが義務づけられている事業報告書などがある（H24パブコメ［52］、［53］）。

③　当該法人の設立の登記に係る登記事項証明書（当該法人が設立の登記をしていないときは、当該法人を所轄する行政機関の長の当該法人の事業の内容を証する書類）

④　③に掲げるもののほか、官公庁から発行され、または発給された書類[179]その他これに類するもの[180]で、当該法人の事業の内容の記載があるもの

⑶　**外国に本店または主たる事務所を有する法人である顧客等**

上記⑵に定めるもののほか、次に掲げる書類のいずれかまたはその写しを確認する方法による。

①　外国の法令の規定により当該法人が作成することとされている書類で、当該法人の事業の内容の記載があるもの

②　日本国政府の承認した外国政府または権限ある国際機関[181]の発行した書類その他これに類するもので、当該法人の事業の内容の記載があるもの[182]（有効期間または有効期限のあるものにあっては特定事業者が確認する日において有効なものに、その他のものにあっては特定事業者が確認する日前6カ月以内に作成されたものに限る）

ワンポイントアドバイス

外国に本店または主たる事務所を有する法人である顧客等の確認方法のうち、「その他これに類するもの」は一義的に明確ではないが、第一次的な判断は特定事業者である金融機関に裁量があるので、合理的根拠に基づいた判断により運用すべきである。

179　法人の特定取引に関して発行された事業許可書、証明書などがある（H24パブコメ［54］）。

180　EDINET等によって開示されている事業の内容が記載されている電子データなどがある（H24パブコメ［56］）。確認に用いる書類は一定以上の信用性が必要なため、ウェブサイトや会社案内等は含まれない（H24パブコメ［12］）。

181　「日本国政府の承認した外国政府」には日本国の承認した外国の政府や地方政府などが当たり、「権限ある国際機関」には、国際連合、国際通貨基金、世界銀行等が当たる（H24パブコメ［60］）。

182　外国の法令に基づき当該法人が作成したディスクロージャー資料などである（H24パブコメ［58］）。

Q52 法人の実質的支配者の概念

取引時確認において必要とされる法人の実質的支配者とは何か。

結 論

(1) 資本多数決法人の場合、その法人の議決権の総数の4分の1を超える議決権を直接または間接に有していると認められる自然人

(2) (1)以外の資本多数決法人の場合は出資、融資、取引その他の関係を通じてその法人の事業活動に支配的な影響力を有すると認められる自然人があるものはその自然人

(3) 資本多数決法人以外の法人については、その法人の事業から生ずる収益またはその事業に係る財産の総額の4分の1を超える収益の配当または財産の分配を受ける権利を有していると認められる自然人、または出資、融資、取引その他の関係を通じてその法人の事業活動に支配的な影響力を有すると認められる自然人

(4) (1)ないし(3)に該当しない法人の場合は、その法人を代表し、その業務を執行する自然人である。なお、国等およびその子会社は、自然人とみなされる。

·········· 解 説 ··········

1 特定取引時に金融機関は、本人特定事項とともに当該顧客等が法人である場合にあっては、その事業経営を実質的に支配することが可能となる関係にある者(法人の実質的支配者)が存在する場合には、その者の本人特定事項の確認が求められる(法4条1項4号)。

これは、特定取引の実質的利益帰属主体となる可能性のある者を捕捉する趣旨である。

平成26年改正前においては、法人の実質的支配者を自然人に限定せず、法人も含むとしていたため、マネー・ローンダリングを行う自然人が実体のな

い法人を利用して法人の実質的支配者となることが可能であった。

この点、第3次FATF対日相互審査（平成20年10月）においても、「顧客管理措置には、受益者または真の受益者確認が含まれていない」「法人および法的取極の場合、金融機関に対し、顧客の所有および管理構造の把握、もしくは最終的に法人を所有または支配する者が誰であるかの判定の義務付けがない」と指摘されている[183]。

そこで、平成26年改正において、金融機関に対して法人の実質的支配者を自然人までさかのぼって確認することが求められることになった（施行規則11条2項）。

2　法人の実質的支配者の概念

当該法人の性質に応じて次のように整理される（施行規則11条2項）。なお、当該法人が⑴ないし⑶に該当するかは、法人の性質により客観的に決定されるものであるから、当該法人の申告のみで決定するのではなく、金融機関において判断する必要がある。

なお、国、地方公共団体、人格なき社団または財団、株式会社のうち上場企業などは実質的支配者の確認対象外である（法4条5項、施行令14条）。

⑴　下記①ないし④の法人（資本多数決法人[184]）については、その法人の議決権の総数の4分の1を超える議決権を直接または間接に有していると認められる自然人[185]（判定方法については［Q53]）

記

①　株式会社

②　投資信託および投資法人に関する法律2条12項に規定する投資法人

③　資産の流動化に関する法律2条3項に規定する特定目的会社

183　対日相互審査報告書20、別添表5。
184　法人の議決権がその議決権に係る株式の保有数またはその株式の総数に対するその株式の保有数の割合に応じて与えられる法人（定款の定めにより当該法人に該当することとなる法人を除く）をいう。
185　法人の議決権の保有割合の判断時期は、原則として特定取引時であるが、たとえば、当該特定取引時の直近の株主総会前の基準日（会社法124条1項）時点など、特定取引時点と合理的な範囲で近接した時点での保有割合により判断することも認められる（H24パブコメ［66]）。

第2編　ケーススタディ　165

④　①ないし③以外の資本多数決法人

　　ただし、次の場合は除外される。

　ア　その資本多数決法人の事業経営を実質的に支配する意思または能力
　　を有していないことが明らかな場合[186]

　　　この判断は、議決権等を有する者の主観のみを基に判断されるので
　　はなく、その者の属性やその者と顧客等との関係性等の客観的事情を
　　もふまえた上で判断する必要がある。

　イ　他の者がその法人の議決権の総数の2分の1を超える議決権を有し
　　ている場合[187]、[188]　［Q53］

(2)　上記(1)以外の資本多数決法人[189]で、出資、融資、取引その他の関係を
　通じてその法人の事業活動に支配的な影響力を有すると認められる自然
　人[190]があるものは、その自然人

(3)　資本多数決法人以外の法人[191]のうち、次の①または②に該当する自然

186　たとえば、信託を通じて純投資目的で法人の議決権を有する者、信託銀行が信託勘
　定を通じて4分の1を超える議決権を有する場合、4分の1を超える議決権を有する者
　が病気のため支配意思を欠いている場合、あるいは名義上の保有者にすぎず、他に株式
　取得資金の拠出者がいて、その議決権を有している者に議決権行使について決定権がな
　いような場合である（H27パブコメ［96］、［97］）。

187　その趣旨は、法人に2分の1を超える議決権を有する者がいる場合には、その者に
　よって法人の運営が支配されているため、あえてその者とは別に4分の1を超える議決
　権を有する者を実質的支配者として把握する必要がないことによる。

188　会社法308条1項その他これに準ずる同法以外の法令（外国の法令を含む）の規定に
　より行使することができないとされる議決権を含み、同法423条1項に規定する会計監
　査人を除く役員等の選任および定款の変更に関する議案（これらの議案に相当するもの
　を含む）の全部につき株主総会（これに相当するものを含む）において議決権を行使す
　ることができない株式に係る議決権は除かれる。除かれる株式には、法定種類株主総会
　においてのみ定款変更の議決権を有するものなどが含まれるが、株主間の契約により役
　員選任・定款変更の議決について議決権を行使しないと約している株式は、当該株式本
　来の性質に基づくものではないため含まれない（H24パブコメ［68］、［69］）。

189　4分の1を超える議決権を直接または間接に有する自然人の存在が認められない資
　本多数決法人（株式会社、投資法人、特定目的会社等）をいう。

190　たとえば、法人の意思決定に支配的な影響力を有する大口債権者や取引先、法人の
　意思決定機関の構成員過半を自社から派遣している上場企業、法人の代表権を有する者
　に対してなんらかの手段により支配的な影響力を有している自然人などである。(1)と同
　等の意思決定権限を有する者は該当する（H27パブコメ［100］）。

191　一般社団法人・財団法人、学校法人、宗教法人、医療法人、社会福祉法人、特定非
　営利活動法人、持分会社（合名会社、合資会社および合同会社）などである。

人があるものは、その自然人[192]

① その法人の事業から生ずる収益またはその事業に係る財産の総額の4分の1を超える収益の配当または財産の分配を受ける権利を有していると認められる自然人

ただし、その法人の事業経営を実質的に支配する意思または能力を有していないことが明らかな場合、または法人の事業から生ずる収益またはその事業に係る財産の総額の2分の1を超える収益の配当または財産の分配を受ける権利を有している他の自然人がある場合は除かれる。

② 出資、融資、取引その他の関係を通じてその法人の事業活動に支配的な影響力[193]を有すると認められる自然人

⑷ 上記⑴ないし⑶に定める者がない法人の場合は、その法人を代表し、その業務を執行する[194]自然人[195]

3 国等およびその子会社

上記2における実質的支配者の適用にあたっては、国等およびその子会社は自然人とみなされる（施行規則11条4項）[196]。

■ ワンポイントアドバイス

顧客等が上記⑴ないし⑶に該当しない場合は⑷に該当することとなるため、結局、すべての法人顧客について自然人である実質的支配者の本人特定事項を確認する必要があることになる。

---

192 ①に該当する者と②に該当する者がそれぞれ存在する場合は、その両方について申告を求める必要がある（H27パブコメ［115］）。

193 その判定に当たっては、意思決定権限の支配の程度が重視される（H27パブコメ［114］）。

194 基本的には、法人の代表取締役や代表理事等がこれに当たるが、法人を代表する権限を有する者であっても、病気により長期療養中であるなどの事情により実際に業務を執行していない者はこれに該当しない。また、代表権を有していれば、その名称は問わない（H27パブコメ［124］）。

195 法人を代表する権限を有する者が複数いる場合には、全員が実質的支配者に当たるため、全員について本人特定事項の確認が必要となる。

196 国等およびその子会社の実質的支配者に該当する場合には、それらの者の本人特定事項（名称および本店または主たる事務所の所在地）について申告を受けることになり、生年月日は不要である（H27パブコメ［129］）。

第2編 ケーススタディ 167

Q53 法人の実質的支配者の判定方法

株式会社など資本多数決法人の実質的支配者の該当基準である、自然人が その法人の議決権の総数の 4 分の 1 を超える議決権を直接または間接に有す るかどうかの判定はどのように行うか。

結 論

当該自然人が有するその資本多数決法人の議決権の割合および当該自然人 の支配法人が有するその資本多数決法人の議決権の合計の割合がその資本多 数決法人の議決権の総数に占める割合により判定する。

………… 解　　説 …………

資本多数決法人（株式会社、投資法人、特定目的会社等）における実質的支 配者は、その法人の議決権の総数の 4 分の 1 を超える議決権を直接または間 接に有していると認められる自然人である。ただし、他の者がその法人の議 決権の総数の 2 分の 1 を超える議決権を有している場合は除外されている。

ここにいう自然人がその法人の議決権の総数の 4 分の 1 を超える議決権を 直接または間接に有するかどうかの判定方法は下記のとおりである（施行規 則11条 3 項）。

記

次の①および②の割合の合計した割合による。

① その自然人が有する当該資本多数決法人の議決権が当該資本多数決法 人の議決権の総数に占める割合

② その自然人の支配法人[197]が有する当該資本多数決法人の議決権が当

---

197 その自然人がその議決権の総数の 2 分の 1 を超える議決権を有する法人をいう。こ の場合において、その自然人およびその一もしくは二以上の支配法人またはその自然人 の一もしくは二以上の支配法人が議決権の総数の 2 分の 1 を超える議決権を有する他の 法人は、当該自然人の支配法人とみなす。

168

該資本多数決法人の議決権の総数に占める割合

ワンポイントアドバイス

　資本多数決法人においては、単独で4分の1を超える議決権を有する者がいない場合であっても、株主のなかに法人が含まれる場合には、その間接保有分を確定するために、原則として当該法人株主のすべてについて、これらの法人を支配法人とする自然人の有無を確認する必要がある。

Q54 法人の実質的支配者の確認方法

法人の実質的支配者の該当性に関する事項や実質的支配者の本人特定事項はどのような方法で確認すべきか。

結 論

当該顧客等の代表者等から申告を受ける方法である（施行規則11条1項）。

············ **解 説** ············

法人の実質的支配者の該当性に関する事項や実質的支配者の本人特定事項の確認は、その法人である顧客等から申告を受ける方法をとれば足り、本人確認書類等の書類による確認（施行規則5条、6条）までは求められていない。

申告を受ける方法として具体的には、口頭（面談あるいは電話）で顧客等から聞き取る、FAXを受ける、文書の提出を受ける[198]、あるいは金融機関があらかじめ用意したチェックリストにチェックしてもらうなどの方法がある[199]。

ワンポイントアドバイス

顧客等の代表者等が然るべき確認をしてもなお、資本関係が複雑であるなどのやむをえない理由により顧客等に係る施行規則11条2項1号または2号に該当する者を把握できない場合には、法人を代表し、その業務を執行する者を実質的支配者として申告を受けることは認められる（同3号）。ただし、金融機関としては、その知識、経験およびその保有するデータベース等に照

---

[198] ただし、法人登記に定められていない事項について定款の確認まで要するものではない（H27パブコメ［110］）。

[199] 特定事業者である金融機関が当該法人の有価証券報告書等の公開資料を確認する方法も認められる（H24パブコメ［62］）。

らして合理的でないと認められる者を実質的支配者として顧客等が申告している場合には、正確な申告を促す必要はある[200]。

---

[200] H27パブコメ［112］。

第 2 編　ケーススタディ　171

Q55 法人の実質的支配者の判定（資本多数決法人のケース）

1 次の場合の自然人Aは、C社の法人の実質的支配者に当たるか。

(1) Aが、B株式会社の50%を超える議決権を保有しており、B社は金融機関の顧客等であるC社の25%を超える議決権を保有している場合

(2) Aが、金融機関の顧客等であるC株式会社の議決権の20%を直接保有するとともに、C社の議決権の20%を保有するB株式会社の50%を超える議決権を保有している場合

(3) Aは、B株式会社、D株式会社、E株式会社の50%を超える議決権をそれぞれ保有し、また、B社、D社、E社は、金融機関の顧客等であるC社の議決権をそれぞれ20%保有している場合

2 金融機関の顧客等であるD株式会社において、25%を超える議決権を保有している自然人Bと50%を超える議決権を保有している自然人Cがいる場合で、CがD社の事業経営を実質的に支配する意思または能力を有していないことが明らかな場合、Bについての実質的支配者の判定はどのように行うべきか。

結論

1 Aは、いずれも実質的支配者に当たる。

2 Bが出資、融資、取引その他の関係を通じてD社の事業活動に支配的な影響力を有すると認められる自然人に当たればBは実質的支配者と判定される。それに当たらなければD社を代表し、その業務を執行する自然人である代表取締役を実質的支配者と判定する。

············ 解　説 ············

1 設問1(1)について

B社はAの支配法人であるから、AはC社の議決権の総数の4分の1を超える議決権を間接に有していると認められる自然人に当たり実質的支配者に

当たる。

2　設問 1 ⑵について

Aの議決権の直接保有部分と間接保有部分を合算すると40％となるため、AはC社の実質的支配者に当たる。

3　設問 1 ⑶について

B社、D社、E社を通してAが間接的に保有する議決権割合が60％となるため、AはC社の実質的支配者に当たる。

4　設問 2 について

CがD社の50％を超える議決権を有するものの、Cは事業経営を実質的に支配する意思または能力を有していないことが明らかなことから、除外事由により、Bは資本多数決法人の議決権の総数の4分の1を超える議決権を直接または間接に有していると認められる実質的支配者（施行規則11条2項1号）には当たらない。そこで、金融機関としては、次に、Bが出資、融資、取引その他の関係を通じてその法人の事業活動に支配的な影響力を有すると認められる自然人に当たるかを判定する（同条2項2号）。それに当たればBは実質的支配者と認められる。それに当たらない場合は、D社を代表し、その業務を執行する自然人である代表取締役が実質的支配者と認められる（同条2項4号）。

> **ワンポイントアドバイス**

事業経営を実質的に支配する意思または能力を有していないことが明らかか否かの判断は、金融機関の収集した情報に基づき、原則として客観的、定型的な判断基準で判断し、特殊なケースについてのみ実質的、総合的な判断を行えば足りると思われる。

第 2 編　ケーススタディ　173

Q56 法人の実質的支配者の判定（資本多数決法人以外の法人のケース）

　次のような定款の規定がある公益財団法人Aにおける実質的支配者の判定はどのように行うべきか。

（残余財産の帰属）

第○条　この法人が清算をする場合において有する残余財産は、評議員会の決議を経て、○○市に贈与するものとする。

結論

　残余財産の帰属先が当該公益財団法人の事業経営を実質的に支配する意思または能力を有していなければ、実質的支配者には該当せず、出資、融資、取引その他の関係を通じてその法人の事業活動に支配的な影響力を有すると認められる自然人がいればその者を、いない場合は、その法人を代表し、その業務を執行する自然人を実質的支配者と判定することになる。

············· 解　　説 ·············

　上記定款の定め[201]によれば、当該公益財団法人の財産の分配を受ける権利を○○市が有していることから、○○市は、その法人の事業から生ずる収益またはその事業に係る財産の総額の4分の1を超える収益の配当または財産の分配を受ける権利を有していると認められる自然人[202]に該当する実質的支配者（施行規則11条2項3号イ）と判定されるかが問題となる。

　この点、当該法人の事業経営を実質的に支配する意思または能力を有して

---

[201] 公益財団法人は、清算をする場合において、残余財産を類似の事業を目的とする他の公益法人もしくは私立学校法に規定する学校法人等の法人または国もしくは地方公共団体に帰属させる旨を定款で定めなければならないとされる（公益社団法人及び公益財団法人の認定等に関する法律5条18号）。

[202] 国等は、実質的支配者の適用に当たっては、自然人とみなされる（施行規則11条4項）。

174

いないことが明らかな場合は、当該実質的支配者とは認められないのであるから、本設問においても、取引時確認の時点において○○市が公益財団法人Aの事業経営を実質的に支配する意思または能力を有しているか否かが問題となり、当該意思または能力を有していなければ、当該実質的支配者には該当しないことになる。

この場合、出資、融資、取引その他の関係を通じてその法人の事業活動に支配的な影響力を有すると認められる自然人がいればその者を（施行規則11条2項3号ロ）、いない場合は、その法人を代表し、その業務を執行する自然人（施行規則11条2項4号）を実質的支配者と判定することになる[203]。

ワンポイントアドバイス

事業経営を実質的に支配する意思または能力を有しているか否かの判断に当たっては、当該法人の設立経緯、目的、地方自治体職員の派遣の有無、派遣されているとしてその地位（評議員か否か等）、権限などを考慮すべきである。

---

[203]　H27パブコメ［111］。

Q57 法人の実質的支配者の本人特定事項の確認の要否 （ケース）

次のケースにおいては、法人の実質的支配者の本人特定事項の確認を行わなければならないか。

(1) A銀行は自然人Bとの貸付取引の際に取引時確認を行ったが、その後、Bが実質的支配者であるC株式会社との貸付取引について取引時確認を行う際のBの本人特定事項の再度の確認の要否

(2) D銀行は、E株式会社との貸付取引の際の取引時確認において、会社の議決権の総数の4分の1を超える議決権を直接または間接に有していると認められる自然人、出資、融資、取引その他の関係を通じてその法人の事業活動に支配的な影響力を有すると認められる自然人は存在しない旨申告があったため、E社の代表取締役の本人特定事項の確認を行ったところ、貸付契約締結後6カ月後に、E社に対する大口債権者でありE社の事業活動に支配的な影響力を有すると認められる自然人Fの存在が判明した場合のFの本人特定事項の確認の要否

結論

(1)は必要。

(2)は、あらためて確認する義務はない。

········· 解　説 ·········

1　設問(1)について

金融機関が法人の実質的支配者の本人特定事項の確認を行わなければならない場面は、特定事業者が、特定業務のうち「特定取引を行うに際して」である（法4条1項柱書）。

本設問の場合には、A銀行がC社と特定取引を行うに際してC社の実質的支配者である自然人Bが存在したのである。A銀行がBとの間の別の特定取

引の際にBの本人特定事項の確認を行っていたとしても、それは今回のC社との間の「特定取引を行うに際して」行ったものではない。そこで、C社の実質的支配者であるBの本人特定事項の確認は必要である。

2 設問(2)について

1と同様に、金融機関が本人特定事項や法人の実質的支配者の本人特定事項の確認を行うべき場面は、「特定取引を行うに際して」であるが、本設問においては、既にその場面は終了している。そして、本設問のような場合に、再度法人の実質的支配者の本人特定事項の確認を行うべきとする規定は存在しない。

したがって、D銀行はあらためてE社の実質的支配者であるFの本人特定事項の確認をする義務はない。

しかしながら、当該取引時確認の際にE社が実質的支配者の有無の事実について偽っていた疑いがある場合には、法4条2項1号ロに該当し、その後の特定取引について厳格な顧客管理による確認（法4条2項）に基づき、本人特定事項等や、取引の価額によっては資産および収入の確認を要することになる点に注意を要する。

設問(2)の場合、新たに判明した実質的支配者の情報について念のため確認記録に付記することが望ましい。なお、取引時確認をした事項に係る情報を最新の内容に保つための措置につき［Q111］参照。

> **ワンポイントアドバイス**

金融機関が法人の実質的支配者の本人特定事項の確認を行うべき場面は、「特定取引を行うに際して」であることを前提として対応ケースを整理すべきである。

第2編 ケーススタディ 177

Q58 法人の実質的支配者の申告と取引の可否（ケース）

　貸付取引に際して、次の場合には、Ｘ銀行としては、顧客との取引を拒絶しなければならないか。
(1)　Ａ株式会社との貸付取引に際して、Ａ社の議決権の総数の４分の１を超える議決権を直接または間接に有していると認められる実質的支配者の有無やその実質的支配者の申告を求めたところ、貸付契約の締結までにＡ社からその申告が間に合わなかった場合
(2)　Ｂ株式会社との貸付取引に際して、Ｂ社の議決権の総数の４分の１を超える議決権を有する法人株主Ｃ株式会社の議決権保有株主の調査が資料不足のため困難であり、Ｂ社から「調査不可能」との申告があった場合

結 論

(1)について
　顧客等が施行規則11条２項１号に該当する者の有無やその本人特定事項を確認できることが予測できる場合には、取引開始後において、その申告を受けることは可能であるから、顧客との取引を拒絶する必要はない。

(2)について
　Ｃ株式会社について、４分の１を超える議決権を直接または間接に有していると認められる自然人が確認できない場合には、施行規則11条１項２号に定める自然人がいるときはその者の、いないときは同項４号に定める自然人を実質的支配者とすることとなる。

············ 解　　説 ············

1　設問(1)について

　金融機関は、取引時確認を「特定取引を行うに際して」行わなければならないとされる（法４条１項柱書）。これは、取引の性質等に応じて合理的な期間内に完了すべきであることを意味するから、取引の性質等に応じて、取引

開始後、合理的な期間内で、実質的支配者の本人特定事項の確認を行うことが認められる。したがって、顧客等が施行規則11条2項1号に該当する者（株式会社などの資本多数決法人の議決権の総数の4分の1を超える議決権を直接または間接に有していると認められる自然人）の有無やその本人特定事項を確認できることが予測できる事情が存在する場合には、取引開始後において、その申告を受けることは可能である。よって、この場合、顧客との取引を拒絶する必要はないため、本件でもX銀行は、A株式会社との貸付契約の締結を拒絶する必要はない。

2 設問(2)について

顧客等の代表者等がしかるべき調査確認を行っても、資本関係が複雑であるなどやむをえない理由により、上記施行規則11条2項1号に該当する自然人を判断できないような場合にあっては、同項2号に該当する者（出資、融資、取引その他の関係を通じてその法人の事業活動に支配的な影響力を有すると認められる自然人）がいるときはその者を、いないときは同項4号に該当する者（その法人を代表し、その業務を執行する自然人）を実質的支配者として申告を受けることは認められる。よって、その場合、本件においてもX銀行は、A株式会社との貸付契約の締結を拒絶する必要はない。

ワンポイントアドバイス

設問(2)については、「調査不可能」の意味が調査しないということでなく、調査を行おうとしても資料が存在しない、新たな資料の入手も不可能あるいは取引通念上著しく困難などの事情がある場合には、その理由がやむをえないものといえる。

Q59 法人の実質的支配者の確認記録への記録事項

法人の実質的支配者の確認記録への記録事項は何か。

結論

記録事項は、①実質的支配者の本人特定事項、②その実質的支配者と当該顧客等との関係、③当該確認を行った方法（当該確認に書類を用いた場合には、その書類の名称その他のその書類を特定するに足りる事項を含む）である。

・・・・・・・・・・ 解　説 ・・・・・・・・・・

法人の実質的支配者の確認事項は、確認記録への記録が必要である。その場合の記録事項は、上記①ないし③である（施行規則20条1項18号）。

上記②については、たとえば、実質的支配者である自然人と顧客等との間に資本関係をもつ法人が複数存在するような場合には、確認記録に顧客等と実質的支配者との関係を記録し、また、実質的支配者の申告を行った顧客等の申告内容の合理性を判断するため必要と考えられる場合には、実質的支配者と顧客等との間に複数存在する法人の情報を確認する必要がある。ただし、その場合でもそれらの法人の本人特定事項や企業グループの資本関係図まで確認する必要はない[204]。

ワンポイントアドバイス

確認記録の作成に当たっては、後日取引の相手方である顧客等から実質的支配者である自然人までの関係をたどることができる記載内容としなければならない。

---

[204]　H27パブコメ［93］。

Q60 取引時確認の外部委託の可否

　本人特定事項の確認など取引時確認の実際の手続を特定事業者である金融機関が自ら行うのではなく、外部の業者に委託して行うことは許されるか。

結論

　委託した特定事業者の責任において、取引時確認、顧客等の確認記録の作成、保存の措置が確実に行われるのであれば許されると考える。

############## 解　説 ##############

　特定事業者である金融機関による取引時確認（本人特定事項等の確認：法4条1項、厳格な顧客管理の必要性のある取引の確認：法4条2項、現に特定取引等の任に当たっている自然人が顧客等と異なる場合における当該特定取引の任に当たっている自然人の本人特定事項の確認：法4条4項、顧客等が国等の場合における当該特定取引の任に当たっている自然人の本人特定事項の確認：法4条5項）を特定事業者である金融機関が自ら行うのではなく、外部の業者に委託して行うことは許されるか。

　この点、犯罪収益移転防止法は、特定事業者に取引時確認の義務を課しているものの、これを自ら行うのでなく第三者に委託することを禁止していないのであるから、委託した特定事業者の責任において、取引時確認、顧客等の確認記録の作成、保存の措置が確実に行われるのであれば許されると考える[205]。

　ただし、取引時確認の義務を課されているのはあくまで特定事業者であるから、特定事業者である金融機関は、委託先業者が保存している確認記録について、自ら保存している場合と同様に、必要に応じて直ちにいつでも確認

---

[205] ファイナンスリース業者がリース取扱店に委託するような代理店等への委託についてであるが、委託した特定事業者の責任において、受託者による取引時確認および確認記録の作成、保存の措置が確実に行われれば可能であるとされている（逐条解説71頁）。

第2編　ケーススタディ　181

記録を検索できるような関係を確保しておかなければならない[206]。

この確認記録の検索が確保されていなかったときは、受託者である業者にその原因があったとしても、委託者である特定事業者は免責されず、犯罪収益移転防止法上の責任を負担することになる。

ワンポイントアドバイス

取引時確認の手続そのものは金融機関が行うものの、取引時確認の確認記録のみを外部にデータとして保管を委託することもありうるが、かかる場合においても、委託先業者が保存している確認記録について、自ら保存している場合と同様に、必要に応じて直ちにいつでも確認記録を検索できるような関係を確保しておかなければ、金融機関は特定事業者としての取引記録等保存義務（法7条3項）に違反することになる。

---

[206] 委託者である特定事業者と受託者である業者との間の業務委託契約においてかかる関係を契約上の権利義務として具体的に明示しておく必要がある。

第5	厳格な顧客管理による確認

Q61 厳格な顧客管理による確認の内容

厳格な顧客管理を行う必要性が特に高いと認められる取引（ハイリスク取引）に対する確認とは何か。

結 論

厳格な顧客管理による確認を要する類型の取引（ハイリスク取引）については、本人特定事項、取引目的、職業、事業内容および実質的支配者の本人特定事項の確認を要し、さらに顧客等が国等の場合を除き200万円を超える財産移転を伴う取引にあっては、資産および収入の状況の確認が要求される。

············ 解 説 ············

特定事業者である金融機関は、顧客等との間で、後記(1)ないし(4)のいずれかに該当する取引（ハイリスク取引）を行うに際しては、当該顧客等のうち、自然人については、本人特定事項、取引目的および職業、法人については、本人特定事項、取引目的、事業内容および実質的支配者の本人特定事項の確認を[207]行わなければならない（法4条2項）。この場合、確認済顧客等との取引（法4条3項）の適用はない。

さらに、それに追加して当該取引がその価額が政令で定める200万円[208]を超える財産の移転を伴う場合にあっては、疑わしい取引の届出を行うべき場合に該当するかどうかの判断に必要な限度において、上記本人特定事項等の

---

207 厳格な顧客管理を要する取引の場合には、本人特定事項のみならず、取引目的、職業、事業内容および実質的支配者の本人特定事項の正確性にも疑義が生じることからこれらの事項についても確認が求められる。
208 施行令11条。

第2編 ケーススタディ 183

確認とともに資産および収入の状況の確認を行わなければならない[Q68]。

　これは、マネー・ローンダリング対策におけるリスクベース・アプローチの観点から、特に厳格な顧客管理を要する類型の取引について本人特定事項等の確認を求め[209]、さらに少額でない財産移転を伴う取引にあっては、顧客等の取引に使われている財産の出所を確認するのが適切である。そこで、疑わしい取引の届出を行うか否かをより慎重に判断する必要がある要請と特定事業者および顧客等の負担とのバランスを図り、疑わしい取引の届出を行うべき場合に該当するかどうかの判断に必要な限度において、資産および収入の状況についても確認を求めているものである。

　ただし、顧客等が国等（国、地方公共団体、上場会社、人格なき社団または財団など）の場合には、資産および収入の状況の確認は必要なく、人格なき社団または財団以外の国等については、本人特定事項の確認のみで足りる（法4条5項別表）。

(1)　預金の受入れを内容とする契約など特定取引に当たる契約に基づく取引を行う相手方が、その契約の締結の際に行われた取引時確認（(2)において「関連取引時確認」という）に係る顧客等または代表者等になりすましている疑いがある場合における当該取引[210]（法4条2項1号イ、施行令12条1項1号）……「なりすまし」とは、いわゆる替え玉のことをいう。法の目的は、資金移動の正確なトレースの実効性の確保にあるところ、この場合には、顧客等として把握している者と現実に資金移動を行っている取引の相手方とが一致しないおそれがあるため、本人特定事項の（再）確認が求められている。

(2)　関連取引時確認が行われた際に当該関連取引時確認に係る事項を偽っていた疑いがある顧客等（その代表者等が当該事項を偽っていた疑いがある顧

209　平成23年改正前の犯収法においては、本人確認済取引のうち、なりすましあるいは本人特定事項を偽っている疑いがある場合に本人特定事項の再確認が義務づけられていた（同法4条1項、同施行令8条1項1号ヰ参照）。これに対して平成23年改正法においては、本文に定める取引に該当する場合には、すべからく厳格な確認が求められるものであるから、本人特定事項の再確認という制度設計にはなっていない。

210　本文(1)および(2)の「取引」には特定取引以外の取引も含まれる（H24パブコメ[120]）。

184

客等を含む）との取引（法4条2項1号ロ、施行令12条1項2号）……「偽っていた」とは本人特定事項等を詐称していた場合であり、告げるべき情報を隠匿していたことも含まれる。この場合も資金移動の正確なトレースの実効性の確保の必要性から本人特定事項の（再）確認が求められている。

　（以上の(1)および(2)の取引を以下「なりすまし等が疑われる取引」という）

(3)　特定取引のうち、犯罪による収益の移転防止に関する制度の整備が十分に行われていないと認められる国または地域として政令で定めるもの[211]（以下「特定国等」という）に居住しまたは所在する顧客等との間におけるものその他特定国等に居住しまたは所在する者に対する財産の移転を伴うもの（法4条2項2号）

(4)　外国の重要な公的地位を有する者（Politically Exposed Persons：PEPs）（施行令12条3項）。詳細は［Q63］。

①　外国の元首および外国の政府、中央銀行その他これらに類する機関において重要な地位を占める者として施行規則（15条）で定める者ならびにこれらの者であった者

②　①に掲げる者の家族（配偶者（婚姻の届出をしていないが、事実上婚姻関係と同様の事情にある者を含む。以下この号において同じ）、父母、子および兄弟姉妹ならびにこれらの者以外の配偶者の父母および子をいう）

③　法人であって、①および②に当たる者がその事業経営を実質的に支配することが可能となる関係にあるものとして施行規則で定める者であるもの

なお、上記(1)および(2)に掲げる取引に際して行う本人特定事項の確認は、既に行った関連取引の際の確認方法とは異なる方法により行わなければならない［Q65］。たとえば、偽造した運転免許証を本人確認書類として使用してなりすましが行われている場合に、再度同一の本人確認書類である運転免許証を用いて本人確認しようとしても正確な本人特定事項の確認はできないからである。

211　平成28年2月1日時点ではイラン、北朝鮮である（施行令12条2項）。

ワンポイントアドバイス

　外国PEPsについては、各金融機関独自で調査を行うことは相当な負担であり、かつ、困難であるため、既存の外国PEPsスクリーニングリスト等を利用して確認を行うことも認められる。

Q62 厳格な顧客管理による確認（ケース）

　X銀行の顧客との取引に関する以下のケースにおいては顧客に対してどのような取引時確認が要求されるか。

(1)　100万円を追加融資する相手方である自然人Aと称している者は、以前の新規融資の際に自動車運転免許証を本人確認書類として本人特定事項の確認を行ったときの対象者であるAとは別人の疑いがあることが判明した場合

(2)　150万円の新規融資予定のB株式会社が、以前の預金口座開設の際の確認時に「取引を行う目的」として、水光熱費および税金の支払（口座振替）と申告していたにもかかわらず、実際には毎月数千万円の資金の出入りが1年間継続していた場合

(3)　イランに所在しているC会社との間における500万円と米ドルとの両替

結 論

　いずれの場合も厳格な顧客管理を行う必要性が特に高いと認められる取引として(1)は本人特定事項、取引目的、職業、(2)は本人特定事項、取引目的、事業内容、実質的支配者の本人特定事項、(3)は(2)の事項に加えて資産および収入の状況の確認が要求される。

･･･････････ 解　　説 ･･････････

　特定事業者である金融機関は、顧客等との間で、厳格な顧客管理を要する取引を行うに際しては、当該顧客等のうち、自然人については、本人特定事項、取引目的および職業、法人については、本人特定事項、取引目的、事業内容および実質的支配者の本人特定事項の確認、さらに、当該取引の価額が政令で定める200万円[212]を超える財産の移転を伴う場合にあっては、上記本人特定事項等の確認とともに資産および収入の状況の確認を行わなければな

212　施行令11条。

第2編　ケーススタディ　187

らない（法4条2項）［Q61］。

本ケースの各場合で行うべき取引時確認は、次のとおりである。

1 設問(1)について

替え玉の可能性があるからこれはなりすましに当たり、X銀行は本人特定事項、取引目的、職業の確認を行わなければならない（法4条2項1号イ、施行令12条1項1号）。その本人特定事項の確認方法は、新規融資の際に自動車運転免許証で行った確認方法以外の方法で行わなければならない［Q65］。

2 設問(2)について

申告していた取引目的について詐称していた可能性がある場合であり、「偽っていた疑い」に当たるので、X銀行は本人特定事項、取引目的、事業内容、実質的支配者の本人特定事項の確認を行わなければならない（法4条2項1号ロ、施行令12条1項2号）。

3 設問(3)について

政令で定められた犯罪による収益の移転防止に関する制度の整備が十分に行われていないと認められる国であるイランに所在する顧客であるから、X銀行は本人特定事項、取引目的、事業内容、実質的支配者の本人特定事項の確認を行うとともに、200万円を超える財産の移転を伴う場合であるから、資産および収入の状況の確認も行わなければならない（法4条2項2号、施行令12条2項）。

ワンポイントアドバイス

設問(3)の政令で定められた犯罪による収益の移転防止に関する制度の整備が十分に行われていないと認められる国または地域に居住または所在する顧客等か否かは形式的な判断が可能である。しかしながら、設問(1)および(2)のような関連取引時確認に係る顧客等もしくは代表者等になりすましている疑いがある取引または関連取引時確認が行われた際に当該関連取引時確認に係る事項を偽っていた疑いがある取引の該当性判断は、総合的・実質的判断とならざるをえないので、判断のために必要なチェックポイントを整理しておくべきである。

Q63 外国の重要な公的地位を有する者等との取引

　厳格な顧客管理を必要とする外国の重要な公的地位を有する者等とは何か。

結 論

　外国の元首など外国政府等において重要な地位を占める者、その者の家族およびそれらの者がその事業経営を実質的に支配することが可能となる関係にある法人である。

・・・・・・・・・・ 解　　説 ・・・・・・・・・・

1　外国の高位の政治家など重要な公的地位を有する者は、国際的、社会的信用が高いため、マネー・ローンダリングが行われたとしても、その発覚は困難である。他方、そのような地位を利用してマネー・ローンダリングが行われる疑いが存在することも事実である。新40の勧告においても、外国の重要な公的地位を有する者（Politically Exposed Persons：PEPs）に関しては、通常の顧客管理措置の実施に加えて、厳格な顧客管理措置を講ずることが求められている[213]。そこで、平成26年改正において、外国の重要な公的地位を有する者等（外国PEPs）との取引に当たっては、厳格な取引時確認が求められることとなった（法4条2項3号、施行令12条3項）。

2　外国の重要な公的地位を有する者等（外国PEPs）

　次のとおりである（施行令12条3項、施行規則15条）。

(1)　外国[214]の元首および外国の政府、中央銀行その他これらに類する機関[215]において重要な地位を占める者[216]として施行規則で定める者ならび

213　新40の勧告12。
214　犯罪による収益の移転防止に関する法律上、「外国」とは本邦の域外にある国または地域をいう（法9条）とされ、いわゆる「未承認国家」についても外国に該当することから、未承認国家において元首その他の重要な地位を占める者についても外国PEPsとして取り扱うこととなる。

第2編　ケーススタディ　189

にこれらの者であった者[217]

　「その他これらに類する機関において重要な地位を占める者」として施行規則は次のとおり定める。

① 　わが国における内閣総理大臣その他の国務大臣および副大臣に相当する職

② 　わが国における衆議院議長、衆議院副議長、参議院議長または参議院副議長に相当する職

③ 　わが国における最高裁判所の裁判官に相当する職

④ 　わが国における特命全権大使、特命全権公使、特派大使、政府代表または全権委員に相当する職

⑤ 　わが国における統合幕僚長、統合幕僚副長、陸上幕僚長、陸上幕僚副長、海上幕僚長、海上幕僚副長、航空幕僚長または航空幕僚副長に相当する職

⑥ 　中央銀行の役員

⑦ 　予算について国会の議決を経、または承認を受けなければならない法人の役員[218]

(2)　前号に掲げる者の家族（配偶者（婚姻の届出をしていないが、事実上婚姻関係と同様の事情にある者[219]を含む。以下この号において同じ）、父母、子および兄弟姉妹ならびにこれらの者以外の配偶者の父母および子をいう）

(3)　法人であって、前2号に掲げる者がその事業経営を実質的に支配するこ

215　国連等の国際機関は含まれない。

216　日本に居住する日本人についても、その者が外国PEPsである可能性もあるため、顧客等が日本人である場合であっても、確認の対象を日本に居住していない者に限定すべきではない（H27パブコメ［26］）。

217　この点、金融機関は「これらの者であった者」を網羅的に捕捉するシステムの整備を義務づけられるものではなく、各金融機関がその事業規模や顧客層をふまえて、各金融機関において合理的と考えられる方法により行えば足り、確認ができた範囲内において厳格な顧客管理を行うこととなる（H27パブコメ［24］）。

218　ここにいう「法人」は、必ずしも会社法上の会社に相当する組織に限られないため、会社法329条に定める「役員」に該当する者に限定されず、当該法人において、同条に定める「役員」と同等の権限を有する者を本規定における「役員」として扱うことになる（H27パブコメ［148］）。

190

とが可能となる関係にあるものとして主務省令で定める者であるもの

3　外国の重要な公的地位を有する者等（外国PEPs）の確認方法

　顧客等が外国PEPsであることの確認は、商業用データベースを活用して確認する方法のほか、インターネット等の公刊情報を活用して確認する方法、顧客等に申告を求める方法[220]等が考えられ、各金融機関がその事業規模や顧客層をふまえて、各金融機関において合理的と考えられる方法[221]により行うこととなり[222]、確認ができた範囲内において厳格な顧客管理を行うべきである。

4　確認記録への記録

　顧客等が外国PEPsであることが確認できた場合は、「顧客等が施行令12条3項各号に掲げるものであるときは、その旨および同項各号に掲げるものであると認めた理由」を確認記録に記録しなければならない（施行規則20条1項22号）。

ワンポイントアドバイス

　取引時確認等を的確に行うための措置に関する施行規則32条1項4号の規定により、外国PEPsとの取引を行うに際しては、当該取引の任に当たっている職員に、統括管理者の承認を受けさせるよう努める義務があるが、その承認は必ずしも取引の前に受けさせる必要はない。

219　顧客等が「事実上婚姻関係と同様の事情にある者」であることの確認は、商業用データベース、インターネット等の公刊情報を活用して確認する方法等が考えられ、金融機関の事業規模や顧客層をふまえて、各金融機関において合理的と考えられる方法により行えば足りる。顧客等に対して「事実上婚姻関係」にあることを質問する必要は必ずしもない（H27パブコメ［30]）。

220　顧客等が外国PEPsであることの確認を、顧客等に申告を求めることにより行う場合において、その申告を求める具体的な方法は、各特定事業者が、その事業規模や顧客層をふまえて合理的と考えられる方法により行えば足りる。申込用紙にチェック欄を設けて記入を求めることも1つの方法として考えられる（H27パブコメ［25]）。

221　外国PEPsについて各金融機関独自で調査を行うことは困難であり、既存の外国PEPsスクリーニングリスト等を利用して確認を行うことも認められる（H27パブコメ［143]）。

222　確認の方法は、顧客等の居住国が日本国政府の承認国家か否かなどにかかわらず、一律に同一の要件により行わなければならない（H27パブコメ［144]）。

第2編　ケーススタディ　191

Q64 外国の重要な公的地位を有する者等との取引（ケース）

A銀行は外国人Bに対して極度額を1,000万円とする極度額貸付取引を行った。極度額貸付基本契約の締結時点では、Bは外国PEPsであることが確認できなかったため、通常の取引時確認を行った。ところが、当該基本契約に基づきBから500万円の借入れの申込みがあった時点で再度確認したところ、Bが外国PEPsであることが判明した。この場合、厳格な顧客管理による取引時確認を行うべきか。

結論

厳格な顧客管理による取引時確認を行うべきである。

………… 解　説 …………

新40の勧告により、外国PEPsについては、厳格な顧客管理による資産および収入の確認が求められているところ、かかる確認は継続的に行う必要があることから、外国PEPsについては、一律に特定取引のつど、厳格な顧客管理を要するとされている。

そのため、極度額貸付基本契約締結時に外国PEPsでないことが確認できた顧客等について、別の新たな特定取引である当該極度額貸付基本契約に基づく貸付に係る契約の締結の際に外国PEPsであることが確認された場合には、当該取引は厳格な顧客管理の対象となる。

よって、本設問においては、200万円を超える財産の移転を伴う場合であるから、A銀行はBに対して本人特定事項等に加えてBの資産および収入の状況を確認することが求められる（法4条2項、施行令11条）。

ワンポイントアドバイス

顧客等が外国PEPsに該当するか否かの確認は、同一顧客等においても特定取引のつど行わなければならないが、「外国の元首および外国の政府、中

央銀行その他これらに類する機関において重要な地位を占める者」[Q63]
であることが確認された顧客等は、その後その地位を失ったとしても「これ
らの者であった者」として厳格な顧客管理の対象となる。

Q65 厳格な顧客管理による確認における本人特定事項の確認方法

厳格な顧客管理による確認として顧客等に対する本人特定事項の確認を行う場合にはどのような確認方法をとるべきか。

結 論

マネー・ローンダリングに利用される可能性が高い取引であることから、取引時確認の場合の本人特定事項の確認方法とは異なった厳格な確認方法が要求される。

············ 解 説 ············

1 特定事業者である金融機関は、取引の相手方による関連取引時に係る顧客等または代表者等へのなりすまし等が疑われる取引など厳格な顧客管理を要する取引（ハイリスク取引）を行うに際しては、施行規則で定めるところにより、当該顧客等または代表者等について、本人特定事項等の確認を行わなければならない（法4条2項）[Q61]。

2 その際の本人特定事項の確認方法は、施行規則14条1項に次のとおり定められている。

(1) 施行規則6条[Q33および36]または12条[Q40]に規定する方法

(2) [Q33] 1および2の方法[223]（施行規則6条1項1号イないしへ）、[Q37] の外国人の確認方法（施行規則6条1項2号）、ならびに[Q36] 1および2(1)の法人の確認方法（施行規則6条1項3号イおよびロ）の場合は次の方法（施行規則14条1項）

当該顧客等または当該代表者等から、当該顧客等もしくは当該代表者等の住居もしくは本店もしくは主たる事務所の所在地の記載がある当該顧客

---

[223] 施行規則12条に定める代表者等の本人特定事項の確認方法の場合も含む。

等もしくは当該代表者等の本人確認書類（当該方法において用いたもの（その写しを用いたものを含む）を除く）もしくは補完書類（当該方法において用いたもの（その写しを用いたものを含む）を除く）の提示を受け、または当該本人確認書類もしくはその写しもしくは当該補完書類もしくはその写しの送付を受けて当該本人確認書類もしくはその写し（金融機関が作成した写しを含む）もしくは当該補完書類もしくはその写し（金融機関が作成した写しを含む）を施行規則19条1項2号に定める方法［Q81］により確認記録に添付する方法

(3) ［Q33］3（施行規則6条1項1号トないしリ）の方法[224]および［Q36］3（施行規則14条1項3号ハ）の方法の場合は次の方法

当該顧客等または当該代表者等から、当該顧客等もしくは当該代表者等の本人確認書類の提示を受け、または当該本人確認書類もしくはその写しの送付を受けて当該本人確認書類もしくはその写し（特定事業者が作成した写しを含む）を施行規則19条1項2号に掲げる方法［Q81］により確認記録に添付する方法（当該本人確認書類またはその写しに当該顧客等または当該代表者等の現在の住居または本店もしくは主たる事務所の所在地の記載がないときは、当該方法に加え、当該顧客等または当該代表者等から、当該記載がある当該顧客等もしくは当該代表者等の補完書類の提示を受け、または当該補完書類もしくはその写しの送付を受けて当該補完書類もしくはその写し（特定事業者が作成した写しを含む）を施行規則19条1項2号に定める方法により確認記録に添付する方法）

3 なお、関連取引の確認時になりすまし等が疑われる取引（法4条2項1号イおよびロに掲げる取引）に際して当該確認[225]を行うときは、再度、同一の本人確認書類や補完書類を用いて確認を行ってもその実効性が期待できないため[226]、関連取引時確認において用いた本人確認書類[227]および補完書類

---

224 施行規則12条に定める代表者等の本人特定事項の確認方法の場合も含む。
225 本文2(3)の方法による場合を除く。ただし、関連取引時確認がなりすまし等が疑われる取引に際して行われたものであり、確認方法として本文2(3)の方法による場合はこの限りでない。

第2編 ケーススタディ 195

以外の本人確認書類もしくは補完書類またはその写しの少なくとも１つを用いることが要求されている（法４条２項柱書２文、施行規則14条柱書）。

ワンポイントアドバイス

本人特定事項の確認であっても厳格な顧客管理による確認の場合の顧客等に対する本人特定事項の（再）確認方法は、リスクベース・アプローチの観点から法４条１項１号の本人特定事項の確認方法と比較してより厳格な手続が求められている。

226　たとえば、偽造された本人確認書類を特定事業者に提示することによりなりすまし等が行われている場合、特定事業者がなりすましの疑いがあるとして本人特定事項を再確認しようとしても、上記偽造された本人確認書類が再提出されてしまうと、正確な本人特定事項を把握することが困難になると指摘される（概説86頁）。

227　その写しを用いたものを含む。

Q66 厳格な顧客管理による確認における取引を行う目的、職業および事業内容の確認方法

厳格な顧客管理による確認において行うべき「取引を行う目的、職業および事業内容」はどのような方法で確認すべきか。

結 論

取引時確認における確認方法と同一の方法による。

············ 解　　説 ············

特定事業者である金融機関は、顧客等との間で、取引の相手方が関連取引時に係る顧客等または代表者等になりすましている疑いがある場合における当該取引など厳格な顧客管理を要する取引（ハイリスク取引）を行うに際しては、施行規則で定めるところにより、当該顧客等について、本人特定事項等の確認を行わなければならない（法4条2項）。

その際の本人特定事項等の確認方法は、施行規則14条2項により、取引を行う目的の確認方法は施行規則9条、職業または事業内容の確認方法は施行規則10条に規定する方法によるとされているため、取引時確認の際の確認方法と同一の方法によるべきことになる。

取引を行う目的の確認方法については［Q50］を参照。

職業または事業内容の確認方法については［Q51］を参照。

ワンポイントアドバイス

たとえ既に確認済みの顧客等であっても、厳格な顧客管理による確認の場合には、マネー・ローンダリング対策におけるリスクベース・アプローチの観点から、「取引を行う目的、職業および事業内容」についても再度の確認が求められ、その確認を通じて疑わしい取引の届出の要否も判断することになる。

第2編　ケーススタディ　197

Q67 厳格な顧客管理による確認における法人の実質的支配者の本人特定事項の確認方法

厳格な顧客管理による確認において行うべき法人の実質的支配者の本人特定事項の確認はどのような方法で行うべきか。

結 論

通常の取引時確認における申告を受ける方法だけではなく、より厳格な方法により行うことが求められる。

………… 解 説 …………

厳格な顧客管理として本人特定事項などとともに確認を要する法人の実質的支配者の本人特定事項の確認方法は、次の法人の区分に応じ、それぞれに定める書類またはその写しを確認し、かつ、その代表者等から申告を受ける方法による（施行規則14条3項）。

平成26年改正前においては、法人の実質的支配者の本人確認書類の確認まで求められていたが、平成26年改正により、顧客等の実質的支配者を自然人にまでさかのぼって確認することとなったため、当該実質的支配者の本人確認書類を顧客等が迅速に入手することは困難を伴うことが想定され、取引実務に甚大な影響を与えることが懸念されることから、本人確認書類の確認は不要とし、申告を受ける方法に変更されたものである。

(1) 下記資本多数決法人［Q52］（施行規則11条2項1号）については、株主名簿、有価証券報告書（金商法24条1項）その他これらに類する当該法人の議決権の保有状況を示す書類（施行規則14条3項1号）

記

① 株式会社

② 投資信託及び投資法人に関する法律2条12項に規定する投資法人

③ 資産の流動化に関する法律2条3項に規定する特定目的会社

④　①ないし③以外の資本多数決法人

(2)　上記(1)に掲げる法人以外の法人（施行規則11条2項2号）は、次に掲げる書類[228]のいずれか（同条2号）

①　当該法人の設立の登記に係る登記事項証明書（当該法人が設立の登記をしていないときは、当該法人を所轄する行政機関の長の当該法人を代表する権限を有している者を証する書類）

②　①に掲げるもののほか、官公庁から発行され、または発給された書類その他これに類するもので、当該法人を代表する権限を有している者を証するもの

③　外国に本店または主たる事務所を有する法人にあっては、①および②に掲げるもののほか、日本国政府の承認した外国政府または権限ある国際機関の発行した書類その他これに類するもので、当該法人を代表する権限を有している者を証するもの

ワンポイントアドバイス

　法人による取引は法人を隠れ蓑にしてマネー・ローンダリングに利用される可能性が低くないため、厳格な顧客管理による確認の際の法人の実質的支配者の本人特定事項の確認はリスクベース・アプローチの観点から、より厳格な方法が要求されている。

228　有効期間または有効期限のあるものにあっては特定事業者が確認する日において有効なものに、その他のものにあっては特定事業者が確認する日前6カ月以内に作成されたものに限る。

第2編　ケーススタディ　199

Q68　厳格な顧客管理による確認における資産・収入の状況の確認

顧客等に対する本人特定事項等の再確認等の際に顧客等の資産および収入の状況の確認が要求されるのはどのような場合か。

結論

　本人特定事項等の（再）確認を行うべき取引のうち200万円を超える財産の移転を伴う場合である。

………… 解　　説 …………

　特定事業者である金融機関は、顧客等との間で行う取引について厳格な顧客管理による確認を行うに際しては、当該顧客等について、本人特定事項、取引目的、職業、事業内容および実質的支配者の本人特定事項の確認を行わなければならない［Q61］。

　そして、当該取引の価額が200万円（施行令11条）を超える財産の移転を伴う場合[229][230]にあっては、上記本人特定事項等の再確認とともに資産および収入の状況の確認を行わなければならない（法4条2項）。

　この資産および収入の状況の確認は、疑わしい取引の届出を行うべき場合に該当するかどうかの判断に必要な限度で行うものとされる（同項）。その意味は、疑わしい取引をすべきか否かの判断に必要な範囲や程度で資産および収入の状況の確認を行えば足りるということであり、疑わしい取引の届出

---

[229]　200万円は取引1件当たりの金額をいうが、たとえば同日で100万円の振込みが5件あったように、ごく短期間に同種の取引が多数行われた場合等は、それらの取引全体が実質的に1つの取引と認められる（H24パブコメ［26］）。

[230]　保険契約の締結が200万円を超えるか否かは、保険金額や将来的に支払う保険料の金額ではなく、契約の締結に際して支払う手数料等の額により判断することになるが、保険料や保険金の支払が、保険契約に基づく取引として法4条2項1号に掲げる、なりすましの疑いのある取引等に該当する場合には、当該支払金額により判断される（H24パブコメ［28］）。

200

の必要がないと判断して資産および収入の状況の確認を行わないことは認められない[231]。

ワンポイントアドバイス

　本人特定事項の再確認を行うべき取引のうち200万円を超える財産の移転を伴う場合には、その範囲や程度はともかく、必ず顧客等の資産および収入の状況の確認を行わなければならない。

---

[231]　概説86頁注15。

Q69 厳格な顧客管理による確認における資産・収入の状況の確認方法

顧客等の資産および収入の状況はどのような方法で確認するか。

結論

確定申告書等の書類またはその写しの一または二以上を確認する方法による。

············ 解　説 ············

厳格な顧客管理による確認における顧客等の資産および収入の状況の確認の方法は、顧客等が自然人か法人かの区分に応じ、それぞれ次に定める書類またはその写しの一または二以上を確認する方法とする（施行規則13条4項）。

(1)　自然人である顧客等　次に掲げる書類

① 源泉徴収票（所得税法226条1項に規定する源泉徴収票をいう）

② 確定申告書

③ 預貯金通帳

④ ①から③に掲げるもののほか、これらに類する当該顧客等の資産および収入の状況を示す書類[232]

⑤ 当該顧客等の配偶者（婚姻の届出をしていないが、事実上婚姻関係と同様の事情にある者を含む）に係る①から④に掲げるもの

(2)　法人である顧客等　次に掲げる書類

① 貸借対照表

② 損益計算書

③ ①および②に掲げるもののほか、これらに類する当該法人の資産および

---

[232] 残高証明書、支払調書、給与明細書、納税通知書、納税証明書、所得証明書等がある（H24パブコメ［100］）。なお、金融機関が保有している顧客等の預金残高情報により確認することも認められる（H24パブコメ［101］）。

収入の状況を示す書類[233]

ワンポイントアドバイス

資産および収入の状況の確認は、疑わしい取引をすべきか否かの判断に必要な範囲や程度で行うことが求められている[234]。したがって、資産および収入の状況の確認の範囲と程度は、個別具体的な顧客等や取引に応じたケース・バイ・ケースの判断とならざるをえない。

たとえば、顧客等が自然人の場合にその預金通帳を確認したところ、同人の妻に名目上預金を移動させていることが判明した場合には、同人妻の貯金通帳等も確認書類として提出を求めるなどである。

233　有価証券報告書、正味財産増減計算書、損益計算書、預貯金通帳、法人税申告書別表二（同族会社等の判定に関する明細書）等がある（H24パブコメ［102］）。
234　そのため、常に必ず資産および収入の両方の状況を確認する必要があるわけではないとされる（H24パブコメ［97］）。

第2編　ケーススタディ　203

第6　確認済顧客等との取引

Q70　確認済顧客等との取引

再度の取引の際に本人特定事項等の取引時確認が不要な確認済顧客等との取引と認められるのはどのような場合か。

結論

当該金融機関が、①取引時確認を行っている顧客等との取引であり、②当該取引時確認について確認記録を作成および保存している場合であって、③当該顧客等が既に取引時確認を行っている顧客等であることを確かめる措置をとった取引であることが要件である。ただし、④なりすまし等が疑われる取引などに該当するときは確認済顧客等との取引と認められない。

・・・・・・・・・・・・ 解　説 ・・・・・・・・・・・・

特定事業者である金融機関が施行令7条1項1号列挙の特定取引を行うに際しては本人特定事項等の取引時確認を要する（法4条1項）。しかしながら、例外的に「確認済顧客等との取引」については、当該確認は不要である（法4条3項）。

もっとも、これは2回目以降の本人特定事項等の取引時確認を免除する趣旨ではなく、一定の水準の信頼性と正確性が確保されることを条件として簡易の手続を認める趣旨にすぎない。

「確認済顧客等との取引」と認められ、本人特定事項等の取引時確認が簡易な手続に軽減されるための要件は以下のとおりである。

(1) 取引時確認を行っている顧客等との取引

他の取引の際に既に本人特定事項等の確認（法4条1項）または厳格な顧客管理による確認（法4条2項）[235]を行っている取引である。

この取引には、次のものも含まれる（施行令13条1項）。

204

① 当該特定事業者が他の特定事業者に委託して行う特定取引（施行令7条1項1号に定める取引）であって、当該他の特定事業者が他の取引の際に既に取引時確認[236]を行っている顧客等との間で行うもの

② 当該特定事業者が合併、事業譲渡その他これらに準ずるものにより他の特定事業者の事業を承継した場合における当該他の特定事業者が他の取引の際に既に取引時確認を行っている顧客等との間で行う取引[237]

⑵ **当該取引時確認について確認記録を作成および保存していること（施行令13条2項）**

法6条により取引時確認について確認記録を作成および保存している場合である。

⑶ **当該顧客等が既に取引時確認を行っている顧客等であることを確かめる措置をとった取引（施行令13条2項）**

具体的には、次の方法によることが定められている（施行規則16条）。

① 次のいずれかにより顧客等（国等である場合にあっては、その代表者等または当該国等[238]）が確認記録に記録されている顧客等と同一であることを確認すること

　a 預貯金通帳その他の顧客等が確認記録に記録されている顧客等と同一であることを示す書類その他の物の提示または送付を受けること

　b 顧客等しか知りえない事項[239]その他の顧客等が確認記録に記録されている顧客等と同一であることを示す事項の申告を受けること

② ①にかかわらず、金融機関は、顧客等または代表者等と面識がある場合[240]その他の顧客等が確認記録に記録されている顧客等と同一であるこ

---

235 顧客等が国等の場合にこれらの規定を読み替えて適用する場合（法4条5項）も含む。

236 当該他の特定事業者が当該取引時確認について法6条の規定による確認記録の作成および保存をしている場合におけるものに限る。

237 当該他の特定事業者が当該特定事業者に対し当該取引時確認について法6条1項の規定により作成した確認記録を引き継ぎ、当該特定事業者が当該確認記録の保存をしている場合におけるものに限る。

238 人格のない社団または財団を除く。

239 キャッシュカードの暗証番号などである。

第2編　ケーススタディ　205

とが明らかな場合は、当該顧客等が確認記録に記録されている顧客等と同一であることを確認したものとすることができる。

③　①または②で当該顧客等が確認記録に記録されている顧客等と同一であることを確認した取引に係る、

　　a　口座番号その他の顧客等の確認記録を検索するための事項（確認記録がない場合にあっては、氏名その他の顧客等または取引を特定するに足りる事項）

　　b　取引の日付

　　c　取引の種類

を記録し（施行規則24条1号ないし3号）、当該記録を当該取引の行われた日から7年間保存する。

⑷　**なりすまし等が疑われる取引などの除外（施行令13条2項、施行規則5条）**

　当該取引の相手方または取引が、次に該当する場合は確認済顧客等との取引とは認められない。

①　当該取引時確認に係る顧客等または代表者等になりすましている疑いがあるもの

②　当該取引時確認が行われた際に当該取引時確認に係る事項を偽っていた疑いがある顧客等（その代表者等が当該事項を偽っていた疑いがある顧客等を含む）

③　疑わしい取引

④　同種の取引態様と著しく異なる態様で行われる取引［Q8］に該当する場合

　この場合には簡易の手続を認めるだけの一定の水準の信頼性と正確性が確保されていないからである。①および②については、厳格な顧客管理としての確認が必要となる［Q61］。

240　ここでいう面識とは、当該特定事業者の責任において、確実に本人性を判断できることの例示であるから、本人確認書類の提示を求める等の措置をとることなく、確実に本人性を判断できる場合であることを要する。

ワンポイントアドバイス

　確認済顧客等との取引として簡易の手続が認められるのは、金融機関の取扱いに対する一定の水準の信頼性と正確性が認められるからである。そのため、「顧客等または代表者等と面識がある場合その他の顧客等が確認記録に記録されている顧客等と同一であることが明らかな場合」の運用には一定の厳格さを要することには注意を要する。

　なお、⑷③に関して、事後の取引精査により疑わしい取引と判明した場合は、取引に際して「疑わしい取引」と判断されたわけではないため、疑わしい取引の届出は行わなければならないものの、遡及的に取引時確認が義務づけられるものではない。

Q71 平成26年改正法施行日前の確認済顧客等の同改正法施行日以後の取扱い

平成27年10月5日（平成26年改正法の施行日前）に行われた取引の際に平成26年改正前の法4条1項の規定による本人確認に相当する確認を行っており、かつ、当該確認に係る本人確認記録に相当する記録を保存している顧客等について、平成28年10月5日（平成26年改正法の施行日後）の特定取引を行う場合は、取引時確認済みの顧客等として取り扱うことはできるか。

結論

原則として取引時確認済みの顧客等として取り扱うことはできない。

・・・・・・・・・・・ 解　　説 ・・・・・・・・・・・

平成26年改正前法4条1項による取引時確認と平成26年改正法4条1項の規定による取引時確認の内容は、同項4号の法人の実質的支配者の該当要件が異なっている［Q52］。

このように確認すべき内容が異なっているため、平成26年改正法の施行日[241]前に改正前法4条1項の規定による本人確認に相当する確認を行っており、かつ、当該確認に係る本人確認記録に相当する記録を保存している顧客等については、施行日以後の取引が、施行日前に締結された継続的な契約に基づくものである場合を除き[242]、施行日以後の取引の際に取引時確認済みの顧客等として取り扱うことは原則としてできない（施行規則附則3条1項）。

ただし、平成26年改正法の施行日前に、既に改正前法4条1項の規定によ

---

[241] 平成28年10月1日。
[242] 施行日以後の取引が、施行日前に締結された継続的な契約の内容に含まれているか否かにより判断される。たとえば、コミットメントライン契約に基づく融資の申込みや融資実行取引などがこれに当たる。

る取引時確認に加え、平成26年改正法による法人の実質的支配者（施行規則11条2項）についての本人特定事項の確認が既になされており、かつ、確認記録等の作成および保存がなされ確認済顧客の確認措置（規則16条）［Q70］を行っている顧客等との間で行う特定取引の場合には、平成26年改正法4条1項は適用されず、同改正法に定める実質的支配者の本人特定事項の確認は不要である（施行規則附則3条2項）［Q118］。

　以上から、本設問においては、平成28年10月5日の取引が、施行日前に締結された継続的な契約に基づくものである場合、あるいは平成26年改正法の施行日である平成28年10月1日前に、平成26年改正前法4条1項の規定による取引時確認に加え、平成26年改正法による法人の実質的支配者（施行規則11条2項）についての本人特定事項の確認が既になされており、かつ、確認記録等の作成および保存がなされ確認済顧客の確認措置がとられている場合でない限り、取引時確認済みの顧客等として取り扱うことはできない。

ワンポイントアドバイス

　法人の実質的支配者に関する経過措置についての詳細は［Q118］を参照されたい。

Q72 法人の取引担当者の交代

既に法人について本人特定事項等の取引時確認、その取引担当者Aについて本人特定事項確認済みである融資先X商事株式会社に追加融資を行うこととなったが、Aが転勤のためBに交代していた。この場合にはBについて新たに本人特定事項の確認を行う必要があるか。

結 論

法人について本人特定事項等の取引時確認、取引担当者について本人特定事項の確認を行った法人と再度取引する場合には、当該法人についてのみ取引時確認を行っていることが確認できれば足り、新たな取引担当者が同一である必要はないので、新たな本人特定事項の確認を行う必要はないが、なりすまし等による取引の防止のため、新たな取引担当者については、当該顧客等の役職員であることの確認は行うべきである。

············ 解　説 ············

銀行による融資契約は「金銭の貸付けを内容とする契約の締結」（施行令7条1項1号カ）に当たるため、取引時確認が求められ、顧客等が法人で自然人（代表者、担当者等）が現に特定取引の任に当たっている場合には、当該顧客等（法人）の本人特定事項等の取引時確認に加え、当該特定取引の任に当たっている自然人についても本人特定事項の確認を行わなければならない（法4条4項）。

しかしながら、例外として、融資契約も「確認済みの顧客等との取引」に当たれば、再度の取引時確認は不要とされる（法4条3項）。

ここでいう、「確認済みの顧客等」とは、法人との取引の場合には、当該法人のみを指し、特定取引の任に当たっている自然人は含まないと解される（法4条3項、施行令13条2項[243]参照）。したがって、法人について本人特定事項等の取引時確認、その取引担当者について本人特定事項の確認を行った法

人と再度取引する場合には、当該法人について、法が定める要件である、(1)既に取引時確認を行い、その確認記録が作成および保存されており（法4条3項）、かつ、(2)法人について既に取引時確認を行っている顧客等であることを確かめる措置（施行令13条2項、施行規則16条）、がとられていれば足り、新たな取引担当者について本人特定事項の確認を行う必要はない。

ただし、上記(1)および(2)の要件を満たしていても、なりすまし等が疑われる取引については、上記のような簡易な手続は認められず、再度の取引時確認が必要となることから（施行令13条2項）、その前提として騙りの有無のチェックのために、新たな取引担当者については、当該顧客の役職員であることの確認は行うべきである。

なお、この当該顧客の役職員であることの確認を行った場合には、その事項は確認記録事項そのものの変更ではないので、その旨を確認記録に付記または別途記録を確認記録とともに保存する法的義務はないが（施行規則20条3項）、後日のトラブル防止のために任意的な記録を残すことが望ましい［Q83］。

よって、本設問の場合については、交代した取引担当者Bについて新たに本人特定事項の確認を行う必要はなく、BがX商事株式会社の役職員であることの確認を行えば足りる。

ワンポイントアドバイス

法人との取引において交代した新取引担当者については、当該法人の役職員であることの確認が求められるが、その確認方法は特に法令で定められていないので、当該法人の社員証の提示を受けることなど、各金融機関において一定のルールを作成することが必要である。

---

243 施行令13条2項は、「その顧客等が既に取引時確認を行っている顧客等であることを確かめる措置をとった取引」と規定している。

第2編　ケーススタディ　211

Q73 国等の取引担当者の交代

既にその取引担当者について本人特定事項確認済みである預金取引先である地方公共団体Ｘ市の取引担当者Ａが転勤のためＢに交代したが、新たな預金取引契約を締結することになった。この場合にはＢについて新たに本人特定事項の確認を行う必要があるか。

結論

特定取引の任に当たる担当者について既に本人特定事項の確認を行った国、地方公共団体、上場会社等と再度取引する場合には、当該特定取引の任に当たる担当者について本人特定事項の確認を行っていることが確認できれば足り、新たな取引担当者が同一である必要はないので、新たな本人特定事項の確認を行う必要はないが、なりすまし等による取引の防止のため、新たな取引担当者については、当該顧客等の役職員であることの確認は行うべきである。

············ 解　説 ············

金融機関による預金取引契約は「預金の受入れを内容とする契約の締結」（施行令７条１号イ）に当たり、顧客等が国、地方公共団体、上場会社等（国等）の場合は、実在性が明白であるから団体そのものの証明の必要性が乏しいため、団体自体の本人特定事項等の確認は求められず、現に特定取引の任に当たっている自然人についてのみ本人特定事項の確認を行えばよい（法４条５項）。

しかしながら、例外として、預金契約も「取引時確認済みの顧客等との取引」であれば、再度の取引時確認は不要とされる。

ここでいう、「取引時確認済みの顧客等との取引」とは、法４条５項の国等の場合には、

(1)　特定事業者が既に当該特定取引の任に当たっている自然人の本人特定事

項の確認を行い

(2) 当該本人特定事項の確認について確認記録を作成および保存している場合で

(3) その顧客等が既に取引時確認を行っている顧客等であることを確かめる措置をとってある

取引をいう（法4条3項、施行令13条2項）。

　したがって、その取引担当者について本人特定事項の確認を行った国等と再度取引する場合には、当該国等との取引が上記要件を満たせば、「取引時確認済みの顧客等との取引」に該当し、新たな取引担当者について新たな本人確認を行う必要はない。

　ただし、「取引時確認済みの顧客等との取引」に該当したとしても、新たな取引担当者については、当該顧客の役職員であることの確認は行うべきであることと、この当該顧客の役職員であることの確認を行った場合には、その旨を確認記録に付記または別途記録を本人確認記録とともに保存する法的義務はないものの、任意的な記載事項とすべきことは法人の取引担当者が交代した場合と同様である［Q72］。

　よって、本設問の国等の場合については、交代した取引担当者Bについて新たに本人特定事項の確認を行う必要はなく、BがX市の役職員であることの確認を行えば足りる。

ワンポイントアドバイス

　いずれも団体そのものの本人確認は求められず、現に特定取引の任に当たっている自然人についてのみ本人確認を行えば足りる場合であっても、国、地方公共団体および上場会社と人格なき社団または財団とでは「本人確認済みの顧客等との取引」の適用による再度の本人特定事項確認の要否に差異があることに注意すべきである［Q74参照］。

第2編　ケーススタディ　213

Q74 人格なき社団の取引担当者の交代と取引時確認

学会、校友会、同窓会などの人格なき社団との取引において、取引時確認済みの代表者が交代していた場合には、新たな代表者などについて再度本人特定事項の確認をしなければならないか。

結論

特定取引の任に当たる代表者が交代した場合には、新たな代表者について再度本人特定事項の確認をしなければならない。

············ 解　説 ············

顧客等が人格なき社団または財団の場合には、取引時確認において（法4条1項・2項）、当該顧客等のために金融機関との間で現に特定取引の任に当たっている自然人の本人特定事項の確認をしなければならない（法4条5項）［Q49］。

代表者などの交代により新たな自然人が特定取引の任に当たることになった場合の新たな代表者についての再度本人確認の要否については、国、地方公共団体、上場会社等については、その実在性が保障されていることから、当該国等が以前の取引担当者の本人特定事項の確認をした顧客等であることが確認できれば、「確認済顧客等」との取引として、簡易の手続により、取引担当者の交代の場合にも新取引担当者の再度の本人特定事項の確認は不要とされる（法4条5項、施行令13条2項、施行規則16条）［Q73］。

これに対して、人格なき社団または財団の場合には、その実態と実在性が不明確であるため、既に行った取引時確認時の実態と同一であることが確保されていないため、マネー・ローンダリングのリスクを無視できない。そこで、国、地方公共団体、上場会社等の場合のような「確認済顧客等」との取引としての簡易な手続は認められず、新たな取引における取引担当者に対する本人特定事項の確認が義務づけられている。

ワンポイントアドバイス

　人格なき社団または財団は法人格がないため、資金移転の捕捉は代表者などの実際に取引を担当している自然人を対象として把握しなければならない。したがって、金融機関としても人格なき社団または財団の代表者など取引担当者の交代、変更の有無には注意すべきである。

Q75 新担当者の紹介と取引時確認の確認措置の要否

当行の融資先であり、既に本人確認済みでその確認記録を作成し、保存してあるＡ株式会社に再度融資するに当たり、その取引担当者が交代していた場合には旧担当者Ｂから新たな担当者Ｃの紹介を受ければ、施行規則16条2項「顧客等が確認記録に記録されている顧客等と同一であることが明らかな場合」に当たり、顧客等について既に取引時確認を行っていることの確認措置は不要となるか。

結論

法人の取引担当者が交代した場合には、旧担当者から新たな担当者の紹介を受けただけでは施行規則16条2項「顧客等が確認記録に記録されている顧客等と同一であることが明らかな場合」には当たらず、顧客等について既に本人特定事項の確認を行っていることの確認措置が必要である。

············ 解　説 ············

取引時確認を要しない「確認済みの顧客等との取引」とは、法人との取引の場合には、当該法人について、(1)既に取引時確認を行い、(2)その確認記録が保存されており、かつ、(3)当該法人について既に取引時確認を行っている顧客等であることを確かめる措置がとられれば再度の確認が不要となる取引をいう（法4条3項、施行令13条2項）。

そして、(3)については、特定事業者である金融機関は、代表者等と面識がある場合その他の顧客等が確認記録に記録されている顧客等と同一であることが明らかな場合は、当該顧客等が確認記録に記録されている顧客等と同一であることを確認したものとすることができるとされている（施行規則16条2項）。

ここにいう「面識がある場合その他顧客等が確認記録に記録されている顧客等と同一であることが明らかな場合」とは、本人確認書類の提示を求める

等の措置を講ずることなく、当該特定事業者の責任において、確実に本人性を判断できる場合を意味する。

　本設問については、法人の取引担当者が交代した場合に旧担当者から新たな担当者の紹介を受けただけでは、たとえば旧担当者が既に転職している場合等も考えられるので、直ちに「同一であることが明らかな場合」に該当するとは考えられない。よって、「取引時確認済みの顧客等との取引」に該当するためには、A株式会社について既に取引時確認を行っていることの確認の措置[244]をとるべきである。

ワンポイントアドバイス

　「面識がある場合その他顧客等が確認記録に記録されている顧客等と同一であることが明らかな場合」の具体的な該当理由について、書面に記録することまでは法は求めていないが、新たな取引については、施行令15条の除外規定に該当する場合を除き、取引記録の作成、保存義務が生じる点に注意したい（法7条1項）。

244　施行令13条2項、施行規則16条1項。

第2編　ケーススタディ　217

Q76 吸収合併・事業譲渡により承継した取引先と取引時確認

　X銀行は、A銀行を吸収合併したが、X銀行とはいままで取引はないものの、合併前のA銀行の融資先であり、既にA銀行により確認済みでその確認記録を保存してあるB株式会社に再度融資するに当たり、あらためて取引時確認をしなければならないか。吸収合併でなくX銀行がA銀行からB株式会社に対する貸金を含めて事業譲渡を受けた場合はどうか。

結論

　他の金融機関との合併や事業譲渡により他の金融機関の事業を承継する場合には、当該他の金融機関が既に取引先について確認済みで、その確認記録をも承継し、保存していれば、当該取引先が既に取引時確認を行っている顧客等であることを確かめる措置をとるか、あるいは面識があるなどの理由により確認記録に記録されている顧客等と同一であることが明らかな場合には、あらためて取引時確認をする必要はない。

############ 解　　説 ############

　銀行による融資契約も「確認済みの顧客等との取引」であって、その顧客等が既に取引時確認を行っている顧客等であることを確かめる措置をとった取引であれば再度の本人特定事項等の確認（法4条1項）は不要とされる（法4条3項、施行令13条2項）。

　ここでいう、「確認済みの顧客等との取引」には、他の特定事業者から合併や事業譲渡その他これらに準ずるものにより他の特定事業者の事業を承継する場合において、当該他の特定事業者が顧客等について既に確認済みで、かつ、当該特定事業者に対して当該取引時確認について作成した確認記録を引き継ぎ、当該特定事業者が当該確認記録を保存している取引も含まれる（施行令13条1項2号）。この場合は既に取引時確認を行った別法人の地位を事業の承継によりそのまま引き継いだとみることができるからである。

したがって、本設問においては、X銀行がB株式会社について既に取引時確認を行っている顧客等であることを確かめる措置をとるか、あるいは、X銀行にとって面識があるなどの理由により確認記録に記録されている顧客等と同一であることが明らかな場合には再度の本人特定事項等の確認は不要となる（施行令13条2項、施行規則16条）［Q70参照］。

　なお、取引先が上場会社、国、地方公共団体等の場合に顧客等とみなされる現に特定取引の任に当たっている自然人についても同様に再度の本人特定事項等の確認は不要となる（法4条3項、施行令14条、施行規則18条）。

ワンポイントアドバイス

　他の金融機関から合併や事業譲渡によりその事業を承継する場合においては、当該他の金融機関が既に確認済みである顧客等については、当該取引時確認について作成した確認記録を引き継ぐべきである。

Q77 顧客等の吸収合併と取引時確認

X銀行の大口預金取引先である確認済みの株式会社AはいままでX銀行と取引のなかったB株式会社に吸収合併された。B株式会社がX銀行に新たに預金口座を開設するに当たり、X銀行はB株式会社について取引時確認をしなければならないか。

合併の前後でX銀行との取引担当者に変更がなかった場合には、当該取引担当者についての本人特定事項の確認は不要か。

結論

確認済みの取引先が別会社に吸収合併された場合には、その別会社は取引先とは別法人であるから、取引に際しては新たに取引時確認をしなければならない。

合併の前後で取引担当者に変更がなかった場合でも当該取引担当者についての本人特定事項の確認が必要である。

………… 解　説 …………

銀行による預金の受入れを内容とする契約も「確認済みの顧客等との取引」であれば再度の本人特定事項等の確認（法4条1項）は不要とされる（同条3項）。

ここでいう、「確認済みの顧客等」は、取引時確認時と再度の取引時とで同一の法人であることが前提となる。

しかるに、吸収合併とは、会社が他の会社とする合併であって、合併により消滅する会社の権利義務の全部を合併後存続する会社に承継させる手続であり（会社法2条27号）、合併により消滅する会社は解散して消滅することになる（同法471条4号）。

したがって、本設問においては、株式会社Aは解散により消滅し、B株式会社は株式会社Aとはまったくの別法人であり、いままでX銀行と取引がな

かったのであるから、X銀行としてはB株式会社との取引に際しては新たに本人特定事項等の確認をしなければならない。

この場合には、合併の前後で現に特定取引の任に当たっている自然人である担当者が変更なく同一であったとしても、会社そのものの法主体が同一でないため「当該会社のために」特定取引等の任に当たっているとはいえない。したがって、かかる担当者についても再度の本人特定事項の確認が必要となる（法4条4項）。

なお、吸収合併された取引先が上場会社の場合の現に特定取引の任に当たっている自然人についても同様に新たな本人特定事項の確認が必要となる（法4条5項）。

ワンポイントアドバイス

吸収合併により消滅する会社の権利義務のすべては、合併後存続する会社に承継されるが、合併により消滅する会社と合併後存続する会社とは法人格が別であるため、取引時確認の対象たる「顧客等」には同一性がないことに注意すべきである。

第2編 ケーススタディ 221

Q78 取引先の会社分割と取引時確認

　確認済顧客等である融資取引先A社が会社分割により当行の融資債権が承継会社B社あるいは新設会社C社に承継された場合には、いままで取引のなかった承継会社あるいは新設会社に新たに融資するに際しては取引時確認をしなければならないか。

結論

　確認済みの取引先が会社分割された場合には、新設会社あるいは承継会社は取引先とは別法人であるから、取引に際しては新たに本人特定事項等の確認をしなければならない。

‥‥‥‥‥‥ **解　説** ‥‥‥‥‥‥

　会社分割とは、吸収分割においては、株式会社または合同会社がその事業に関して有する権利義務の全部または一部を分割後他の会社（承継会社）に承継させ（会社法2条29号）、新設分割においては、一または二以上の株式会社または合同会社がその事業に関して有する権利義務の全部または一部を分割により設立する会社（新設会社）に承継させるものである（会社法2条30号）。

　事業に関する権利義務の全部または一部を承継会社あるいは新設会社が承継することとなるが、分割会社と承継会社あるいは新設会社とは法人格がまったく別個であるから、「顧客等」を異にする。

　そのため、たとえ、分割会社について確認済みであったとしても、承継会社あるいは新設会社との取引に際しては、当該承継会社あるいは新設会社との取引が「確認済顧客等との取引」（法4条3項、施行令13条2項）に当たらない限り、新たに本人特定事項等の確認を行わなければならない。

　なお、会社分割した取引先が上場会社の場合に「現に特定取引の任に当たっている自然人」についても同様に新たに本人特定事項の確認が必要とな

222

る（法 4 条 4 項）。

ワンポイントアドバイス

　分割会社と承継会社あるいは新設会社とで現に特定取引の任に当たっている自然人である担当者が変更なく同一であったとしても、会社そのものは法人格が同一でない。そのため、「当該会社のために」特定取引等の任に当たっているとはいえないので、かかる変更のない担当者についても、「現に特定取引の任に当たっている自然人」として再度の本人特定事項の確認が必要となる点には注意が必要である（法 4 条 4 項）。

| 第7 | 取引時確認義務と金融機関の免責 |

Q79 顧客等が取引時確認に応じない場合の金融機関の免責

金融機関は、顧客等または代表者等が特定取引等を行う際に取引時確認に応じないときは、当該顧客から特定取引等に係る義務の履行を求められてもこれを拒むことができるか。

結論

金融機関は、顧客等または代表者等が特定取引等を行う際に取引時確認に応じないときは、当該顧客等または代表者等がこれに応ずるまでの間、当該特定取引等に係る義務の履行を拒むことができる。この場合、金融機関の債務不履行責任は免除される。

‥‥‥‥‥‥ **解　　説** ‥‥‥‥‥‥

法は、金融機関など特定事業者が貸金契約の締結など特定取引を行うに際しては取引時確認を行うことを義務づけている（法4条1項・2項・4項・5項）。

他方、顧客等または代表者等による取引時確認への協力は法的義務とはされていない。

そのため、顧客等または代表者等が金融機関など特定事業者への取引時確認に協力しない場合に、金融機関が貸金契約の締結など特定取引の履行を行わないことは債務不履行となり、相手方に生じた損害の賠償責任が発生すると解されるおそれがある[245]。

そこで、法は、顧客等または代表者等が特定取引等[246]を行う場合に取引

---

[245]　犯収法の取引時確認義務規定のような行政取締規定を理由として債務を履行しない場合に民事上の履行責任を免れることができるかについては、解釈として確定していない。

時確認に応じないとき[247]は、当該顧客等または代表者等がこれに応ずるまでの間、当該特定取引等に係る義務の履行を拒むことができるとして、特定事業者の免責規定を設けた[248]（法5条）。したがって、当該顧客等または代表者等が取引時確認義務に応ずるまでの間、金融機関は特定取引等の履行を顧客等から求められても債務不履行責任は生じないことになる。

　顧客等または代表者等が取引時確認義務に応ずるまでの間、金融機関が特定取引の履行を顧客等から求められる場合としては、なりすまし等が疑われる取引として厳格な顧客管理を行う取引（法4条2項1号）などがある。たとえば、コミットメントライン契約を締結し、借入申込みのあった後、資金の交付時に現金の受取りにX銀行に現れた人物が契約締結した顧客Aになりすましている疑いがある場合には、取引時確認に応ずるまでの間、X銀行は資金交付を拒絶しても債務不履行の責めを負わない。

ワンポイントアドバイス

　法5条に基づく金融機関の免責は、特定取引等を行う際に当該顧客等または代表者等が取引時確認に応じないときに、これに応ずるまでの間についてのみ認められるのであるから、その後当該顧客等または代表者等が取引時確認に応じた場合には直ちに当該特定取引等に係る義務の履行を行わなければならない。

246　法4条1項または2項前段の取引であり、後者は特定取引に限らない。脚注84。
247　「応じないとき」とは、①顧客等または代表者等が、当該取引が取引時確認取引であることを認識しており、②取引時確認に応じない意思を明らかにしている、または取引時確認に応じない意思をもっていることが合理的に推定される場合をいうとされる（逐条解説208頁）。
248　たとえば、なりすまし等が疑われることが客観的に明白とまではいえない取引の場合に、念のため金融機関が厳格な顧客管理による取引時確認を行う場合などは法5条の適用による免責とならないおそれがある。そこで、このような場合に金融機関が免責を受けるためには、それを定めた約款条項の整備を検討する必要がある（第3篇第4）。

第2編　ケーススタディ　225

Q80 契約締結前に顧客等が取引時確認に応じない場合と金融機関の責任

X銀行はいままで取引のなかったY株式会社から運転資金の融資の申込みを受け、融資審査の結果融資を行うことを決定し、その旨をY株式会社の代表者Aに対して連絡した。ところが、X銀行担当者がAに対して貸金契約の締結前に本人確認書類の提示または送付により本人特定事項等の確認手続を行うことを依頼し、Aもそれを承諾していたにもかかわらず、Aは何の準備も行わず貸金契約の当日となったのでX銀行は当該貸金契約の締結を中止し、取引時確認手続がすむまでは契約の締結を延期することをAに伝えた。ところが、その後、AがX銀行に対して「X銀行から予定していた融資実行をしてもらえなかったため、大事な取引が駄目になった。X銀行に損害賠償請求する」と主張してきた。X銀行には責任があるか。

結論

本ケースの場合、貸金契約は成立していないため、貸金契約に基づく債務の履行責任を負うことはないし、契約準備段階における信義則上の注意義務違反に基づく損害賠償責任も成立しない。

############ 解　説 ############

まず、X銀行とY株式会社との間では、貸金契約の締結が行われていないのであるから、貸金契約は成立しておらず、したがって当該契約に基づく履行すべき債務は発生していないので、X銀行は貸金契約に基づく債務不履行責任を負うことはない。

次に、契約締結の準備段階で交渉の相手方に損害を生じさせた場合について、当事者間に契約締結の交渉が始まるので、信頼関係を基礎とする法定債務関係が生じ、当事者の一方が故意または過失によってその信頼を裏切る行為をしたときは、信義則上の注意義務違反を理由とする損害賠償責任が認め

226

られる場合がある[249]。しかしながら、本ケースにおいては、X銀行が契約締結を拒んだ理由はY株式会社が取引時確認に応じなかったためである。そして、顧客等または代表者等が貸金契約の締結など特定取引を行う場合に取引時確認に応じないときは、当該顧客等または代表者等がこれに応ずるまでの間、当該特定取引に係る義務の履行を拒むことができるという法5条の規定の趣旨からすれば、かかるケースにおいては契約の締結を行わないことは信義則上の注意義務違反には当たらない。

　以上から、X銀行はY株式会社に対して損害賠償責任を負うことはない。

ワンポイントアドバイス

　法5条に基づく金融機関の免責の対象は、特定取引等から生じる債務に関してであり、本ケースのような契約締結前であるため契約に基づき履行すべき債務が発生していない場合には直接の適用はない。

249　最判昭59.9.18（判時1137・51）。

第8 確認記録の作成・保存義務

Q81 取引時確認の確認記録の作成方法

取引時確認の確認記録の作成方法はどのようなものか。

結 論

作成方法としては文書、電磁的記録またはマイクロフィルムにより、本人特定事項については本人確認書類等を確認記録に添付する方法による。

············ 解　説 ············

金融機関など特定事業者が預金受入契約、貸金契約の締結など特定取引についての取引時確認を行った場合には、直ちに、確認記録を作成しなければならない（法6条1項）。

その作成方法は次のとおりである。

(1) 文書、電磁的記録[250]またはマイクロフィルム（施行規則19条1項1号）。

(2) 次の各場合には、それぞれ定めるものを文書、電磁的記録またはマイクロフィルムを確認記録に添付[251]する方法[252]による（施行規則19条1項2号）。

① 自然人（本邦に住居を有しない外国人以外の外国人も含む［Q33]）である顧客等について、国民健康保険証などの本人確認書類の提示を受け、かつ、当該本人確認書類以外の本人確認書類もしくは当該顧客等の現在の住居の記載がある補完書類またはその写しの送付を受ける方法[253]（［Q33] 1(2)②）の場合……当該送付を受けた本人確認書類もしくは当該補

---

250 電子式方式、磁気的方式その他人の知覚によっては認識することができない方式でつくられる記録であって電子計算機による情報処理の用に供されるものをいう。
251 ここで定める方法で確認記録に添付した添付資料は、確認記録の一部とみなされる（施行規則19条2項）。
252 ③については電磁的記録に限る。
253 代表者等の本人特定事項の確認方法の場合も含む。②ないし④も同じ。

完書類またはその写し（金融機関が作成した写しを含む）（施行規則19条1項2号イ）

② 当該顧客等（自然人または法人）または代表者等から当該顧客等の本人確認書類のうち［Q32］1および3⑵またはその写しの送付を受けて、当該本人確認書類またはその写しに記載されている当該顧客等の住居に宛てて、取引関係文書を書留郵便等により、転送不要郵便物等として送付する方法の場合（施行規則19条1項2号ロ）……当該本人確認書類またはその写し

③ 電子証明書により確認される電子署名が行われた特定取引について、情報の送信を受ける方法による場合（［Q33］3）（施行規則19条1項2号ハ）……当該方法により本人特定事項の確認を行ったことを証するに足りる電磁的記録

④ 顧客等（自然人または法人）、代表者等のいずれの場合においても、本人確認書類もしくは補完書類[254]またはその写しの送付を受ける方法［Q39］により顧客等もしくは主たる事務所の所在地の確認を行った場合（施行規則19条1項2号ニ）……当該本人確認書類もしくは補完書類またはその写し

⑤ 法人または代表者等につき、本人確認書類もしくは補完書類またはその写しの送付を受け、取引関係文書の送付により顧客等もしくは主たる事務所の所在地の確認を行った場合（［Q36］2⑵）または取引関係文書の転送不要郵便物等による送付に代えて当該顧客等の営業所と認められる場所に赴いて取引関係文書を交付する場合（［Q36］2⑷、［Q40］⑶③）（施行規則19条1項2号ホ）……当該本人確認書類もしくは補完書類またはその写し

⑥ 本人確認書類もしくは補完書類またはその写しの送付を受けることに

---

[254] 国税または地方税の領収証書、納税証明書、社会保険料の領収証書または公共料金の領収証書のいずれかの書類またはその写しで領収日付の押印または発行年月日の記載があるもので、その日が特定事業者が提示または送付を受ける日前6月以内のものに限られる。

第2編 ケーススタディ 229

よる厳格な顧客管理による確認の場合（［Q65］ 2(2)および(3)）（施行規則19条1項2号ヘ）……当該本人確認書類もしくは補完書類またはその写し

ワンポイントアドバイス

平成26年改正により顔写真のない本人確認書類による本人確認方法を顔写真のある本人確認書類の場合と区別したことに注意したい。

Q82 確認記録の記録事項

確認記録の記録事項は何か。

結論

取引時確認に関する事項、取引時確認のためにとった措置その他の事項を記録しなければならない。

············ 解　説 ············

確認記録の作成の目的は、資金トレースを行うことを可能とすることと本人確認手続が適切であったかを検証できるようにしてその実効性を確保することにある。そのため、以下のように本人確認対象の本人特定事項のほか本人確認を行った者やその方法、本人確認記録の作成者なども記録事項とされる（施行規則20条１項）。

⑴　取引時確認を行った者の氏名その他の当該者を特定するに足りる事項

⑵　確認記録の作成者の氏名その他の当該者を特定するに足りる事項

⑶　顧客等または代表者等の本人特定事項の確認のために本人確認書類または補完書類の提示を受けたとき[255]は、当該提示を受けた日付および時刻[256]

⑷　顧客等または代表者等の本人特定事項の確認のために本人確認書類またはその写しの送付を受けたときは、当該送付を受けた日付

⑸　取引関係文書を書留郵便等の転送不要郵便物等として送付する方法（施行規則６条１項１号ロ、へまたは３号ロ、施行規則12条１項により代表者等の確認に準用する場合も含む）により本人確認を行ったときは、金融機関が取

255　厳格な顧客管理による本人特定事項の確認（施行規則14条１項２号）に掲げる方法において本人確認書類の提示を受けたときを除く。⑷も同じ。

256　当該提示を受けた本人確認書類の写しを確認記録に添付し、確認記録とともに次条１項に定める日から７年間保存する場合にあっては、日付に限る。

第２編　ケーススタディ　231

引関係文書を送付した日付

⑹　取引関係文書を書留郵便等の転送不要郵便物等として送付する方法に代えて金融機関の役職員が本人確認書類または補完書類記載の住居等に赴いて取引関係文書を交付する方法（施行規則6条4項、12条3項）により顧客等または代表者等の本人特定事項の確認を行ったときは、その交付を行った日付

⑺　厳格な顧客管理による本人特定事項の確認（[Q65]　2⑵および⑶）（14条1項2号）に掲げる方法において本人確認書類もしくは補完書類の提示を受け、または本人確認書類もしくはその写しもしくは補完書類もしくはその写しの送付を受けたときは、当該提示または当該送付を受けた日付

⑻　取引を行う目的（法4条1項2号）、当該顧客等が自然人である場合にあっては職業、当該顧客等が法人である場合にあっては事業の内容（同項3号）、当該顧客等が法人である場合において、その事業経営を実質的に支配することが可能となる関係にあるものとして施行規則11条2項で定める者があるときにあっては［Q52］、その者の本人特定事項（同項4号）、または資産および収入の状況の確認を行ったときは、確認を行った事項に応じ、確認を行った日付

⑼　取引時確認を行った取引の種類

⑽　顧客等または代表者等の本人特定事項の確認を行った方法

⑾　顧客等または代表者等の本人特定事項の確認のために本人確認書類または補完書類の提示を受けたときは、当該本人確認書類または補完書類の名称、記号番号その他の当該本人確認書類または補完書類を特定するに足りる事項

⑿　当該顧客等の現在の住居等の記載がない場合に本人確認書類または補完書類の提示を受けることにより顧客等または代表者等の現在の住居または本店もしくは主たる事務所の所在地の確認を行ったときは（施行規則6条2項（12条1項において代表者等に準用する場合を含む））、当該本人確認書類または補完書類の名称、記号番号その他の当該本人確認書類または補完書類を特定するに足りる事項

⒀　本人確認書類または補完書類の提示を受けることにより、当該顧客等の営業所であると認められる場所（施行規則 6 条 3 項もしくは12条 2 項）に宛てて取引関係文書を送付したときまたは当該顧客等の営業所であると認められる場所（施行規則 6 条 4 項 3 号もしくは12条 3 項 3 号）に赴いて取引関係文書を交付したときは、営業所の名称、所在地その他の当該場所を特定するに足りる事項および当該本人確認書類または補完書類の名称、記号番号その他の当該本人確認書類または補完書類を特定するに足りる事項

⒁　顧客等の本人特定事項（顧客等が国等である場合にあっては、当該国等の名称、所在地その他の当該国等を特定するに足りる事項）

⒂　代表者等による取引のときは、当該代表者等の本人特定事項、当該代表者等と顧客等との関係および当該代表者等が顧客等のために特定取引等の任に当たっていると認めた理由[257]

⒃　国等[258]を除く顧客等が取引を行う目的

⒄　顧客等の職業または事業の内容ならびに顧客等が法人である場合にあっては、事業の内容の確認を行った方法および書類の名称その他の当該書類を特定するに足りる事項[259]

⒅　顧客等（国等を除く）が法人であるときは、実質的支配者の本人特定事項および当該実質的支配者と当該顧客等との関係ならびにその確認を行った方法（当該確認に書類を用いた場合は、書類の名称その他の当該書類を特定するに足りる事項を含む）

⒆　資産および収入の状況の確認を行ったときは、当該確認を行った方法および書類の名称その他の当該書類を特定するに足りる事項

⒇　顧客等が自己の氏名および名称と異なる名義を取引に用いるときは、当該名義ならびに顧客等が自己の氏名および名称と異なる名義を用いる理由

257　施行規則12条 4 項に定める場合のいずれに該当したかについて記録する（H24パブコメ［109］）。

258　人格のない社団または財団は除かれるので記録を要する。

259　登記事項証明書記載のすべての事業内容を記録する必要はなく、主たる事業の内容の確認によることも認められているので、記録事項についても同様に主たる事業の内容を記録することも認められる［Q51］。なお、人格のない社団または財団は記録を要する。

第 2 編　ケーススタディ　233

⑵ 取引記録等を検索するための口座番号その他の事項

⑵ 顧客等が外国の元首など外国の重要な公的地位を有する者等（施行令12
条3項）であるときは、その旨および同項各号に該当すると認めた理由

⑵ なりすまし等が疑われる取引（法4条2項1号）に際して確認を行った
ときは、関連取引時確認に係る確認記録を検索するための当該関連取引時
確認を行った日付その他の事項

⑵ 在留または上陸に係る旅券または許可書に記載された期間が90日を超え
ないと認められるとして在留期間等の確認を行ったときは（施行規則8条
2項）、当該旅券または許可書の名称、日付、記号番号その他の当該旅券
または許可書を特定するに足りる事項

　なお、添付資料を確認記録に添付するときまたは(3)の場合に本人確認書類
もしくは補完書類の写しを確認記録に添付するときは、当該添付資料または
当該本人確認書類もしくは補完書類の写しに記載がある事項については、確
認記録への記録を省略できる（施行規則20条2項）。

ワンポイントアドバイス

　平成26年改正に伴い、法人の実質的支配者の記録事項⑱、外国の重要な公
的地位を有する者等の記録事項⑵などに改正追加が行われている。

Q83 確認記録の記録事項の変更または追加

　金融機関が、既に取引時確認を行った事項のうち、その変更または追加があることを知った場合に、確認記録に付記しなければならない事項は何か。

結 論

　既に取引時確認を行った確認事項のうち、顧客等の本人特定事項など施行規則で定める事項である。

・・・・・・・・・・・ 解　　説 ・・・・・・・・・・・

　金融機関は、取引時確認を行った場合には、直ちに、施行規則20条１項で定める事項を記録する確認記録を作成しなければならない（法７条１項）。

　そして、金融機関は、既に取引時確認を行った事項のうち施行規則20条１項14号から18号および20号から23号に掲げる事項に変更または追加があることを知った場合は、当該変更または追加に係る内容を確認記録に付記しなければならず、既に確認記録または添付した本人確認書類もしくは補完書類の写しもしくは添付資料に記録され、または記載された内容（過去に行われた変更または追加に係る内容を除く）を消去してはならない。

　この場合、金融機関は、本人確認記録に付記することに代えて、変更または追加に係る内容の記録を別途作成し、当該記録を確認記録とともに保存することもできる[260]（同条３項）。

　同条１項14号から18号および20号から23号に掲げる事項は以下のとおりである。

⑴　14号「顧客等の本人特定事項（顧客等が国等である場合にあっては、当該国等の名称、所在地その他の当該国等を特定するに足りる事項）」……自然人

---

[260]　この場合、マネー・ローンダリング対策上の観点からは最初の取引時確認手続と同様の確認手続を行うことが望ましいが、取引の円滑の観点を勘案し、変更履歴を上書きせず保存する義務を課すにとどめられているとされる（逐条解説219頁）。

第２編　ケーススタディ　235

については、氏名、住居[261]および生年月日であり、法人については、名称および本店または主たる事務所の所在地である。

(2)　15号「代表者等による取引のときは、当該代表者等の本人特定事項、当該代表者等と顧客等との関係及び当該代表者等が顧客等のために特定取引等の任に当たっていると認めた理由[262]」……現に特定取引の任に当たっている自然人の氏名、住居および生年月日と当該自然人と顧客等との関係（例：代表取締役社長）、さらに当該自然人が顧客等が作成した委任状を有していることなどその自然人が顧客等のために特定取引等の任に当たっていると認めた理由である（法4条4項、施行規則11条4項）。

(3)　16号「顧客等（人格のない社団又は財団以外の国等を除く。）が取引を行う目的」

(4)　17号「顧客等の職業又は事業の内容並びに顧客等が法人である場合にあっては、事業の内容の確認を行った方法及び書類の名称その他の当該書類を特定するに足りる事項」

(5)　18号「顧客等（国等を除く。）が法人であるときは、実質的支配者の本人特定事項及び当該実質的支配者と当該顧客等との関係並びにその確認を行った方法（当該確認に書類を用いた場合は、書類の名称その他の当該書類を特定するに足りる事項を含む。）」

(6)　20号「顧客等が自己の氏名及び名称と異なる名義を取引に用いるときは、当該名義並びに顧客等が自己の氏名及び名称と異なる名義を用いる理由」……いわゆる通称使用に関する記録事項であるが、確認記録上の個人情報と顧客等の実際の個人情報を一致させるために、取引に用いる自己の氏名および名称と異なる名義および顧客等が自己の氏名および名称と異なる名義を用いる理由に関する事項の変更について捕捉する必要がある。

(7)　21号「取引記録等を検索するための口座番号その他の事項」……個別の

261　本邦内に住居を有しない外国人でその所持する旅券または乗員手帳の記載によって当該外国人のその属する国における住居を確認することができないものは国籍および旅券等の番号等である（法4条1項1号、施行令10条、施行規則8条1項）。
262　施行規則12条4項に定める場合のいずれに該当したかを記録する［Q14］。

取引に係る取引記録から当該顧客の取引記録の検索ができることを担保するために、検索のための情報である口座番号その他の事項の変更も捕捉する必要がある。

⑻ 22号「顧客等が施行令12条３項各号に掲げるもの（外国の元首など外国の重要な公的地位を有する者等）であるときは、その旨及び同項各号に掲げるものであると認めた理由」

⑼ 23号「法第４条第２項第１号に掲げる取引（なりすまし等が疑われる取引）に際して確認を行ったときは、関連取引時確認に係る確認記録を検索するための当該関連取引時確認を行った日付その他の事項」……マネー・ローンダリング取引の捕捉のため、なりすまし等が疑われる場合について厳格な顧客管理による確認を行った取引に関連する他の取引の取引時確認を資料として検索できるようにするためである。

ワンポイントアドバイス

　法人の取引担当者および国等についての取引担当者の交代の場合に、新担当者について本人特定事項の確認の必要はないが、なりすまし等の取引の防止のため、当該顧客等の役職員であることの確認は行うべきである。そしてその事項は取引時確認事項そのものの変更ではないので、その旨を確認記録に付記または別途記録を確認記録とともに保存する法的義務はないものの、後日のトラブル防止のため、任意的な記録事項として記録することが望ましい［Q72参照］。

第２編　ケーススタディ　237

Q84 確認記録の記録事項の変更の調査義務

既に会社およびその取引担当者である代表取締役社長Aについて取引時確認済みである融資取引先B株式会社の同業他社の担当者から、「正確な住所はわからないがAは住居を転居したようだ」と銀行の担当者が聞いた。この場合には、銀行は、取引時確認事項の変更の有無確認のためにAの自宅住所を調査しなければならないか。

結論

金融機関には、取引時確認事項の変更の有無確認のための調査義務までは課せられていないと考えられる。

########### 解　説 ###########

金融機関は、取引時確認に基づく取引時確認記録事項のうち施行規則20条1項14号から18号および20号から23号に掲げる事項［Q83参照］に変更または追加があることを知った場合は、当該変更または追加に係る内容を確認記録に付記するか、確認記録に付記することに代えて、変更または追加に係る内容を別途記録し、当該記録を確認記録とともに保存しなければならない（同条3項）。

「変更または追加があることを知った場合」とは、金融機関が変更または追加についての具体的事実を認識することを意味するのであるから、具体的には本人から住所変更の通知を受けるなどの場合が考えられるものの、単なる噂や風評を聞いただけでは「知った場合」には当たらないと考える。

さらに、法は「変更または追加があることを知った場合」に当該変更または追加に係る内容を確認記録に付記等する義務を課しているのみであるから、さらに進んで、金融機関など特定事業者に取引時確認事項の変更の有無確認のための調査義務まで課しているとは解せられない。

以上から、本設問においては、銀行は、取引時確認事項の変更の有無確認

のためにＡの自宅住所の調査までする法的義務はないと考える。

ワンポイントアドバイス

　実務的には、各金融機関において、どのような場合が「変更または追加があることを知った場合」に当たるかについての一定の基準ルールを設けて、それに従った運用をすることが望ましい。

Q85 同一法人の別部署間で行った確認記録の記録事項の変更

　　X銀行本店営業部が担当してAに住宅ローンを融資し、貸金契約時に取引時確認を行った。その後、同銀行Y支店営業部が担当してB社に設備資金を融資し、B社の取引時確認の際にB社の実質的支配者としてAが判明し、その住居は本店営業部が取引時確認を行った際のものから変更があったことが判明した。この場合、X銀行は、確認記録に記録された事項に変更があることを知ったものとしてその変更を確認記録に追記すべきか。

結　論

　異なる部署が担当した取引であっても、同一特定事業者である以上、金融機関は、本人特定事項等の記録事項について変更があることを知った場合には、当該変更等について確認記録に付記する必要があるものの、別の部署間で同一の顧客等の本人特定事項等の変更の有無について相互に確認することは不要である。

############ 解　　説 ############

　特定事業者である金融機関は、取引時確認に基づく取引時確認記録事項のうち施行規則20条1項14号から18号および20号から23号に掲げる事項［Q83参照］に変更または追加があることを知った場合は、当該変更または追加に係る内容を確認記録に付記するか、確認記録に付記することに代えて、変更または追加に係る内容を別途記録し、当該記録を確認記録とともに保存しなければならない（同条3項）。

　ここで取引時確認事項の変更があった場合に確認記録へ付記等が義務づけられているのは「特定事業者」であるから、たとえ別部署が入手した情報であっても同一特定事業者である以上、X銀行としては、Aの住居について変更があることを知った場合として、当該変更等についてX銀行のAの確認記録に付記する必要がある。

ただし、特定事業者には、取引時確認事項の変更の有無確認のための調査義務までは課せられていないことから、同一の特定事業者の異なる部署がそれぞれ取引を行う場合等において、特定顧客等の本人特定事項等の情報に変更があるか否かについて、各部署が相互に確認することまで求められるものではない。

ワンポイントアドバイス

　金融実務においては、顧客管理システム上、顧客等のデータ入力集計の際に別部署で把握した顧客等の本人特定事項等の情報の変更の有無が判明する場合も多いと思われる。

Q86 取引時確認の有効期間

過去の取引時確認の有効期間はどれだけか。

結論

　当該取引時確認についての確認記録が保存されている限りは原則として確認済みの顧客等との取引として扱うことができるが、例外的に、非常に長期間取引がなかったのに突然当該顧客等が取引の再開のために現れたような場合には、なりすまし等が疑われる取引、あるいは、届出すべき疑わしい取引に当たるか否かを検討すべきである。

.... 解　　説 ....

　金融機関が預金受入契約、貸金契約の締結など特定取引を行う際の取引時確認を行った場合は、直ちに、確認記録を作成しなければならない（法6条1項）。

　そして、過去の取引時確認は、当該取引時確認についての確認記録が保存されている限り取引時確認済みか否かの確認が可能であるため、取引時確認済みの顧客等との取引の要件を満たせば、再度の本人特定事項等の確認を行わずに特定取引を行うことができる（法4条3項、施行令13条2項、施行規則16条）。

　しかしながら、何年もの間、預金の入出金がなかったのに突然頻繁に多額の入金が行われるようになったり、過去の取引から非常に長期間取引がなかったのに突然顧客等が現れて再度取引を申し込んできたような場合には、過去に取引時確認を行った際の顧客等との同一性に合理的な疑いがあれば、なりすまし等が疑われる取引として取引時確認済みの顧客等との取引とは認められず、厳格な顧客管理による確認を要する場合（法4条2項1号）であることもありうるので、慎重に検討すべきである［Q61参照］。

　さらに、新たな特定取引が届出すべき疑わしい取引に当たる可能性もある

ため、その該当性について慎重に検討すべきである（法8条）［Q92参照］。

ワンポイントアドバイス

　顧客等が事業者である場合に長期間取引がなかったのに突然取引が再開される場合などは、不正の目的で第三者が顧客等になりすましたりしている可能性もあるため、最後の取引から一定の長期間経過した場合には再度の取引申込みを行ってきた顧客等のようすやその状況を慎重に検討して判断すべきである。

　さらに、画一的に最後の取引から一定期間経過した場合には必ず再度の取引時確認を行うというルールを約款化することも検討すべきであろう。

Q87 確認記録の7年間の保存期間の起算日

確認記録の7年間の保存期間の起算日はいつか。

結論

取引終了日および確認済取引に係る取引終了日のうち後に到来する日である。

.... 解　説 ....

金融機関が作成した確認記録は7年間保存することが必要である（法6条2項）。

その7年間の保存期間の起算日は、取引終了日および取引時確認済取引に係る取引終了日のうち後に到来する日である（施行規則21条1項）。

つまり、取引時確認対象取引の終了日あるいは確認済取引のいずれか最後の日からとされる。

1　取引終了日

まず、「取引終了日」とは本人確認記録を作成した取引の区分に応じて次のとおりである（施行規則18条2項）。

(1) 次の場合は、当該取引に係る契約が終了した日[263]

① 預金または貯金の受入れを内容とする契約の締結（施行令7条1項1号イ）

② 定期積金等の受入れを内容とする契約の締結（同号ロ）

③ 信託に係る契約の締結（同号ハ）

④ ⑧に規定する以外の信託行為、信託法89条1項に規定する受益者指定権等の行使、信託の受益権の譲渡その他の行為による信託の受益者との間の法律関係の成立（同号ニ）

---

[263] 1回的取引であれば、取引時確認がなされた取引が行われた日であり、預金契約のような継続的な契約であれば預金口座の解約（閉鎖）日のような契約終了日である。

244

⑤　保険業法 2 条 1 項に規定する保険業を行う者が保険者となる保険契約の締結（同号ホ）

⑥　農業協同組合法10条 1 項10号または水産業協同組合法11条 1 項11号、93条 1 項 6 号の 2 もしくは100条の 2 第 1 項 1 号に規定する共済に係る契約の締結（同号ヘ）

⑦　保険契約または共済に係る契約の当事者の変更（同号チ）

⑧　金商法 2 条 8 項 1 号から 6 号もしくは10条に掲げる行為または同項 7 号から 9 号に掲げる行為により顧客等に有価証券を取得させる行為を行うことを内容とする契約の締結（同号リ）

⑨　金商法28条 3 項各号または 4 項各号に掲げる行為を行うことを内容とする契約の締結（当該契約により金銭の預託を受けない場合を除く）（同号ヌ）

⑩　有価証券の貸借を行うことを内容とする契約の締結[264]（同号ル）

⑪　不動産特定共同事業法 2 条 3 項に規定する不動産特定共同事業契約の締結[265]（同号ワ）

⑫　金銭の貸付[266]を内容とする契約の締結（同号カ）

⑬　①に掲げる取引を行うことなく為替取引または自己宛小切手の振出しを継続的にまたは反復して行うことを内容とする契約の締結（同号ソ）

⑭　貸金庫の貸与を行うことを内容とする契約の締結（同号ツ）

⑮　社債、株式等の振替に関する法律12条 1 項または44条 1 項の規定による社債等の振替えを行うための口座の開設を行うことを内容とする契約の締結（同号ネ）

⑯　電子記録債権法 7 条 1 項の規定による電子記録を行うことを内容とする契約の締結の締結（同号ナ）

⑰　保護預りを行うことを内容とする契約の締結（同号ラ）

(2)　(1)以外の取引の場合は、当該取引が行われた日

264　媒介または代理を行うことを内容とする契約を除く。
265　その代理もしくは媒介を除く。
266　媒介を除く。

2 取引時確認済取引に係る取引終了日

次に、「取引時確認済取引に係る取引終了日」とは、施行令7条1項1号に定める特定取引である預金受入れあるいは金銭貸付等を内容とする契約の締結等の取引であって、取引時確認済みの顧客等との取引に該当する取引があった場合において、上記1の区分に応じたそれぞれの日である。

以上から、たとえば、本人確認を行った預金受入契約の終了日が平成28年4月1日だとして、その後、当該確認記録により取引時確認済みであることを確認して同一顧客との間で同年7月1日に終了した金銭貸付契約を行った場合には、平成28年7月1日から起算して7年間の確認記録保存義務が生じることになる。

ワンポイントアドバイス

確認済取引に当たるための要件である顧客等について、既に取引時確認を行っていることを確認するために顧客等が確認記録に記録されている顧客等と同一であることを確認した際には、確認記録検索事項、取引の日付、種類を記録し、当該記録を当該取引の行われた日から7年間保存しなければならないため（施行規則16条1項、24条1号ないし3号）、かかる記録も確認記録とあわせて保存管理するのが実務的実際的であろう。

第9 取引記録等の作成・保存義務

Q88 取引記録すべき取引の範囲

取引記録を作成して記録すべき取引の対象範囲はどのようなものか。

結論

　金融に関する業務に係る取引が対象となるが、そのうち、財産移転を伴わない取引、その価額が1万円以下の財産移転に係る取引等少額の財産移転取引については除外されている。

············ 解　説 ············

　金融機関は特定業務、すなわち、金融に関する業務その他政令（施行令7条）で定める業務（法4条1項）に係る取引を行った場合には、原則として、直ちに、顧客等の本人確認記録を検索するための事項、当該取引の期日および内容その他の事項に関する記録を作成し、当該取引の行われた日から7年間保存しなければならない（法7条1項）。

　この取引記録の作成・保存義務の目的は、金融機関の業務上の取引が犯罪収益の移転に利用された場合のトレースを可能としておくことにある。

　取引記録において記録すべき取引の対象から除外されるのは、取引の価額が少額であるなどのため、金融機関の記録作成の負担に比較して犯罪収益の移転の危険性、可能性が高くないと考えられる場合である。

　具体的には金融機関に関係するものは以下のとおりである。

(1)　財産移転（財産に係る権利の移転および財産の占有の移転をいう）を伴わない取引（施行令15条1項1号）

(2)　その価額が1万円以下の財産の財産移転に係る取引（同条1項2号）

(3)　200万円以下の本邦通貨間の両替または200万円以下の本邦通貨と外国通貨の両替もしくは200万円以下の旅行小切手の販売もしくは買取り（同条

第2編　ケーススタディ　247

1項3号イ)

⑷　ATMなどの自動預払機その他これに準ずる機械を通じてされる顧客等と他の銀行など特定事業者との間の取引、ただし、為替取引のために当該他の特定事業者が行う現金の支払を伴わない預金または貯金の払戻しを除く（同条4号、施行規則22条1項1号）

⑸　保険契約または共済に係る契約に基づき一定金額の保険料または共済掛金を定期的に収受する取引（施行令15条4号、施行規則22条1項2号）

ワンポイントアドバイス

　取引記録の記録対象は特定取引に限定されない。純然たる銀行の内部事務以外の金融機関として行う取引は、財産移転が伴わないか、少額の場合などでなければ取引記録の作成義務の対象となると整理しておくべきである。

Q89 純然たる銀行内部の事務手続

　銀行における行員に対する給料支払の手続は取引記録において記録すべき取引に当たるか。

結 論

　取引記録において記録すべき金融に関する業務に係る取引とは、顧客等との間の外部取引あるいは直接的には顧客等との間の取引ではなくとも、多額の資金移動が伴うような取引が対象となるが、たとえ多額の資金移動があったとしても銀行における行員に対する給料支払の手続などの純然たる銀行内部の事務手続は対象から除外される。

……………… 解　　説 ……………

　取引記録の作成・保存義務を課した法の目的は、銀行の業務上の取引が犯罪収益の移転に利用された場合のトレースを可能としておくことにある。

　とするならば、顧客等との間の外部取引はもちろんのこと、たとえ直接的には顧客等との間の取引ではなくとも、多額の資金移動が伴うなど犯罪収益の移転に利用される可能性がある取引は記録すべき取引の対象とされる。他方、たとえ少額ではない資金移動があったとしても銀行における行員に対する給料支払の手続などの純然たる銀行内部の事務手続は、銀行自体の正規業務の一環として行われる資金移動であり、犯罪収益の移転に利用されるとは考えにくいため記録すべき取引の対象から除外される。

ワンポイントアドバイス

　取引記録の対象とならない純然たる銀行の内部事務の範囲、種類については、金融機関の規模や特性によって異なるので、各金融機関において整理しておくべきである。

第2編　ケーススタディ　249

Q90 取引記録の作成方法および記録事項

取引記録の作成方法および記録事項は何か。

結 論

取引記録の作成方法は文書、電磁的記録またはマイクロフィルムを用いて作成する方法により、その記録事項は、法の規定する口座番号その他の顧客等の本人確認記録を検索するための事項等である。

·········· 解 説 ··········

1 取引記録の作成方法

文書、電磁的記録またはマイクロフィルムを用いて作成する方法による（施行規則23条）。

2 取引記録の記録事項（施行規則24条）

(1) 口座番号その他[267]の顧客等の確認記録を検索するための事項（確認記録がない場合にあっては、氏名その他の顧客等または取引を特定するに足りる事項）

(2) 取引の日付

(3) 取引の種類

(4) 取引に係る財産の価額

(5) 財産移転を伴う取引および当該財産移転に係る移転元または移転先（当該特定事業者が行うのが当該財産移転に係る取引、行為または手続の一部分である場合は、それを行った際に知りえた限度において最初の移転元または最後の移転先をいう。以下同じ）の名義その他の当該財産移転に係る移転元または移転先を特定するに足りる事項

(6) 上記に掲げるもののほか、顧客との間で行う為替取引[268]が当該取引を

---

267 氏名、住所で整理している場合はその事項である。

行う特定金融機関[269]と移転元または移転先に係る特定金融機関（以下「他の特定金融機関」という）との間の資金決済を伴うものであり、かつ、当該取引に係る情報の授受が当該取引を行う顧客に係る特定金融機関と当該他の特定金融機関との間において電磁的方法[270]により行われる場合には、次の①または②に掲げる区分に応じてそれぞれ当該①または②に定めることを行うに足りる事項

① 他の特定金融機関への資金の支払を伴う取引である場合……他の特定金融機関から当該他の特定金融機関に保存されている取引記録等に基づき当該取引に係る顧客の確認を求められたときに、求められた日から3営業日以内に当該取引を特定して当該顧客の確認記録を検索すること（確認記録がない場合にあっては、求められた日から3営業日以内に当該取引および氏名または名称その他の当該顧客に関する事項を特定すること）

② 他の特定金融機関からの資金の受取りを伴う取引である場合……他の特定金融機関との間で授受される当該取引に係る情報を検索すること

(7) 上記(1)ないし(5)に掲げるもののほか、次の①から③に掲げる場合においては、当該①から③に定める事項［Q109参照］

① 特定金融機関が法10条1項の規定により他の特定金融機関または外国所在為替取引業者（同項に規定する外国所在為替取引業者をいう。以下同じ）に通知する場合……当該通知をした事項

② 特定金融機関が外国所在為替取引業者から法10条の規定に相当する外国の法令の規定による通知を受けて外国から本邦へ向けた支払の委託または再委託を受けた場合であって、当該支払を他の特定金融機関または外国所在為替取引業者に再委託しないとき……当該通知を受けた事項

③ 特定金融機関が他の特定金融機関から法10条3項または4項の規定に

---

268 本邦から外国へ向けた支払または外国から本邦へ向けた支払に係るものを除く。

269 銀行、信用金庫、信用金庫連合会、労働金庫、労働金庫連合会、信用協同組合、信用協同組合連合会、農業協同組合、農業協同組合連合会、漁業協同組合、漁業協同組合連合会、水産加工業協同組合、水産加工業協同組合連合会、農林中央金庫、株式会社商工組合中央金庫、資金決済に関する法律2条3項に規定する資金移動業者（法2条2項1号から15号および30号に掲げる特定事業者）。

270 電子情報処理組織を使用する方法その他の情報通信の技術を利用する方法をいう。

第2編 ケーススタディ 251

よる通知を受けて外国から本邦へ向けた支払の委託または再委託を受け
た場合であって、当該支払を他の特定金融機関または外国所在為替取引
業者に再委託しないとき……当該通知を受けた事項

ワンポイントアドバイス

　金融機関は、取引記録を当該取引が行われた日から7年間保存しなければ
ならない（法7条3項）。

第10　疑わしい取引の届出義務

Q91　金融機関の「疑わしい取引」の判断義務

　金融機関には、金融機関の行う取引の際に疑わしい取引に当たるか否かを判断する義務が課されているか。

結論

　金融機関は取引を行う際には、その取引において収受した財産が犯罪による収益であるなどの疑わしい取引かどうかの判断義務がある。

・・・・・・・・・・・ 解　　説 ・・・・・・・・・・・

　金融機関は、金融機関の行う取引について、その取引において収受した財産が犯罪による収益である疑いがあるかどうか、または顧客等がその取引に関し組織的犯罪処罰法10条の罪もしくは麻薬特例法6条の罪に当たる行為を行っている疑いがあるかどうかを判断し、これらの疑いがあると認められる場合においては、すみやかに、施行令で定めるところにより、施行令で定める事項を行政庁に届け出なければならない（法8条1項）。

　平成26年改正前法8条1項においては、金融機関は、取引時確認の結果その他の事情を勘案して、その取引において収受した財産が犯罪による収益であるなど疑わしい取引［Q92］であると認められる場合においては、一定の事項につき届出義務が課されていたものの、届出の義務は、金融機関がその取引を「疑わしい」と判断した場合に限って生じうるものであり、そもそも前提として「疑わしい」か否かの判断を義務づける規定およびその判断方法を具体的に定める規定も存在しなかった[271]。

　この点、第3次FATF対日相互審査（平成20年10月）において、「マネロ

---

[271]　橋爪隆「犯罪収益移転防止法の改正と今後の課題」ジュリスト1481号17頁。

ン・テロ資金供与の疑いがあっても、顧客管理措置を実施する義務がない」との指摘により不十分との評価がなされていた[272]。

そこで、平成26年改正法においては、金融機関に対して、その行う取引が「疑わしい」か否かについて一定の判断方法により、判断する義務が課されることとなった（改正法8条1項・2項）。

ワンポイントアドバイス

実務的には、改正前においても金融機関の実務においては、その取引が「疑わしい」か否かの判断は行われていたと思われるが、改正法施行後は、施行規則が要求する判断方法となっているかの確認が必要である。

---

272 対日相互審査報告書別添表5。

Q92 届出すべき対象

疑わしい取引として届出すべき対象はどのようなものか。

結論

金融機関が金融に関する業務等[273]において収受した財産が「犯罪による収益」である疑いがあり、または顧客等が「組織的犯罪処罰法10条の罪もしくは麻薬特例法6条の罪に当たる行為」を行っている疑いがあると認められる場合である（法8条1項）。

············ 解　説 ············

1　犯罪による収益

「犯罪による収益」とは、組織的犯罪処罰法2条4項に規定する犯罪収益等または麻薬特例法2条5項に規定する薬物犯罪収益等をいう（法2条1項）。

(1)　組織的犯罪処罰法2条4項に規定する犯罪収益等

犯罪収益等とは、①犯罪収益、②犯罪収益に由来する財産または③これらの財産とこれらの財産以外の財産とが混和した財産をいう。

①の犯罪収益とは、次の財産[274]をいう。

a　財産上の不正な利益を得る目的で犯した組織的犯罪処罰法別表に掲げる罪の犯罪行為により生じ、もしくは当該犯罪行為により得た財産または当該犯罪行為の報酬として得た財産（同条2項1号）。別表に掲げる犯罪行為は多数あるが、殺人、強盗、恐喝、詐欺、貸金業法違反（無登録

273　金融に関する業務（法4条別表）および銀行、信用金庫、信用金庫連合会、労働金庫、労働金庫連合会、信用協同組合、信用協同組合連合会については「当該特定事業者が行う業務」（施行令6条1号）をいうため、取引時確認・取引記録等保存の対象となっていない取引についても届出の対象となる。

274　ここにいう「財産」とは、社会通念上経済的価値が認められる利益一般をいう。動産、不動産といった有体物に限らず、金銭債権や無体財産権も含まれ、必ずしも譲渡性を必要としない。ただし、けん銃の譲渡代金の請求権のように、法律上その存在を認めることができない無効な債権は、ここにいう「財産」には含まれない（逐条解説24頁）。

第2編　ケーススタディ　255

営業等）、出資法違反（高金利）などの重大な犯罪や暴力団の資金源となるような犯罪が対象となる。

b　覚せい剤原料の輸入に係る資金等の提供罪（覚せい剤取締法41条の10）等により提供された資金（同条2項2号）

c　外国公務員等に対する不正の利益の供与等の罪（不正競争防止法18条1項、21条2項7号）により供与された資金（同条2項3号）

d　2001年の米国同時多発テロ事件を受けて制定された公衆等脅迫目的の犯罪行為のための資金の提供等の処罰に関する法律に規定するテロ資金の提供（同法2条）も対象となるため、テロに関連する資金を収受した場合も含まれる（組織的犯罪処罰法2条2項4号）

②の犯罪収益に由来する財産とは、犯罪収益の果実として得た財産、犯罪収益の対価として得た財産、これらの財産の対価として得た財産その他犯罪収益の保有または処分に基づき得た財産をいう（同条3項）。

たとえば、犯罪収益の預金利息や運用利益などである。

③のこれらの財産とこれらの財産以外の財産とが混和[275]した財産（混和財産）とは、「犯罪収益」「犯罪収益に由来する財産」とこれらの財産以外の財産が混じり合った財産をいう。

(2)　麻薬特例法2条5項に規定する薬物犯罪収益等

薬物犯罪収益等とは、①薬物犯罪収益、②薬物犯罪収益に由来する財産、または、③これらの財産とこれらの財産以外の財産とが混和した財産をいう。

①の薬物犯罪収益は、麻薬、覚せい剤などの輸入、譲渡などの薬物犯罪により得た財産もしくは当該犯罪の報酬として得た財産または麻薬の輸入など

275　「混和」とは、個々の特定性の希薄な固形物が混合すること、流動性が融和するなど、要するに、物等が混ざり合って個々の財産を特定して識別することができなくなることをいい、金銭が混ざり合ったり、金銭を預貯金にすることにより一個の預貯金債権となる場合などがこれに当たる。混和財産は、数量または金額によって分割することが可能である、かつ、それによってその財産的価値に変化のないものに限られる。したがって、犯罪収益または犯罪収益に由来する財産に当たる金銭とこれらの財産以外の金銭を資金として、一個の不動産を購入した場合に、当該不動産は、もはや混和財産ではない。

256

のために提供した資金である（同法 2 条 3 項）。

②および③は、薬物犯罪収益を犯罪収益に置き換えれば上記(1)②および③と同様の意味内容である。

2　組織的犯罪処罰法10条の罪に当たる行為

上記 1 (1)の犯罪収益等（テロ資金の提供未遂罪を除く）の取得もしくは処分につき事実を仮装し、または犯罪収益等を隠匿した行為である。

たとえば、Aが詐欺により取得した金を名義人Bの借名預金口座に振り込ませる行為は、あたかもその金がBに帰属する財産であるかのように装ったものであるから、犯罪収益の取得事実を仮装したといえる。

3　麻薬特例法 6 条の罪に当たる行為

上記 1 (2)の薬物犯罪収益等（テロ資金の提供未遂罪を除く）の取得もしくは処分につき事実を仮装し、または犯罪収益等を隠匿した行為である。

ワンポイントアドバイス

疑わしい取引として届出すべき対象はこのように大変多岐で広範であるから、個々の犯罪行為と結びつけた判断は困難である。そこで、金融機関が取り扱う取引のなかから疑わしいか否かの判断基準により絞込みをかけていくのが実務的、実際的なアプローチであろう。

第 2 編　ケーススタディ　257

Q93 「疑わしい取引」の判断方法

　金融機関による、「疑わしい取引」の判断は、どのような方法で行うべきか。

結論

　その取引に係る取引時確認の結果、その取引の態様その他の事情および犯罪収益移転危険度調査書の内容を勘案するとともに金融機関が他の顧客等との間で通常行う特定業務に係る取引の態様との比較などの項目に従って、その取引に疑わしい点があるかどうかを確認するなどの方法により行わなければならない。

・・・・・・・・・・・　解　　説　・・・・・・・・・・・

1　金融機関が、その行う取引の際に疑わしい取引に当たるか否かの判断は、その取引に係る取引時確認の結果、その取引の態様その他の事情および犯罪収益移転危険度調査書の内容を勘案するとともに、施行規則の定める項目に従って、その取引に疑わしい点があるかどうかを確認する方法その他の施行規則で定める方法により行わなければならない（法8条2項）。

2　施行規則の定める項目

　次の各号に掲げる項目である（施行規則26条）。

①　その取引の態様と金融機関が他の顧客等との間で通常行う特定業務に係る取引の態様との比較

②　その取引の態様と金融機関が当該顧客等との間で行った他の特定業務に係る取引の態様との比較

③　その取引の態様と当該取引に係る取引時確認の結果その他金融機関が取引時確認の結果に関して有する情報との整合性[276]

---

[276]　取引モニタリングシステムにより、システム的に異常な取引を抽出する方法は、①および②の項目は充足しているが、別途、③の項目を満たす必要がある。

258

いずれも金融機関の職員が、金融業務における一般的な知識と経験に基づき、取引の形態、種類、金額、顧客の属性（職業、事業内容）や資産収入、取引時の事情や状況から客観的、総合的に判断して行うべきものである。また、判断の際には特定の犯罪の存在まで認識している必要はなく、犯罪収益等であると疑わせる程度の犯罪の存在を認識していれば足りる。

まず、①については、金融取引の一般的水準から判断して、通常、同規模同業種の顧客との取引と比較して、その取引において収受した財産が犯罪による収益などであるとの疑いがあるかどうかである。

次に、②については、同一顧客との過去の取引と比較して、その取引において収受した財産が犯罪による収益などであると疑いがあるかどうかである。

さらに、③については、その取引の態様と取引時確認の結果や取引時確認をした事項に係る情報を最新の内容に保つための措置を講じた結果把握した情報、当該顧客等について取引時確認が完了しているか否かに係る情報[277]などから判断して、その取引において収受した財産が犯罪による収益などであると疑いがあるかどうかである。

いずれにせよ、「疑いがある」の判断は、個別の事案における総合的判断となるため、一律に回数や金額を決めたりするような画一的、定型的な基準を設けて判断することはできない。

3　施行規則の定める方法

次の各号に掲げる取引の区分に応じ、それぞれ当該各号に定める方法とする（施行規則27条）。

① 特定業務に係る取引（②び③の取引を除く）

上記1に規定する項目に従って当該取引に疑わしい点があるかどうかを確認する方法

② 既に確認記録または法7条1項に規定する記録（以下「取引記録」という）を作成し、および保存している顧客等との間で行った特定業務に係る取引（同号に掲げる取引を除く）

277　H27パブコメ［160］。

当該顧客等の確認記録、当該顧客等に係る取引記録、施行規則32条１項２号および３号に掲げる措置により得た情報［Q112］(2)、(3)その他の当該取引に関する情報を精査し、かつ、上記２に規定する項目に従って当該取引に疑わしい点があるかどうかを確認する方法

③　特定業務に係る取引のうち、ハイリスク取引［Q61］（法４条２項前段）もしくは顧客管理を行う上で特別の注意を要する取引［Q7］（施行規則５条）に規定するものまたはこれら以外のもので犯罪収益移転危険度調査書において犯罪による収益の移転防止に関する制度の整備の状況から注意を要するとされた国もしくは地域[278]に居住しもしくは所在[279]する顧客等[280]との間で行うものその他の犯罪収益移転危険度調査書の内容を勘案して犯罪による収益の移転の危険性の程度が高いと認められるもの

　　上記①に定める方法（既存顧客との間で行った取引にあっては、上記②に定める方法）および顧客等または代表者等に対する質問[281]その他の当該取引に疑わしい点があるかどうかを確認するために必要な調査[282]を行った上で、統括管理者（法11条３号の規定により選任した者）またはこれに相当する者[283]に当該取引に疑わしい点があるかどうかを確認させる方法

　　上記①ないし③は次のような内容の方法であるとされる[284]。

　　まず、①については、過去に取引を行ったことのない顧客等との取引（いわゆる一見取引）について、上記２①および③（施行規則26条１号および３号）の

278　平成27年９月付犯罪収益移転危険度調査書上は、アルジェリアおよびミャンマーの２カ国が該当する。なお、イランおよび北朝鮮との取引は、法４条２項で厳格な顧客管理の対象とされている。

279　「所在」とは、法人に限らず、自然人であっても、そこに居るという意味で用いられる。したがって、わが国に居住している顧客等が、注意を要する国または地域に短期的に渡航した場合についても、③の対象となる（H27パブコメ［166］）。

280　日本の法人がかかる注意を要するとされた国もしくは地域に支店や駐在事務所を設けたとしても、当該日本法人との取引を直ちに高リスクな取引として扱う必要はないが、登記上の本店が日本国内にあるものの、すべての事業が当該注意を要するとされた国もしくは地域に存在し、大半の事業活動が行われているような法人との取引の場合には、高リスクな取引として扱うべきこともある（H27パブコメ［167］）。

281　質問の内容や方法等は、各金融機関がその事業規模や顧客層をふまえて判断するものである（H27パブコメ［165］）。

282　インターネット等を活用して追加情報を収集することなどが考えられる。

項目[285]に従って、取引に疑わしい点があるかどうかを確認する方法である。

次に②については、過去に取引を行ったことのある顧客等との取引（いわゆる既存顧客との取引）について、当該顧客等に係る確認記録や取引記録等を精査した上で、新規則26条各号の項目に従って、取引に疑わしい点があるかどうかを確認する方法である。

さらに③は、一見取引や既存顧客との取引のうち、犯罪による収益の移転の危険性の程度の高い取引（いわゆるハイリスク取引）について、上記の方法に加え、顧客等への質問をはじめとした必要な調査を行った上で、統括管理者に取引に疑わしい点があるかどうかを確認させる方法である。

4 「疑わしい取引」の該当性の確認方法の記録の保存は不要

「疑わしい取引」に該当する場合はともかく、それに該当しない取引についてすべて確認方法を記録する保存義務はない。ただし、リスクの高い取引について情報の収集、整理および分析した場合には、その記録を保存することが努力義務とされている（施行規則32条1項5号）[Q112(5)]。

ワンポイントアドバイス

疑わしい取引に該当するか否かの判断は、すべての取引について一律に同じ深度でチェックすることが義務づけられるものではなく、リスクベース・アプローチに基づいた金融機関の判断により、取引ごとのチェックの深度が異なることも当然に許容される。さらに、どのような頻度でこれを行うかについても、取引の内容等を勘案し、金融機関において個別に判断することになる。

---

283 法11条3号の統括管理者の選任は努力義務規定であるため、必ずしも統括管理者が選任されているとは限らないことから、義務規定である③（施行規則27条3号）については「これに相当する者」による確認も許容する趣旨である（H27パブコメ [189]）。疑わしい取引の確認等の措置を的確に行う上で効果的かつ十分であると認められるのであれば、統括管理者から委任を受けた者に確認させることも許容される（H27パブコメ [169]）。

284 改正政省令の概要10頁。

285 一見取引のような新規取引の場合、そもそも当該取引を行おうとする顧客等との間で他の取引がないため、2②の確認は必要ない（H27パブコメ [159]）。

第2編 ケーススタディ 261

Q94 「疑わしい取引」の届出事項および届出方法

「疑わしい取引」の届出事項および届出方法はどういうものか。

結論

疑わしい取引の届出の対象となる取引が発生した年月日および場所などを文書、電磁的記録媒体またはデータおよび画像化した参考資料をインターネットで行政庁に提出する方法による。

·········· **解 説** ··········

1 疑わしい取引により届出すべき事項

疑わしい取引の届出すべき事項として法が定めるものは以下のとおりである（法8条1項、施行令16条2項）。

(1) 疑わしい取引の届出を行う金融機関の名称および所在地

(2) 疑わしい取引の届出の対象となる取引が発生した年月日および場所

(3) 対象取引が発生した業務の内容

(4) 対象取引に係る財産の内容

(5) 特定事業者である金融機関において知りえた対象取引についての本人特定事項等

(6) 疑わしい取引の届出を行う理由

2 疑わしい取引の届出方法

届出方法としては次の3つがある（法8条1項、施行令16条1項、施行規則25条）（書式等は、警察庁ホームページから入手できる）。

(1) 文書による届出

届出書[286]に必要事項を記入の上、文書により郵送もしくは持込みにより行政庁に提出する方法である。

---

[286] 施行規則別記様式第1号から第3号。

⑵　**電磁的記録媒体（電磁的記録に係る記録媒体をいう）による届出**

　届出作成プログラムで届出書のデータを作成し、印刷した届出書のデータおよび参考資料の写しを電磁的記録媒体に保存したものを電磁的記録媒体提出票とともに郵送もしくは持込みにより行政庁に提出する方法である。

⑶　**電子申請システム（インターネット経由）を利用した届出**

　届出作成プログラムで届出書のデータを作成し、届出書のデータおよび画像化した参考資料をインターネット経由で行政庁に提出する方法である。

ワンポイントアドバイス

　金融機関（その役職員も含む）は、疑わしい取引の届出を行おうとすることまたは行ったことを当該疑わしい取引の届出に係る顧客等またはその関係者にもらしてはならないことに注意しなければならない（法8条2項）[Q105]。

　なお、届出書の書式など最新の届出方法に関する情報は、JAFIC（Japan Financial Intelligence Center：警察庁刑事局組織犯罪対策部組織犯罪対策企画課犯罪収益移転防止対策室）のホームページが詳しい（http://www.npa.go.jp/sosikihanzai/jafic/index.htm）。

第2編　ケーススタディ　263

Q95 現金または小切手による入出金

現金または小切手により入出金を行う取引はどのような場合に疑わしい取引に当たるか。

結論

その顧客の資産収入に見合わない多額の金額、顧客の職業、事業内容からして不自然な頻度、回数の入出金などである。

‥‥‥‥‥ **解　説** ‥‥‥‥‥

疑わしい取引は、金融機関の職員が、金融業務における一般的な知識と経験に基づき、取引の形態、種類、金額、顧客の属性（職業、事業内容）や資産収入、取引時の事情や状況から客観的、総合的に判断して行うべきものである［Q93］。

現金または小切手により入出金を行う取引はその入金元および出金先の匿名性によりマネー・ローンダリングの手段として利用されることが多いため、金融機関としては疑わしい取引に当たるか否かを慎重に判断して見極めるべきである。

現金または小切手により入出金を行う取引のうち、疑わしい取引に当たる場合としては、以下のようなケースが考えられる。

(1)　顧客の資産収入に見合わない多額の金額の現金または小切手の入出金

たとえば、小口金額の商品を販売している営業内容の年間売上げ1,000万円程度しか資産のない企業が数億円の小切手の入金を短期間に頻繁に行うケース

(2)　送金や自己宛小切手によるのが相当と認められる場合であるにもかかわらずあえて現金により行われる入出金

たとえば、数万円単位の取引しか行っていなかった個人事業者が突然1億円の入金を行い、取引決済のためとして、当該銀行窓口に数名の男性

とともに訪れ、その男性らに促される様子で、銀行窓口担当者からの進言にもかかわらず自己宛小切手の振出しを固辞して現金で1億円を預金から払い戻すケース

(3)　正常な商取引からすると不自然な入出金

たとえば、数年間入出金のなかった個人名義の預金口座において、突然多数の振込人から数万円単位の振込みがあり、この預金から毎回100万円程度を現金で払出しするケース

(4)　夜間金庫への多額または急激な利用額の増加

たとえば、それまで少額の取引しかなかった預金口座において突然、夜間金庫が毎日数十万円単位の入金に利用されるケース

上記のようなケースにつき、[Q93] 2の項目①および②の判断方法により判断することになる。

> ### ワンポイントアドバイス

現金または小切手取引で注目すべきは、顧客の職業、事業内容、規模、資産収入に比較し、その金額、頻度、回数、それまでの取引との連続性等からして不自然でないか、合理性が認められるかである。

第2編　ケーススタディ　265

Q96 預金口座を利用した取引

預金口座を利用した取引はどのような場合に疑わしい取引に当たるか。

結論

不自然な口座の利用形態や口座名義人が匿名、架空、仮名を疑わせるような取引である。

・・・・・・・・・・ 解　説 ・・・・・・・・・・

預金口座は、いわゆる振り込め詐欺等の犯罪に利用され、犯罪収益の通過点とされる可能性が高いし、架空名義口座等によりマネー・ローンダリングの手段として利用されることも多いため、金融機関としては疑わしい取引を見逃さないようにしなければならない。

預金口座を利用した取引のうち疑わしい取引に当たる場合としては、以下のようなケースが考えられる。

(1) 口座の使い捨て

口座の新規開設後、短期間で多額で頻繁な入出金が行われた後、解約または取引が休止した口座取引のケース

(2) 口座からの現金払出し後の振込み

口座から現金で払出しを行い、その直後、その現金を預金名義人以外の名義で第三者に振り込む取引のケース

(3) 匿名あるいは架空名義での送金を受ける口座

送金者が匿名あるいは架空名義で送金しているとみられる送金を受ける口座取引のケース

(4) 架空名義口座あるいは借名口座の利用

窓口で取引手続を行う者が毎回異なり、預金名義人が実在しない架空名義口座あるいは借名口座であるとの疑いが生じた預金取引のケース

266

⑸　**法人の実体がない名義人**

　営業を休止し、何年もたち、事業閉鎖したままの法人名義の口座であるに
もかかわらず、突然頻繁に多額の入出金が始まるケース

⑹　**理由のない口座の使用**

　たとえば、東京に本店事務所のある個人事業者が福岡に預金口座をもち、
頻繁に多額の入出金を行っているケース

　　ワンポイントアドバイス

　預金取引において疑わしいか否かは、口座名義人の実在性、職業、事業内
容等の属性、取引内容（頻度、回数、金額）その他の事情を総合的に考慮し
て判断すべきである。

Q97 債券の売買

債券の売買はどのような場合に疑わしい取引に当たるか。

結論

売買する債券が大量か、支払方法が多額の現金か、取引の方法や条件が通常の取引からみて特別か否か、取引当事者の属性などの総合的な事情を考慮して、犯罪収益等の疑いを生じさせる売買取引に当たるか否かにより判断される。

············ **解　説** ············

債券は、その換金性や持運びが容易であることなどから犯罪収益の隠匿先として売買取引されることが多かったものである。そこで、債券の売買は金融機関として疑わしい取引に当たるか否かを注意すべき取引であるといえる。

債券の売買取引のうち疑わしい取引に当たる場合としては、以下のようなケースが考えられる。

(1) **多額の現金売買**

たとえば、100万ドル相当の米ドル建債券を持ち込み、現金受渡しを支払条件とする売買取引のケース

(2) **買主の匿名性の高い取引**

たとえば、第三者振出しの小切手または第三者からの送金により債券の売買決済が行われるケース

(3) **保護預かりの拒絶**

たとえば、現金による1億円という多額の債券の買付けにおいて、特に合理的な理由があるとは思われないにもかかわらず、あえて保護預かり制度を利用せず、即座に本券の受渡しを求める買主の売買取引のケース

ワンポイントアドバイス

　債券売買において疑わしいか否かは、取引当事者の属性や取引時の状況などのほか、合理的な理由もなく通常の取引方法や取引条件と比較して特別な取引を行うか等を十分考慮して検討すべきである。

Q98 外国との取引

送金などの外国との取引はどのような場合に疑わしい取引に当たるか。

結論

疑わしい取引か否かは、取引の金額、頻度、取引相手国や地域の状況、取引当事者の属性などにより判断される。

·········· 解　説 ··········

組織犯罪とマネー・ローンダリングがグローバル化している今日においては、金融機関を介した犯罪収益等の資金移動の防止が重要な課題となっている。そのため、外国への送金など外国との取引は疑わしい取引に当たるか否かのチェックについて金融機関としては特に注意すべき取引である。

外国との取引のうち疑わしい取引に当たるか否か注意すべき場合としては、以下のようなケースが考えられる。

⑴ 多額かつ頻繁な送金

たとえば、1カ月の間に、数十回、1回につき100万円単位の送金を外国に行うケース

⑵ 経済的合理性のない不自然な送金

たとえば、もともと地方都市の市内のみを商圏として小売業を営んでいたが、事業不振のため営業休止していた資産収入のほとんどない会社が突然、特定の外国に対して多額の送金を行い、あるいは送金を受けるようになったケース

⑶ 多額の旅行小切手や送金小切手の利用

通常の海外旅行では使用できるとは思われない総額3,000万円のトラベラーズチェックの発行依頼を行うケース

⑷ 経済的取引合理性のない信用状の発行

海外取引をまったく行っていなかった個人企業が、営業とは関連するとは

270

思えない取引国や多量の輸入数量、多額の輸入価格を申し入れて信用状発行を依頼するケース

⑸ **マネー・ローンダリング対策に非協力的な国、地域または不正薬物の仕出国、地域に拠点を置く顧客あるいは当該国等に拠点を置く者との間で顧客が行う取引**

⑹ **マネー・ローンダリング対策に非協力的な国、地域または不正薬物の仕出国、地域に拠点を置く者から紹介された顧客に係る取引**

ワンポイントアドバイス

取引時の状況などのほか、当該取引に合理的な理由があるか否かという基準で検討すべきである。

なお、政令で定める国または地域に居住しまたは所在する者との間の特定取引については、ハイリスク取引として厳格な顧客管理による確認を要する［Q61］。

Q99 融資先からの予定外の返済

業況の悪化により融資金の返済が到底できない状況であった融資先からの予定外の返済は疑わしい取引に当たるか。

結論

返済資金の入手先や返済の目的によっては疑わしい取引に該当する場合がある。

・・・・・・・・・・ 解 説 ・・・・・・・・・・

業況の悪化により融資金の返済が到底できない状況であった融資先からの予定外の返済は、もちろん、金融機関にとって債権回収という観点からは望ましいことである。

しかしながら、犯罪収益等の資金移動およびマネー・ローンダリングの防止という観点からは次のような点に注意して、疑わしい取引に当たるか否かを検討すべきである。

(1) **融資先に知名度やブランド等の利用価値があること**

多額の負債を抱えていても、負債を整理することにより、その知名度やブランド等に利用価値がある融資先であれば、犯罪収益等の投資先としてねらわれる可能性がある。

(2) **返済資金の提供者の属性が反社会的勢力であることが疑われること**

正業を営む融資先を乗っ取り、暴力団関係企業など反社会的勢力の収益源あるいはマネー・ローンダリングの手段として利用される可能性がある。

(3) **返済資金の提供者と融資先の関係からして融資先を救済する合理性がないこと**

経済的合理性のない関係者からの返済資金の提供は、融資先企業をペーパーカンパニー化し、マネー・ローンダリングの道具として利用する可能性などがある。

⑷　**返済資金の提供者が融資先を救済する目的に合理性がないこと**

　経済的合理的な資金移動ではない不自然さをうかがわせる事情が存在することである。

⑸　**返済後の融資先の状況**

　上記⑴ないし⑷を顕在化させるような事情が生じることである。

　　　ワンポイントアドバイス

　以上のほか、取引時の状況などから当該返済に不自然な点があるかも含めて検討すべきである。なお、同種の取引と著しく異なる態様で行われる取引に該当する可能性もある［Ｑ8］。

Q100 取引先の犯罪による逮捕

　取引先が犯罪で逮捕されたと報道で知ったが、これまでの取引を疑わしい取引として届出すべきか。

結論

　これまでの取引状況によっては疑わしい取引に該当する場合がある。

………… 解　説 …………

　「金融機関が収受した財産が犯罪による収益である疑いがある」または「顧客等が特定業務に関し組織的犯罪処罰法10条の罪もしくは麻薬特例法6条の罪に当たる行為を行っている疑いがある」取引と認められる場合には、疑わしい取引の届出を行政庁に行わなければならない（法8条1項）。

　ここにいう「疑いがある」は、金融機関の職員が、金融業務における一般的な知識と経験に基づき、取引の形態、種類、金額、顧客の属性（職業、事業内容）や資産収入、取引時の事情や状況から客観的、総合的に判断して行うべきものである。

　本設問においては、取引先に犯罪の被疑事実が生じたために逮捕されているのであるから、報道内容からうかがわれるその被疑事実が犯罪収益等にかかわる犯罪であるか否か、取引先の取引の形態、種類、金額、その他の状況から客観的、総合的に判断すべきである。たとえば、報道内容から、犯罪事実が行われていたとみられる時期に、年間売上げ1,000万円程度の事業規模の当該取引先が2,000万円ないし3,000万円の送金や現金払戻しを十数回繰り返すなどの事実があった場合などは「疑わしい」に当たると考えられる。

ワンポイントアドバイス

　本設問のケースの場合には、取引先の逮捕後の入出金についても取引時の状況に注意し、不自然な点があれば、疑わしい取引として届出すべきである。

274

Q101 犯罪で逮捕された者の妻名義の預金取引

犯罪で逮捕されたAとは取引はないが、Aの妻B名義での預金取引がある X銀行としては、それまでのBとの取引を疑わしい取引として届出すべきか。

結論

借名口座の可能性である場合などそれまでの取引状況によっては疑わしい取引に該当する場合がある。

・・・・・・・・・・・ 解 説 ・・・・・・・・・・・

疑わしい取引に当たるか否かの判断は、金融機関の職員が、金融業務における一般的な知識と経験に基づき、取引の形態、種類、金額、顧客の属性（職業、事業内容）や資産収入、取引時の事情や状況から客観的、総合的に判断して行うべきものである。

本設問においては、たしかに、犯罪の被疑事実が生じたために逮捕されているのはX銀行とは取引のないAではある。しかしながら、Aの被疑事実が犯罪収益等にかかわる犯罪であるならば、Aの妻B名義の預金取引があるのであるから、報道内容からうかがわれる犯罪行為の時期に不自然な取引があれば、疑わしい取引として届出すべきか否かを検討すべきである。

たとえば、Bが専業主婦であり、取引の実績や経験がないにもかかわらず、報道内容からうかがわれる犯罪行為の時期に多数の者から毎日頻繁に小口の振込入金を受け、週に一度委任状を持参したB以外の者がまとめて預金払出しをしていたような場合は、AがB名義の口座を借名して犯罪収益等を収受していた可能性があるので、疑わしい取引として届出すべきである。

ワンポイントアドバイス

逮捕されたAの妻名義であることは端緒にすぎず、上記のような個別具体的な事実を拾い集めて総合的に判断すべきである。

第2編 ケーススタディ　275

Q102 いわゆる暴力団関係者名義の預金口座

　普通預金口座の名義人Ａがいわゆる暴力団関係者であることが判明したが、届出の対象となるか。

結論

　取引状況によっては疑わしい取引に該当する場合がある。

………… 解　説 …………

　疑わしい取引に当たるか否かの判断は、取引の形態、種類、金額、顧客の属性（職業、事業内容）や資産収入、取引時の事情や状況から客観的、総合的に行わなければならない。

　本設問においては、預金口座の名義人が暴力団関係者である。暴力団とは「その団体の構成員（その団体の構成団体の構成員を含む）が集団的または常習的に暴力的不法行為等を行うことを助長するおそれがある団体をいう」（暴力団員による不当な行為の防止等に関する法律2条2号）。したがって、暴力団構成員、準構成員等の暴力団関係者は犯罪収益等にかかわる犯罪を常習的に行う可能性が高いことがその属性として認められる。

　そこで、Ａ名義預金の取引経過から、金額、時期、資金のやりとりなどについて、犯罪収益等の移転を疑わせる事実が認められれば、疑わしい取引として届出すべきである。

ワンポイントアドバイス

　疑わしい取引の判断は、金融機関の総合的判断によるが、取引当事者の属性が暴力団関係者など反社会的勢力であることはその重要な判断要素の1つである。

Q103 取引先企業が暴力団関係企業である場合

取引先企業が暴力団関係企業と噂されているが、届出の対象となるか。

結論

資金の移動や取引状況によっては疑わしい取引に該当する場合がある。

············ 解　説 ············

　疑わしい取引の判断は、顧客の属性（職業、事業内容）や取引の形態、種類、金額、資産収入、取引時の事情や状況をもとにした総合的判断である。

　本設問においては、取引先が暴力団の支配する暴力団関係企業と噂されているのであれば、当該企業と暴力団との関与の度合いや関係があるとされる事実の信憑性等を考慮しなければならない。当該企業が暴力団関係者に多額な金額を頻繁に送金したり、当該企業との取引において暴力団関係者が当該企業の利益のために交渉等を行っているなどの事実が把握できれば、その関与の度合いが高いといえる。

　その上で、取引先企業の資金移動等について金額、時期、資金のやりとりの相手方などについて、犯罪収益等の移転を疑わせる事実が認められれば、疑わしい取引として届出すべきである。

ワンポイントアドバイス

　暴力団の支配する暴力団関係企業であっても、外見上、表面上は正業を装っているのであるから、疑わしい取引の判断は、日常的に収集した情報分析に基づく金融機関の総合的判断が求められることになる。

第2編　ケーススタディ　277

Q104 疑わしい取引の届出をした取引先のその後の取引の届出の要否

いったん疑わしい取引の届出をした取引先は、その後も取引のつど届出を行うのか。

結 論

その後の取引が疑わしい取引に該当する場合には届出する必要がある。

・・・・・・・・・・ 解　説 ・・・・・・・・・・

疑わしい取引の届出は、顧客の属性（職業、事業内容）、取引の形態、種類、金額、資産収入、取引時の事情や状況をもとに、個々の取引ごとに判断すべきものである。

したがって、いったん疑わしい取引の届出をした取引先について、その後も取引が行われた場合であっても、必ずしもその取引のつど届出を行わなければならないというわけではなく、個々の取引ごとに判断して疑わしさが認められれば届出すべきである。

ワンポイントアドバイス

いったん疑わしい取引を行ったとして届け出た取引先については、その後も疑わしい取引を行う可能性は低くないため、金融機関としてはその後の取引についても注意を払わなければならない。

Q105 疑わしい取引の届出に関する秘密保持義務

疑わしい取引の届出に関する金融機関の秘密保持義務とは何か。

結 論

その役員および使用人を含む金融機関が、疑わしい取引の届出を行おうとすること、または行ったことを、当該疑わしい取引の届出に係る顧客等またはその者の関係者にもらしてはならない義務である。

············ 解 説 ············

疑わしい取引の届出の制度は、金融機関を含む特定事業者から犯罪による収益に係る疑わしい取引に関する情報を集約してマネー・ローンダリング犯罪およびその前提犯罪の捜査に役立てることを主たる目的とするとともに、あわせて、犯罪者によって金融機関を含む特定事業者が利用されることを防止し、金融機関を含む特定事業者に対する信頼を確保しようとするものである。

ところが、疑わしい取引の届出を行おうとすることまたは行ったことが組織的犯罪者やテロリストに知られてしまうと、犯罪収益の再移転、再隠匿等の対抗措置を講じられてしまうため、マネー・ローンダリング対策の実効性を確保できない。

そこで、特定事業者である金融機関（その役員および使用人を含む）は、疑わしい取引の届出を行おうとすること、または行ったことを、当該疑わしい取引の届出に係る顧客等またはその者の関係者にもらしてはならないとされる[287]（法8条3項）。

ここにいう顧客等の関係者とは、本規定の目的趣旨からして、広く顧客等

---

[287] 一般的な金融機関の守秘義務からは守秘義務の保護対象である顧客本人からの情報開示要求を拒絶することは理論的に困難であるから、顧客等に対しても秘密保持すべき法的根拠は本条に求めざるをえない。

第2編 ケーススタディ 279

に情報が伝達する可能性のある者と解すべきであり、具体的には、顧客等の家族、顧客等が会社である場合のその従業員はもとより、振込みにおける振込先、外国送金における送金先等などが考えられる[288]。

ワンポイントアドバイス

　疑わしい取引の届出に関する金融機関の秘密保持義務違反は、行政庁による是正命令の対象となる（法18条）。

---

[288] 逐条解説245頁。

第11 コルレス契約と確認義務

Q106 コルレス契約締結の際に確認すべき事項

特定金融機関がコルレス契約を締結する際に相手方である外国所在為替取引業者について確認すべき事項は何か。

結 論

特定金融機関がコルレス契約を締結するに際しては、その契約の相手方である外国所在為替取引業者について、取引時確認等相当措置を的確に行うために必要な基準に適合する体制を整備している等の事項を確認しなければならない。

·········· 解　　説 ··········

平成26年改正で新規に追加された事項である。

第3次FATF対日相互審査（平成20年10月）において、金融機関にはシェルバンク[289]との間でコルレス契約[290]を締結あるいは維持することを明確に禁止されておらず、コルレス先のシェルバンクによる口座の利用を許してはならないということも義務づけられていないと指摘されていた[291]。この不備に対応するため新たに規定された平成26年改正法9条により、特定金融機関がコルレス契約を締結する際に相手方である外国所在為替取引業者について次の事項を確認することが課せられることとなった。

(1) 当該外国所在為替取引業者が、法4条（取引時確認等）、法6条（確認記録の作成義務等）、法7条（取引記録等の作成義務等）、法8条（疑わしい取引

289　Shell Banks：実体を有しない銀行。
290　外国所在為替取引業者との間で為替取引を継続的にまたは反復して行うことを内容とする契約。
291　対日相互審査報告書28。

第2編　ケーススタディ　281

の届出等）および10条（外国為替取引に係る通知義務）の規定による措置に相当する措置（以下「取引時確認等相当措置」という）を的確に行うために必要な営業所その他の施設ならびに取引時確認等相当措置の実施を統括管理する者を当該外国所在為替取引業者の所在する国または当該所在する国以外の外国に置き、かつ、取引時確認等相当措置の実施に関し、法15条から18条（行政庁に対する報告、立入検査および指導等）までに規定する行政庁（金融庁等）の職務に相当する職務を行う当該所在する国または当該外国の機関の適切な監督を受けている状態にあること（法9条1号、施行規則28条）。

⑵　当該外国所在為替取引業者が、業として為替取引を行う者であって監督を受けている状態にないものとの間で為替取引を継続的にまたは反復して行うことを内容とする契約を締結していないこと（法9条2号）。

ワンポイントアドバイス

　上記⑴は、FATFの定義するシェルバンクの2つの要件である、①設立または許可を受けた国において物理的存在を確認できない銀行、②設立または許可を受けた国以外の国の当局による実効的な連結監督（グループ監査）を受けている金融グループに属しない銀行、を否定することで「シェルバンクでない者」を規定するものである[292]［Q108］。

---

[292]　改正政省令の概要17頁。

Q107 コルレス契約締結の際の確認の方法

　特定金融機関がコルレス契約を締結する際に相手方である外国所在為替取引業者について法 9 条が求める事項を確認する方法は何か。

結論

　その外国所在為替取引業者からの申告を受ける方法または外国所在為替取引業者もしくは外国の法令上法22条 1 項および 2 項に規定する行政庁（金融庁等）に相当する外国の機関によりインターネットを利用して公衆の閲覧に供されている当該外国所在為替取引業者に係る情報を閲覧して確認する方法である。

$$\cdots\cdots\cdots 解　説 \cdots\cdots\cdots$$

　コルレス契約に関する第 3 次FATF対日相互審査（平成20年10月）［Q106］およびFATF勧告においては、金融機関は、①シェルバンクとのコルレス契約の確立または継続が禁止されるべきであり、②コルレス先機関が自行の口座をシェルバンクに利用されることを容認していない旨の確認も求められるべきである[293]とされた。

　その確認の方法は次のいずれかである（施行規則28条）。

(1)　その外国所在為替取引業者からの申告[294]を受ける方法

(2)　外国所在為替取引業者もしくは外国の法令上法22条 1 項および 2 項に規定する行政庁（金融庁等）に相当する外国の機関によりインターネットを利用して公衆の閲覧に供されている[295]当該外国所在為替取引業者に係る

---

[293]　新40の勧告13。

[294]　金融機関からコルレス契約の相手方への質問者に対する回答も含まれる（改正政省令の概要11頁）。

[295]　インターネットで公衆の閲覧に供されている情報については、特定事業者に期待される通常の注意をもって、外国所在為替取引業者または外国の機関が閲覧に供していると判断できる情報を確認することでさしつかえない（H27パブコメ［174］）。

第 2 編　ケーススタディ　283

情報を閲覧して確認する方法[296]

> **ワンポイントアドバイス**

特定金融機関としては、過度の負担を避けつつ、実行性の得られるような合理的な確認方法の内容と手順を確立すべきである。

---

[296] インターネットでの検索情報については、通常の注意をもって確認したならば、仮に、事実に反するものがあったとしても、確認に不備があったこととはならないとされる（H27パブコメ［174］）。

Q108 コルレス契約締結の際の確認の基準

　コルレス契約締結の際の相手方である外国所在為替取引業者がシェルバンクでないことの確認の基準は何か。

結論

　外国所在為替取引業者が、取引時確認等相当措置を的確に行うために必要な営業所その他の施設および取引時確認等相当措置の実施を統括管理する者を当該外国所在為替取引業者の所在する国または当該所在する国以外の外国に置き、かつ、取引時確認等相当措置の実施に関し、法15条から18条（行政庁に対する報告、立入検査および指導等）までに規定する行政庁（金融庁等）に相当する職務を行う当該所在する国または当該外国の機関の適切な監督を受けている状態にあることである。

############ 解　　説 ############

　コルレス契約締結の際の相手方である外国所在為替取引業者がシェルバンクでないことの確認の判断基準は次の２点である（施行規則29条）。次の①および②の両者を備えていればシェルバンクではないが、①または②の１つまたは両者を備えていなければシェルバンクに該当する。

① 　外国所在為替取引業者が、取引時確認等相当措置を的確に行うために必要な営業所その他の施設[297]および取引時確認等相当措置の実施を統括管理する者を当該外国所在為替取引業者の所在する国または当該所在する国以外の外国に置いていること

② 　取引時確認等相当措置の実施に関し、法15条から18条（行政庁に対する報告、立入検査および指導等）までに規定する行政庁（金融庁等）に相当する職務を行う当該所在する国または当該外国の機関の適切な監督を受けて

---

[297] 営業所その他の施設が存在することの確認でさしつかえない（H27パブコメ[177]）。

いる状態[298]にあること

ワンポイントアドバイス

　金融機関としては、当該外国での実在性と当局から適切な監督を受けているかの点を、コルレス契約の相手方からの申告やインターネット等の情報により収集することになる［Q107］。

---

[298]　原則として、監督当局の国籍に限定はない。いずれの国であれ、外国所在為替取引業者を監督する権限を有している機関から適法に免許を付与されている等、監督を受けている状態にあることが確認できればよいとされる（H27パブコメ［177］）。

第12 外国為替取引に係る通知義務

Q109 外国為替取引の通知義務

どのような外国為替取引に通知義務が課せられることになったか。

結 論

　金融機関が顧客とわが国から外国へ向けた支払に係る為替取引を行う場合において、当該支払を他の金融機関または外国所在為替取引業者に委託するときなどである。

············· **解 　 説** ·············

　外国為替取引における通知義務は次のとおりである。

　組織犯罪とマネー・ローンダリングがグローバル化している今日においては、国際金融システムの利便性を悪用するテロリストらが国境を越えて資金移転を図ろうとすることを防止する必要がある。そこで、国際的な協力による資金追跡を可能とするためにFATFの特別勧告（2003年6月）の求めに対応して外国為替取引に次のような通知義務を課した規定が法10条である。

　同条は、以下のような場合には、本人特定事項その他の事項で主務省令（施行規則31条）に定めるもの［Q110］を通知して行わなければならないとする（法10条）。

(1)　金融機関が顧客とわが国から外国へ向けた支払に係る為替取引[299]を行う場合において、当該支払を他の金融機関または外国所在為替取引業者に委託する場合には、本人特定事項その他の事項で主務省令（施行規則31条）に定めるもの［Q110］を通知して行わなければならない（法10条1項）。

---

[299]　ただし、小切手または手形の振出し（施行令17条）、通常為替、払込為替および払出為替（施行規則30条）の方法によるものは対象外である。

第2編　ケーススタディ　287

これは、顧客の依頼により金融機関が行う国外送金に係る取引を想定している。そのため、海外提携銀行との間で生じた自己の債権債務を精算するために行われる送金に係る為替取引は含まれない。

(2)　金融機関が他の特定事業者から(1)またはこの(2)による通知を受けてわが国から外国へ向けた支払の委託または再委託を受けた場合において、当該支払を他の特定事業者または外国所在為替取引業者に再委託する場合には、当該通知に係る事項を通知して行わなければならない（同条2項）。

(3)　金融機関が外国所在為替取引業者から法10条の規定に相当する外国の法令の規定による通知を受けて外国からわが国へ向けた支払または外国から他の外国へ向けた支払の委託または再委託を受けた場合において、当該支払を他の特定事業者または外国所在為替取引業者に再委託する場合には、当該通知に係る事項を通知して行わなければならない（同条3項）。

(4)　金融機関が他の特定事業者から(3)またはこの(4)による通知を受けて外国からわが国へ向けた支払または外国から他の外国へ向けた支払の再委託を受けた場合において、当該支払を他の特定事業者または外国所在為替取引業者に再委託する場合には、当該通知に係る事項を通知して行わなければならない（同条4項）。

ワンポイントアドバイス

　外国為替取引における通知義務については、平成15年11月から全国銀行協会等の要請により各金融機関で行われてきた実務上の取扱いを法的義務化したものである。

Q110 外国為替取引の通知事項およびその保存

外国為替取引の通知事項およびその保存はどうしたらいいか。

結 論

　自然人および法人においてそれぞれ定められた事項を通知するとともに当該通知事項を取引記録に記録する方法で保存しなければならない。

・・・・・・・・・・・ 解　　説 ・・・・・・・・・・・

1　通知事項

　通知事項は、施行規則31条（法10条1項に規定する主務省令）で規定されており、［Q109］(1)については、次の各号に掲げる区分に応じてそれぞれ当該各号に定める事項、［Q109］(3)および(4)についてはそれに相当する事項とされる。

(1)　自然人：次に掲げる事項

① 　氏名

② 　住居または本人特定事項の確認のために本人確認書類の提示を受けたときの、当該本人確認書類の名称、記号番号その他の当該本人確認書類を特定するに足りる事項（施行規則20条1項11号）もしくは顧客識別番号（顧客と支払に係る為替取引を行う特定事業者が管理している当該顧客を特定するに足りる記号番号）

③ 　次のaまたはbに掲げる区分に応じてそれぞれ定める事項

　　a 　預金または貯金口座を用いる場合、当該口座の口座番号

　　b 　預金または貯金口座を用いない場合、取引参照番号（顧客と支払に係る為替取引を行う特定事業者が当該取引を特定するに足りる記号番号）

(2)　法人：次に掲げる事項

① 　名称

② 　本店もしくは主たる事務所の所在地または顧客識別番号（上記(1)②と同

第2編　ケーススタディ　289

じ）

③ (1)③に掲げる事項

2 通知取引記録への記録による保存

　外国為替取引における通知すべき場合には当該通知に関する事項を取引記録に記録して保存しなければならない（法7条1項、施行規則24条7号）。

ワンポイントアドバイス

　自然人についての通知事項には、本人特定事項と異なり、生年月日は含まれていない。

第13 取引時確認等を的確に行うための措置

Q111 取引時確認等を的確に行うための措置について

金融機関が取引時確認、取引記録等の保存、疑わしい取引の届出等の措置を的確に行うために努めなければならない必要な体制の整備は何か。

結論

当該取引時確認をした事項に係る情報を最新の内容に保つための措置を講ずることなどである。

……………… 解　説 ………………

平成23年改正法10条においては、金融機関など特定事業者に対して、取引時確認、取引記録等の保存、疑わしい取引の届出等の措置（以下「取引時確認等の措置」という）を的確に行うために、当該取引時確認をした事項に係る情報を最新の内容に保つための措置を講ずるとともに、使用人に対する教育訓練の実施その他の必要な体制の整備に努めなければならないとされていたが、「その他の必要な体制の整備」の内容が不明確、あいまいであるとFATFから指摘されていたところである[300]。

そこで、平成26年改正法11条は、次のとおり、金融機関など特定事業者が講ずるよう努めるべき措置として、1の当該取引時確認をした事項に係る情報を最新の内容に保つための措置を講ずるものの他に必要な措置を2のとおり規定して、必要な体制の整備内容を具体的に明示した。

1　情報を最新の内容に保つための措置[301]

具体的には、たとえば、取引時確認において確認している本人特定事項等に変更があった場合に顧客等が金融機関にその変更の事実を届け出る旨を約

300　法律の概要19頁。

款に盛り込む措置を講ずるなどである。

なお、「最新の内容に保つための措置」については、その方法に特段の限定がないため、他の特定事業者から最新の情報の提供を受ける方法[302]や、自ら顧客等から報告を受ける方法などのいずれをとることもできる。

2　1以外の必要な体制の整備内容

①　使用人に対する教育訓練の実施[303]、[304]

②　取引時確認等の措置の実施に関する規程の作成

③　取引時確認等の的確な措置の実施のために必要な監査その他の業務を統括管理する者（以下「統括管理者」という）[305]の選任

④　その他犯罪収益移転危険度調査書の内容を勘案して講ずべきものとして施行規則32条1項で定める措置 ［Q112］

なお、当該取引時確認をした事項に係る情報を最新の内容に保つための措置を講ずることは金融機関など特定事業者の義務であるが、それ以外の上記①ないし④は努力義務とされる。その趣旨は、金融機関は、メガバンクといった多数の従業員を有する大規模な事業者から比較的小規模なものまで幅が広く、その業種および規模がさまざまであることから、事業者内部の体制の整備として行うべきこともさまざまであり、一律の義務として定めることが適当でないからである[306]。

301　1回的取引については、継続的な関係が想定されず、確認した内容を変更する機会がないことから、基本的には、最新の情報に保つための措置を講ずる必要はないとされる（H24パブコメ［135］）。

302　この場合も、「最新の内容に保つための措置」を講ずる義務は情報の提供を受ける金融機関自身が負担する（H24パブコメ［132］）。

303　概説88頁。

304　「教育訓練」とは、体制の整備の一例にすぎず、金融機関の判断において、たとえば社内通達・通知等により周知する方法によることも認められる（H24パブコメ［136］）。

305　統括管理者は、取引時確認等の措置（取引時確認、取引記録等の保存、疑わしい取引の届出等の措置）の的確な実施のために必要な業務を統括管理する者であり、必ずしも内部監査を行う者を選任する必要はない。
　　このため、取引時確認等の措置の的確な実施のために必要な業務を統括管理する者を統括管理者として選任した場合に、もっぱら内部監査のみを行う者をあらためて別途、統括管理者として選任する必要はないと考えられる（H27パブコメ［188］）。

306　法律の概要19頁。

292

ワンポイントアドバイス

　必要な体制の整備内容の検討の際には、主要行等向けの総合的な監督指針等も参考となる。

Q112 特定事業者が取引時確認等を的確に行うための措置

　金融機関を含む特定事業者が取引時確認等を的確に行うため犯罪収益移転危険度調査書の内容を勘案して努力義務として講ずべきものとして施行規則で定める措置とは何か。

結　論

　金融機関を含む特定事業者が、自らが行う取引について調査し、および分析し、ならびに当該取引による犯罪による収益の移転の危険性の程度その他の当該調査および分析の結果を記載し、または記録した書面等を作成し、必要に応じて、見直しを行い、必要な変更を加えることなどである。

………… 解　説 …………

　施行規則で定める措置は次のとおりである（施行規則32条１項）。

(1)　自らが行う取引（新たな技術を活用して行う取引その他新たな態様による取引[307]を含む）について調査し、および分析し、ならびに当該取引による犯罪による収益の移転の危険性の程度その他の当該調査および分析の結果を記載し、または記録[308]した書面または電磁的記録（以下「特定事業者作成書面等[309]」という）を作成し、必要に応じて、見直しを行い、必要な変更を加えること

---

[307] 「新たな技術を活用して行う取引その他新たな態様による取引」としては、たとえば、新たな情報通信技術を用いた取引等であってマネー・ローンダリングに悪用されるおそれのある取引、手続の一部をインターネットを介して行うこととするなど、取引の態様が従前と異なるためにマネー・ローンダリングに悪用されるおそれに変化が生じた取引、あるいは、制度改正等により新たに取扱いが可能となった金融商品等のマネー・ローンダリングに悪用されるおそれのある商品の取引等が想定される（H27パブコメ[181]）。

[308] 特定事業者作成書面等の記載方法等については、事業者の業態、業務、規模、リスク等に応じ、事業者において個別に判断して行うものであるとされる（同上）。

[309] 保存期間の定めや管理方法について法令上の定めは置かれていない（H27パブコメ[179]）。

294

ここで作成することとされている書面等には、各特定事業者において、自らが行う取引についてのマネー・ローンダリングのリスクを評価したものを記載することとされている。具体的には、国家公安委員会が公表する犯罪収益移転危険度調査書の関係部分をもとに、必要に応じて各事業者の業種、取引の種類、特性に応じた特有のリスク要因を加味したものを作成すべきである。

(2)　特定事業者作成書面等の内容を勘案し、取引時確認等の措置310を行うに際して必要な情報を収集311するとともに、当該情報を整理し、および分析すること312

(3)　特定事業者作成書面等の内容を勘案し、確認記録および取引記録等を継続的に精査する313こと

　(2)および(3)は、特定事業者が、(1)により作成した特定事業者作成書面等の内容を勘案し、自ら行う取引のリスクの高低に応じて、必要な情報の収

310　「取引時確認等の措置」のうち「取引記録等の保存」における情報の収集・整理・分析とは、具体的には、取引記録等を適切に作成するために必要な情報を収集し、これを整理・分析することが考えられる。取引記録等を的確に保存するためには、施行規則24条各号［Q90］に掲げる事項が適切に記載された取引記録等を作成する必要があるからである（H27パブコメ［184］）。

311　取引時確認等の措置を的確に行うために必要となる情報であり、たとえば、取引時確認の際に顧客等から申告を受けた職業等の真偽を確認すること、外国PEPsであるか否かの情報収集を行うこと、実質的支配者と顧客等との関係を把握することなどがある（H27パブコメ［182］）。

312　たとえば、法8条に基づく疑わしい取引の届出を行うべき取引に該当するか否かを的確に判断するため、収集した情報について、取引と矛盾する点はないか、当該取引に疑わしい点がないかなどの観点から、分析することが考えられる（H27パブコメ［183］）。

313　たとえば、取引時確認等の措置を的確に行うため、保存している確認記録および取引記録等を目視により確認して取引時確認を行った結果把握した職業や取引を行う目的と整合的かなどといった観点から取引の異常の有無を確認したり、システムにより取引の異常を検知したりすることが考えられる。サンプリングチェックのみでは取引時確認等の措置を的確に実施するには不十分であると考えられる。
　その精査の頻度については、一律に定められるものではなく、各特定事業者が取引のリスクの程度、取引の態様等をふまえ、合理的に判断される範囲で行うこととなる。たとえば、年1回の精査で十分であるか否かについても、取引が当該年に行われていないのであれば、必ずしも年1回の精査が必要となるわけではないが、取引が当該年に複数回行われているのであれば、取引のリスクや態様によっては、年1回では不十分であると考えられることもある（H27パブコメ［186］）。

第2編　ケーススタディ　295

集や整理・分析を行ったり、確認記録・取引記録等を継続的に精査[314]したりすることを規定している。

(4) 顧客等との取引が犯罪収益移転危険度調査書の内容を勘案して犯罪による収益の移転の危険性の程度が高いと認められる取引（施行規則27条3号）[Q93] に該当する場合には、当該取引を行うに際して、当該取引の任に当たっている職員に当該取引を行うことについて統括管理者[315]（法11条3号）の承認[316]を受けさせる[317]こと

高リスクの取引を行うに際しては、統括管理者の承認を受けるべきことを規定している。この場合、統括管理者は、承認に当たり、犯罪収益移転危険度調査書の内容（たとえば、当該取引がいかなる理由で高リスク取引とされているかといったことなど）を勘案することとなる。

(5) (4)に規定する取引について、(2)により情報の収集、整理および分析[318]を行ったときは、その結果を記載し、または記録した書面または電磁的記録を作成し、確認記録または取引記録等とともに保存すること[319]

---

314 「精査」は見直しすることの意味と思われる。

315 取引時確認等の措置の的確な実施のために必要な業務を統括管理する者である。統括管理者について、一律に基準があるものではないが、たとえば、取引時確認等の措置について一定の経験や知識を有しつつ、一方で実際に取引に従事する者よりも上位の地位にあり、かつ、一定程度、独立した立場で業務を統括管理できる者が想定される（H27パブコメ［192］）。

取引時確認等の措置を的確に行う上で効果的かつ十分であると認められるのであれば、統括管理者から委任を受けた者が(4)の承認を行うことも否定されるものではない。また、統括管理者の選任は、必ずしも一の特定事業者に一に限るものではなく、たとえば、各支店・事業所ごとに統括管理者を選任することも可能である（H27パブコメ［189］）。

316 犯罪収益移転危険度調査書において犯罪による収益の移転防止に関する制度の整備の状況から注意を要するとされた国もしくは地域に居住しもしくは所在する顧客等との間で行うものその他の犯罪収益移転危険度調査書の内容を勘案して犯罪による収益の移転の危険性の程度が高いと認められる取引（施行規則27条3号）については、取引が発生するつど、統括管理者の承認が必要となる。ただし、その承認は、取引を行うに際して受ければよく、必ずしも取引の前に受ける必要はない（H27パブコメ［190］）。

317 統括管理者による承認の有無の証跡を残すことは義務づけられていない（H27パブコメ［191］）。

318 実施する内容がどのようなものであるかについては、事業者の業態、業務、規模、リスク等に応じて、各金融機関により個別に判断すべきことである（H27パブコメ［194］）。

高リスク取引に係る情報を収集、整理および分析したものの結果を記載した書面等の作成・保存についての定めである。この場合、犯罪収益移転危険度調査書において、当該取引がいかなる理由で高リスク取引とされているかといったことに着目して、情報収集の分析結果等を作成することとなる。

(6) 取引時確認等の措置の的確な実施のために必要な能力を有する者を特定業務に従事する職員として採用するために必要な措置[320]を講ずること

取引時確認等の措置を的確に行うために必要な能力を有する者を採用することを規定している。具体的には、犯罪収益移転危険度調査書の内容を勘案し、たとえば、属性としてリスクが高いとされる反社会的勢力に属する者を採用しないことや、採用後の教育訓練と相まって犯罪収益移転危険度調査書の内容を勘案した取引時確認等の措置を的確に行う能力を身につける素養のある者を採用することが考えられる。

(7) 取引時確認等の措置の的確な実施のために必要な監査[321]を実施すること[322]

---

319 確認記録および取引記録等は、それぞれ法6条2項および7条3項の規定により、7年間保存しなければならないことから、(5)に基づき作成した書面または電磁的記録媒体についても、これらと同じ期間保存するよう努めなければならない（H27パブコメ [193]）。

320 「必要な能力を有する者」の採用については、法11条1号の規定による教育訓練と相まって、従業員が取引時確認等の措置を的確に行うことができるために行われるものであり、具体的な内容としては、たとえば職員の採用にあたって面接等を行い、当該職員の適性を把握することなどが考えられる。
　したがって、一定の資格を有するなどの犯罪による収益の移転防止についての専門的な知識を有する者のみの採用を義務づける趣旨ではない。このため、従前から取引時確認等の措置が的確に行われている金融機関であれば、これまでの採用基準等を必ずしも見直す必要はない（H27パブコメ [195]）。

321 「監査」は、措置の的確な実施の検査を意味すると思われる。監査による確認と(3)に基づく精査では趣旨が異なり、監査による確認をもって本規定に基づく精査を行ったとすることは不適当である（H27パブコメ [186]）。

322 取引時確認等の措置の的確な実施に資するものであれば、監査は外部監査に限られるものではなく、内部監査や社内検査によりこれを行うことも否定されない。また、監査の頻度については、各金融機関の判断により、取引時確認等の措置を的確に行う上で効果的かつ十分であると認められる程度で行われるものであれば足りる（H27パブコメ [196]）。

第2編　ケーススタディ　297

監査について規定している。たとえば、犯罪収益移転危険度調査書において高リスクとされる取引を扱う部署を重点的に監査することなどが想定される。

ワンポイントアドバイス

　本設問で定める措置は努力義務規定であり、特定事業者作成書面等の内容を勘案し高リスクの場合に実施する本文(2)および(3)の措置は、実施する取引・実施する方法・実施する内容のいずれも、事業者の事業内容、規模、リスク等に応じて、事業者の自主判断で行うものである。

Q113 海外子会社または海外支店を有する金融機関が講ずべき措置

金融機関の海外子会社または海外支店の所在する外国の法令で定める取引時確認等の措置が、わが国の犯収法、施行令および施行規則の取引時確認等の措置よりも緩やかなときには、どのような措置を求められるか。

結論

わが国の犯収法等と整合するような措置、それができないときは行政庁への通知が求められる。

············ 解　説 ············

平成26年改正前は、金融機関の海外子会社または海外支店に対する取引時確認等を的確に行うための措置については規定が存在しなかった。

この点、第3次FATF対日相互審査（平成20年10月）において次のような指摘がなされ、FATF勧告の遵守に不履行と評価された[323]。

① 金融機関は、その海外子会社が、本国の義務およびFATF勧告と整合的なマネロン・テロ資金対策のための措置を遵守することを確保する明示的な義務が課されていない。

② 金融機関は、FATF勧告を適用していない、または適用が不十分な国に所在する子会社および支店が上述の本国の要請および上記原則を遵守していることに特段の注意を払うことを義務づけられていない。

③ 海外子会社または海外支店は、本国と現地でマネロン・テロ資金対策の義務が異なる場合、より高いほうの基準を適用することを明示的に義務づけられていない。

④ 金融機関は、その海外子会社または海外支店が、現地の法律・規則で禁

___
[323] 対日相互審査報告書別添表22。

第2編　ケーススタディ　299

止されていることを理由に、適切なマネロン・テロ資金対策を遵守できない場合に、本国の関係当局にその旨を報告することを明示的に義務づけられていない。

そこで、平成26年改正法において、金融機関に対し、支配下にある外国所在の子会社を含め、グローバルに整合性のとれた犯罪収益の移転防止に係る体制整備を求め、海外子会社または海外支店の所在する外国の法令で定める取引時確認等の措置が、わが国の犯収法、施行令および施行規則の取引時確認等の措置よりも緩やかなときには[324]、次のような措置を求めることとなった（施行規則32条2項）[325]。

(1) 当該海外子会社および当該海外支店における犯罪による収益の移転防止に必要な注意[326]を払うとともに、当該外国の法令に違反しない限りにおいて、当該海外子会社および当該海外支店による取引時確認等の措置に準じた措置[327]の実施を確保すること。

---

[324] 「取引時確認等の措置」の全部または一部が義務づけられていない場合、緩やかと評価されるものと考えられる。

　　また、国別の対応については、外国で事業を展開する者が当該外国の法令を遵守するために、当該外国の法制度を確認することは一般的かつ当然と考えられる。

　　かかる確認を行うなかで、当該外国の法令により義務づけられる措置とわが国の取引時確認等の措置とを比較し、必要な対応をとるべきである（H27パブコメ［198］）。

[325] これにより、金融機関が外国に所在する営業拠点に由来する犯罪収益の移転に関与するリスクの抑制が期待できるとともに、金融機関を含む企業集団が当事者となる取引に係る追跡可能性がグローバルベースで確保され、金融機関による疑わしい取引の届出を含む取引時確認等の措置の的確な実施にもつながるものである（H27パブコメ［199］）。

[326] わが国の犯罪収益移転防止法令に基づく措置より緩やかな措置しか義務づけられていない外国においては、犯罪収益の移転に関与するリスクが相対的に高くなることに伴い、当該外国に所在する海外子会社または海外支店における犯罪収益の移転防止に注意を払うこと等が求められ、必要な注意が払われているかどうかについては、当該外国の所在する海外子会社または海外支店における犯罪収益移転防止に係る取組全般から判断される（H27パブコメ［200］）。

[327] たとえば、海外拠点において、FATFのPEPsに関するガイダンスに基づき、外国PEPsに該当する顧客を高リスク先と評価し、継続的（最低年に1回）に本人特定事項、取引目的、職業／事業内容、（法人顧客の場合）実質的支配者の本人特定事項の確認を実施し、資産および収入は、ガイダンスどおりSource of Funds（資金源）とSource of Wealth（富の源泉）を含む情報を取得するとともに、業務関係確立の際には拠点長の承認を得ているような取扱いは、外国における取引時確認等の措置に準じた措置と認められる（H27パブコメ［201］）。

⑵　当該外国において、取引時確認等の措置に準じた措置を講ずることが当該外国の法令により禁止されているため当該措置を講ずることができないときにあっては、その旨を行政庁に通知すること。

　なお、上記⑴の海外子会社とは、外国において金融に関する業務に相当する業務を営む外国会社の議決権の総数の2分の1を超える議決権を直接もしくは間接に有する場合をいい、その判定は次の割合を合計した割合により行う（施行規則32条3項）。

①　金融機関が自己の計算において有する当該外国会社の議決権が当該外国会社の議決権の総数に占める割合

②　金融機関の子法人（金融機関がその議決権の総数の2分の1を超える議決権を自己の計算において有する法人をいう。この場合において、金融機関およびその一もしくは二以上の子法人または当該金融機関の一もしくは二以上の子法人が議決権の総数の2分の1を超える議決権を有する他の法人は、当該金融機関の子法人とみなす）が自己の計算において有する当該外国会社の議決権が当該外国会社の議決権の総数に占める割合

ワンポイントアドバイス

　国際的なマネー・ローンダリングの抜け穴の防止対策の1つであり、かかる措置を講ずることはわが国の金融機関の信用を高めるものである。

第2編　ケーススタディ　301

Q114 特定金融機関がコルレス取引を行う場合に講ずべき措置

特定金融機関がコルレス取引を行う場合に講ずべき措置は何か。

結 論

　コルレス先である外国所在為替取引業者における犯罪による収益の移転防止に係る体制の整備の状況等の情報を収集し、それに基づき評価し、統括管理者の承認その他の契約の締結に係る審査の手順を定めた規程を作成し、特定金融機関が行う取引時確認等の措置および外国所在為替取引業者が行う取引時確認等相当措置の実施に係る責任に関する事項を文書その他の方法により明確にすることである。

············ 解　　説 ············

　平成26年改正前には、特定金融機関がコルレス取引を行う場合に講ずべき措置に関する規定は存在しなかった。

　しかしながら、第3次FATF対日相互審査（平成20年10月）において金融機関に次の義務が課されていないとの指摘がなされ、FATF勧告の遵守につき不履行と評価された[328]。

① 　コルレス先がマネロン・テロ資金供与に関する執行措置の対象となっているか否かを確認する義務

② 　コルレス先のマネロン・テロ資金対策に関する管理体制が適切であるか否かを評価する義務

③ 　コルレス先との業務関係の確立に当たって上級管理者の承認を求める義務

④ 　相互の金融機関のマネロン・テロ資金対策の責任を文書化する義務

　そこで、平成26年改正法においては、業として為替取引を行うことができ

---

[328] 　対日相互審査報告書別添表7。

302

る特定金融機関が外国所在為替取引業者との間で為替取引を継続的にまたは
反復して行うことを内容とする契約を締結して為替取引（コルレス取引）を
行う場合にあっては、次の措置[329]をとらなければならないとされた（施行規
則32条4項）。

⑴ 外国所在為替取引業者における犯罪による収益の移転防止に係る体制の
整備の状況、当該外国所在為替取引業者の営業の実態および法18条に規定
する行政庁の職務（業務の停止その他の処分）に相当する職務を行う当該外
国の機関が、当該外国所在為替取引業者に必要な措置[330]をとるべきこと
を命じているかどうかその他の当該外国の機関が当該外国所在為替取引業
者に対して行う監督の実態について情報を収集[331]すること

⑵ ⑴の規定により収集した情報に基づき、当該外国所在為替取引業者の犯
罪による収益の移転防止に係る体制を評価すること

⑶ 統括管理者（法11条3号）の承認その他の契約の締結に係る審査の手順
を定めた規程を作成すること

⑷ 特定金融機関が行う取引時確認等の措置および外国所在為替取引業者が
行う取引時確認等相当措置の実施に係る責任[332]に関する事項を文書その
他の方法[333]により明確にすること

---

329 この措置は、「契約締結に際して」求められるものではなく、改正施行規則の施行時
において既に締結済みの契約を含め、契約締結時の確認に限定されず、継続的対応を排
除するものではない。特定金融機関は、コルレス契約先との取引に由来するリスクの程
度をふまえつつ、必要な措置を講ずるよう努めるべきである（H27パブコメ［203］）。

330 外国の機関が、外国所在為替取引業者の取引時確認等に係る義務違反を是正するた
めに必要なものとして命じる措置を指しており、たとえば、業務改善計画の策定・実行
等が考えられる（H27パブコメ［204］）。

331 たとえば、外国所在為替取引業者に定期的な顧客デューディリジェンスなどの際の
申告を求めること等が考えられるが、これに限られるものではなく、特定金融機関にお
いて適切と判断する方法で情報収集を行えばよい（H27パブコメ［205］）。

332 たとえば、コルレス契約の当事者である金融機関のどちらが顧客に係る取引時確認
の実施や確認記録の保存を行うか、といった事項である（H27パブコメ［207］）。

333 「その他の方法」の例として、外国所在為替取引業者が国際的な実務慣行にのっとり
マネー・ローンダリング防止体制に係る質問回答書を作成し、公表している場合に、当
該質問回答書の内容を確認すること等が考えられるが、特定金融機関において、コルレ
ス契約の当事者それぞれの責任分担を確認できるのであれば、その具体的方法は特定の
方法に限られるものではない（H27パブコメ［207］）。

第2編　ケーススタディ　303

ワンポイントアドバイス

　特定金融機関は、コルレス契約の締結の際の相手方外国所在為替取引業者のシェルバンク該当性についての確認をするとともに［Q106ないしQ108］、当該外国所在為替取引業者のマネー・ローンダリング対策体制のチェックが求められる。

第14 監督上の措置および罰則

Q115 金融機関に対する監督上の措置

金融機関に対する監督上の措置とはどのようなものか。

結 論

　取引時確認義務、確認記録の保存義務、取引記録の作成義務、疑わしい取引の届出義務、疑わしい取引の届出に関する金融機関の秘密保持義務および外国為替取引に係る通知義務に違反している場合には、金融庁など行政庁から当該違反を是正するために必要な措置の命令が行われる。

············ 解　説 ············

1　是正命令

　金融機関が本人確認義務等の義務違反をした場合において、これを放置したままではマネー・ローンダリング対策の実効性は確保できない。そこで、法は、取引時確認義務（法４条１項・２項[334]および４項）、確認記録の保存義務（法６条）、取引記録の作成義務（法７条）、疑わしい取引の届出義務（法８条１項）、疑わしい取引の届出に関する金融機関の秘密保持義務（法８条２項）および外国為替取引に係る通知義務（法10条）の違反を行った金融機関に対して、金融庁など行政庁は当該違反を是正するために必要な措置をとるべきことを命ずることができるとし（法18条）、この命令に違反した場合には罰則を科すこととしている（法25条、30条１号）[335]。

　当該違反を是正するために必要な措置としては、たとえば、疑わしい取引

---

[334]　これらの規定を同条５項の規定により読み替えて適用する場合も含む。

[335]　犯収法施行前は、疑わしい取引の届出義務に対しては、その義務を規定した組織的犯罪処罰法では同法独自の監督規定は設けられておらず、銀行法26条１項などの業法規定による処分のほかは違反に対する制裁規定はなかったが、新たに犯罪収益移転防止法において監督措置を規定することとしたものである。

第２編　ケーススタディ　305

の届出義務違反についての内部のチェック管理態勢の見直しや責任の所在の明確化、届出に関する行内手続の整備、対象となる取引の選別方法の研修教育の充実を求めることなどが考えられる。

2　指　導　等

　金融庁など行政庁は、この法律に定める金融機関による措置の適正かつ円滑な実施を確保するため必要があると認めるときは、金融機関に対し、必要な指導、助言および勧告をすることができる（法17条）。

　本来、金融機関に対する監督上の措置の目的が制裁にあるのではなく、金融機関の措置の履行を促進し確保することにあることから、金融機関を指導して早期の法令遵守を実現するための手段として新たに設けられた制度である。

　この指導等は、実際には是正命令の発令前に、金融機関の不十分な体制の改善を促すために行われることが多いと考えられる。

ワンポイントアドバイス

　当然ながら、金融機関としては金融庁など行政庁から指導等や是正命令を受ける前に自ら体制整備状況をチェックし、不十分、不適切な点を是正するようにしなければならない。

Q116 罰　則

どのようなケースが罰則の対象となるか。

結 論

　金融機関が処罰される場合として是正命令違反などがあり、金融機関自体以外が処罰される場合として預金口座の売買などがある。

………… 解　説 …………

1　金融機関が処罰される場合とその罰則

⑴　是正命令（法18条）違反

　①　行為者……2年以下の懲役もしくは300万円以下の罰金（または併科）（法25条）

　②　法人の代表者または法人もしくは人の代理人、使用人その他の従業者が、その法人または人の業務に関して違反行為をしたときは、その法人に対して……3億円以下の罰金刑（法30条1号）

⑵　行政庁または国家公安委員会から求められた報告または資料の提出をせず、または虚偽の報告もしくは資料の提出をした場合（法15条、19条2項）

　①　行為者……1年以下の懲役もしくは300万円以下の罰金（または併科）（法26条1号）

　②　法人の代表者または法人もしくは人の代理人、使用人その他の従業者が、その法人または人の業務に関して違反行為をしたときは、その法人に対して……2億円以下の罰金刑（法30条2号）

⑶　行政庁または警察の質問に対して答弁せず、もしくは虚偽の答弁をし、または検査を拒み、妨げ、もしくは忌避した場合（法16条1項、19条3項）

　①　行為者……1年以下の懲役もしくは300万円以下の罰金（または併科）（法26条2号）

　②　法人の代表者または法人もしくは人の代理人、使用人その他の従業者

第2編　ケーススタディ　307

が、その法人または人の業務に関して違反行為をしたときは、その法人に対して……2億円以下の罰金刑（法30条2号）

2　金融機関自体以外の顧客等（金融機関の職員も含む）が処罰される場合

(1)　顧客等または代表者等の本人特定事項を隠蔽する目的で、金融機関に対して顧客等または代表者等の本人特定事項を偽った者は、1年以下の懲役もしくは100万円以下の罰金（または併科）（法27条、4条6項）、法人の代表者等や法人についても同一の罰金（法30条3号）

(2)　他人になりすまして金融機関との間における預貯金契約に係る役務の提供を受けることまたはこれを第三者にさせることを目的として、当該預貯金契約に係る預貯金通帳、預貯金の引出用のカード、預貯金の引出しまたは振込みに必要な情報など（以下「預貯金通帳等」という）を譲り受け、その交付を受け、またはその提供を受けた者（法28条1項前段）……1年以下の懲役もしくは100万円以下の罰金（または併科）

(3)　通常の商取引または金融取引として行われるものであることその他の正当な理由がないのに、有償で、預貯金通帳等を譲り受け、その交付を受け、またはその提供を受けた者（法28条1項後段）……1年以下の懲役もしくは100万円以下の罰金（または併科）

(4)　相手方に(2)の目的があることの情を知って、その者に預貯金通帳等を譲り渡し、交付し、または提供した者（法28条2項前段）……1年以下の懲役もしくは100万円以下の罰金（または併科）

(5)　通常の商取引または金融取引として行われるものであることその他の正当な理由がないのに、有償で、預貯金通帳等を譲り渡し、交付し、または提供した者（法28条2項後段）……1年以下の懲役もしくは100万円以下の罰金（または併科）

(6)　業として(2)ないし(5)の罪に当たる行為をした者（法28条3項）……3年以下の懲役もしくは500万円以下の罰金（または併科）

(7)　(2)ないし(5)の罪に当たる行為をするよう、人を勧誘し、または広告その他これに類似する方法により人を誘引した者（法28条4項）……1年以下の懲役もしくは100万円以下の罰金（または併科）

(8)　他人になりすまして法2条2項30号に掲げる資金移動業者（資金決済に
　関する法律2条3項に規定する資金移動業者）との間における為替取引によ
　り送金をし、もしくは送金を受け取ることまたはこれらを第三者にさせる
　ことを目的として、当該為替取引に係る送金の受取用のカード、送金また
　はその受取りに必要な情報その他資金移動業者との間における為替取引に
　よる送金またはその受取りに必要なものとして政令で定めるもの（以下
　「為替取引カード等」という）を譲り受け、その交付を受け、またはその提
　供を受けた者（法29条1項前段）……1年以下の懲役もしくは100万円以下
　の罰金（または併科）

(9)　通常の商取引として行われるものであることその他の正当な理由がない
　のに、有償で、為替取引カード等を譲り受け、その交付を受け、またはそ
　の提供を受けた者（法29条1項後段）……1年以下の懲役もしくは100万円
　以下の罰金（または併科）

(10)　相手方に(8)の目的があることの情を知って、その者に為替取引カード等
　を譲り渡し、交付し、または提供した者（法29条2項前段）……1年以下
　の懲役もしくは100万円以下の罰金（または併科）

(11)　通常の商取引として行われるものであることその他の正当な理由がない
　のに、有償で、為替取引カード等を譲り渡し、交付し、または提供した者
　（法29条2項後段）……1年以下の懲役もしくは100万円以下の罰金（また
　は併科）

(12)　業として(8)ないし(11)の罪に当たる行為をした者（法29条3項）……3年
　以下の懲役もしくは500万円以下の罰金（または併科）

(13)　(8)ないし(11)の罪に当たる行為をするよう、人を勧誘し、または広告その
　他これに類似する方法により人を誘引した者（法29条4項）……1年以下
　の懲役もしくは100万円以下の罰金（または併科）

ワンポイントアドバイス

　金融機関としては、金融機関自体以外が処罰される上記2の場合について
は、その犯罪事実を把握したら告発等の措置をとるべきである。

第2編　ケーススタディ　309

第15 施行期日および経過措置

Q117 施行期日

平成26年改正による犯収法、施行令および施行規則の施行期日はいつか。

結論

施行期日は平成28年10月1日である。

············ **解　説** ············

平成26年改正による犯収法、施行令および施行規則の施行期日は、平成28年10月1日である。

ただし、次の事項に関する規定についてはそれぞれの期日が施行期日となる。

(1) 国家公安委員会が、毎年、犯罪の収益の移転に係る手口その他の犯罪による収益の移転の状況に関する調査および分析を行った上で、特定事業者その他の事業者が行う取引の種別ごとに、当該取引による犯罪による収益の移転の危険性の程度その他の当該調査および分析の結果を記載した犯罪収益移転危険度調査書の作成し、公表することに関する法3条3項の規定について……公布の日（平成26年11月27日）から施行

(2) 個人番号カードの関係の規定（本人確認書類：施行規則7条1号イ）……平成28年1月1日から施行

ワンポイントアドバイス

施行期日は、経過措置における平成26年改正法に定める法人の実質的支配者についての確認の基準日となる［Q118］。

310

Q118 経過措置

平成26年改正による犯収法、同施行令および同施行規則の経過措置はどのように定められているのか。

結 論

住民基本カードの本人確認書類としての扱いや法人の実質的支配者の規定の変更に伴い、平成26年改正前に取引時確認を行っていた確認済顧客等についても、原則として法人の実質的支配者の確認を要することなどが定められている。

············ 解　説 ············

1　住民基本台帳カードについて

住民基本台帳カードの廃止に伴い、平成26年改正施行規則において本人確認書類とされていた住民基本台帳カードに代わり、個人番号カードが本人確認書類と定められた（施行規則7条1号イ）。ただし、有効期間満了等によって住民基本台帳カードが失効する時または個人番号の交付を受ける時のいずれか早い時までの間は、住民基本台帳カードをもって個人番号カードとみなし、本人確認書類と扱うこととされた（施行規則附則2条1項）。

2　実質的支配者の本人特定事項の確認について

(1)　確認済顧客等にも実質的支配者の本人特定事項の確認は原則必要

平成26年改正法施行日前に既に平成26年改正法施行前の法4条1項もしくはこれに相当する取引時確認または同条2項に基づく厳格な顧客管理による確認がなされている顧客等との間で平成26年改正法施行日以後初めて特定取引[336]を行う場合、施行日前の取引に関連する取引[337]以外の取引における顧

336　金融機関が他の特定事業者に委託して行う金融取引で当該特定事業者による本人確認済みの取引および金融機関が合併、事業譲渡などにより他の特定事業者から事業承継した場合において当該特定事業者による本人確認済みの取引を含む。

第2編　ケーススタディ　311

客等が確認済顧客等［Q70］に当たったとしても、実質的支配者の本人特定事項の確認（法4条1項4号）については平成26年改正法4条3項が適用されず、あらためて平成26年改正法の定める実質的支配者（以下「新実質的支配者」という）の本人特定事項の確認をすることを要する[338]（施行規則附則3条1項）。なお、この場合は新実質的支配者についての本人特定事項以外の本人特定事項等（顧客等の本人特定事項、取引を行う目的、職業、事業内容）の確認の必要はない。

(2)　**新実質的支配者の本人特定事項の確認が不要とされる場合**

　次の場合には、平成26年改正法4条1項は適用されず、新実質的支配者の本人特定事項の確認は不要である。

①　施行日前に取引時確認を行った特定取引が契約の締結であり、施行日後の特定取引が当該契約に基づく関連取引である場合（施行規則附則3条2項1号）。

　　具体例としては、施行日前に開設した証券口座を用いて施行日以降に特定取引を行うような場合、施行日前に開設した銀行口座を用いて行う大口現金取引、施行日前に締結した保険契約に基づいて行う満期保険金の支払などがある[339]。

②　施行日前の取引の際に[340]取引時確認を行い、平成26年改正前法所定の本人特定事項等に加えて新実質的支配者についての本人特定事項の確認が既になされており、かつ、確認記録等の作成および保存がなされ確認済顧客の確認措置（規則16条）［Q70］を行っている顧客等（なりすまし等が疑われる取引を除く）との間で施行日以後行う特定取引[341]の場合（施行規則附

---

[337]　施行日前の取引が契約の締結である場合における当該契約に基づくものをいう。

[338]　実質的支配者に該当する者の範囲が拡大されており（施行規則11条2項）、従前の確認のみでは不十分な可能性があるからである。

[339]　H27パブコメ［208］、［209］。

[340]　既存取引の顧客等について新実質的支配者の確認を目的とする趣旨からすれば、ここでいう「取引の際」は、厳密な意味における新たな個別取引に限定されるものではなく、既存の預金契約や貸付契約など当該顧客等の間の既存取引の継続中の意味も含むと解すべきである（同旨「《座談会》改正犯収法施行に向けた金融機関の実務対応」金融法務事情2039号20頁）。

則3条2項2号)。

③ 既に厳格な顧客管理による確認(平成26年改正法4条2項)に基づき取引時確認および新実質的支配者の確認を実施している顧客等との間で施行日以後初めて行う特定取引[342]で、確認記録等の作成および保存がなされ確認済顧客の確認措置(規則16条)[Q70]を行った場合(なりすまし等が疑われる取引を除く)(施行規則附則3条2項3号)。

(3) 金融機関は、上記(1)の確認を行う場合において、新実質的支配者に該当するものの、平成26年改正前において既に実質的支配者に該当する者として本人特定事項の確認がなされ、確認記録等の作成および保存がなされている平成26年改正前法4条1項4号の要件に該当する(旧)実質的支配者については、あらためて本人特定事項の確認をする必要はない[343](施行規則附則3条3項)。

ただし、金融機関は、確認記録の記録事項に変更があることを知った場合は、その変更に係る内容を確認記録に付記することとされているため(施行規則20条3項)、施行日以後に特定取引を行う場合等に顧客等の新実質的支配者に該当する者が改正前施行規則10条2項に定める実質的支配者(以下「旧実質的支配者」という)に該当することを知ったときは、確認記録に実質的支配者と顧客等との関係を記載することが求められる[344]。

3 取引時確認(法4条1項)の特例について

施行日以降においては、保険契約などに関し預貯金の口座振替決済の口座開設金融機関による取引時確認をもって本人確認する方法など施行規則13条

---

341 金融機関が他の特定事業者に委託して行う金融取引で当該特定事業者による新実質的支配者の本人特定事項確認済みの取引および金融機関が合併、事業譲渡などにより他の特定事業者から事業承継した場合において当該特定事業者が新実質的支配者の本人特定事項確認済みの取引を含む。

342 脚注341と同じ。

343 実質的支配者の該当要件は平成26年改正法と改正前とでは異なっているから、この場合においても少なくとも新実質的支配者に該当するか否かの確認は行わざるをえないであろう。

344 この場合、当該実質的支配者が当該顧客等の2分の1を超える議決権を有する自然人(国等およびその子会社を含む)の場合はその議決権割合が2分の1を超える旨を確認記録に記録することで足りる(H27パブコメ[212])。

1項各号に該当する本人確認方法の特例［Ｑ3］については、既になされた取引時確認において、新実質的支配者に該当する者の本人特定事項の確認がなされていない限り適用されない（施行規則附則4条）。

4　口座振替決済の口座開設金融機関による本人確認方法

平成26年改正前の施行令である平成24年改正施行令附則6条においては、平成24年改正法施行以前に、金融機関が保険契約等[345]の決済を口座振替で行う場合、当該口座振替に係る預金契約を締結している他の金融機関により、当該預金契約について、平成24年改正法4条1項の規定による本人確認に相当する確認がなされていた場合には、当該他の金融機関等がこれらの確認を行い、かつ、確認記録を保存していることを確認する方法により特定取引における取引時確認とすることができる旨が定められていた。

平成26年改正法においては、かかる経過措置の適用に当たり、これらの確認に加えて、既に新実質的支配者に該当する者の本人特定事項の確認がなされている場合を除き、新実質的支配者に該当する者の本人特定事項の確認を行わなければならない旨の変更がなされた（施行規則附則7条1項）。

なお、新実質的支配者に該当するものであっても、旧実質的支配者に該当する者として既に本人特定事項の確認および確認記録の保存がなされている場合には、あらためて本人特定事項を確認する必要はない（同2項）。

5　敷居値以下に分割された取引規定の適用（施行令7条3項）

敷居値以下に分割された取引に対する取引時確認に関する施行令7条3項［Ｑ9］は、施行日以前に行われた取引には適用されない（施行令附則2条）。

6　疑わしい取引の届出規定の適用（法8条）

疑わしい取引の届出に関する判断の方法を新たに規定した平成26年改正法8条（［Ｑ91］ないし［Ｑ93］）が適用されるのは平成26年改正法の施行日以降に行われる取引であり、取引が施行日以前に行われたものについては適用されない（法附則2条）。

345　施行令7条1項1号ハないしヨおよびソ［Ｑ5］(3)ないし(15)および(18)。

314

7 罰則規定について

施行令施行前にした行為に対する罰則の適用については、従前の例による（法附則3条、施行令附則3条）。

ワンポイントアドバイス

法人の実質的支配者については、平成26年改正法により新たな定義と要件が定められたため、改正法施行後の特定取引の際には、平成26年改正後の規定に基づく新実質的支配者の本人特定事項の確認をしなければならないのが原則となる。

金融機関としては、施行日前の新実質的支配者の確認による施行日後取引における簡便な取扱い（2(2)②）を積極的に活用することにより、施行日後の新実質的支配者の確認の事務負担の軽減となるように努めるべきである。

第 3 編

今後の
マネー・ローンダリング
対策の課題

第1 疑わしい取引の届出態勢の強化

マネー・ローンダリングは、当然ながら犯罪による収益等の移動が行われるものである。かかる資金移動をモニタリングして疑わしい取引を捕捉し、届け出ることはマネー・ローンダリング行為そのものの情報取得収集であり、その態勢の強化は急務である。

そこで、金融機関としては、以下の諸点をチェックして、不十分な点を改善すべきである。

(1) 効率的・効果的なモニタリングの方法

金融機関の顧客との取引は多大な数となるため、効率的・効果的なモニタリングの方法を確立しなければならない。

取引数の膨大な大手銀行などは、取引の網羅的なモニタリングのための取引モニタリングシステムソフトの導入が独自に必要であろうし、現にその導入が進んでいる。

これに対して、中小金融機関においては、複数金融機関のシステム共用などによる効率的・効果的なモニタリング方法の確立を目指すべきである。

そして、システムの設定に当たっては、選別する取引のグルーピングが重要となるため、各金融機関における顧客の種類（法人中心か否か等）、各金融機関の取引分野、種類、金額の多寡等の要素を考慮して各金融機関それぞれにおいて個別に設定しなければならない。

(2) モニタリング情報の分析

いかに効率的・効果的なモニタリングを行ったとしても、届出すべき疑わしい取引に該当するか否かが明確でない取引については、最終的には次の(3)判断権者による判断により届出すべき疑わしい取引か否かを決定することとなる。そこで、モニタリング情報のうち、①明白に届出すべき疑わしい取引であるもの、②そうでないもの、を分析分類し、②については、(3)の判断権者の判断が行われる仕組みが整備され、実践されていなければならない。

(3) 判断権者

上記(2)の分析に基づいて届出すべき疑わしい取引であるか否かの判断が必

要な取引について判断する判断権者があらかじめ定められており、その判断権者に判断すべき事例が確実に伝達されるルールと仕組みが存在し、実践されていなければならない。

(4) 判断方法・基準（法8条2項）

上記(3)の判断権者の判断に当たっては、届出すべき疑わしい取引を判断する際の判断方法・基準が法の要求するものでなければならない[1]。

(5) 行員等に対する指導・研修（法11条1号）

上記(1)ないし(4)の措置が確実に行われるために、担当する行員等に対する指導・研修等の対策がとられていなければならない。

(6) 実施状況のチェック

上記(1)ないし(5)についてのルールの整備、各措置の実施状況をチェックし、不十分、不完全な点の把握と改善策の提案を行う部署が決められていて、ルールに従った実施状況のチェックが行われなければならない。

第2　反社会的勢力の排除対策との関係

マネー・ローンダリングは、犯罪による収益等の資金洗浄のために資金移動することが核心部分である。かかる資金移動は暴力団などの反社会的勢力のみが行うとは限らないのであるから、マネー・ローンダリング対策の対象となる取引主体である個人あるいは法人は反社会的勢力という属性であるとは限らない。したがって、マネー・ローンダリング対策は、暴力団などの反社会的勢力との関係遮断や取引からの排除という反社会的勢力対策そのものではない。

しかしながら、わが国においては、暴力団などの反社会的勢力が取得した犯罪による収益等について資金移動と資金洗浄を行うことが通例であることも事実である。そのため、暴力団などの反社会的勢力による資金移動および資金洗浄の対策をその属性に着目して実施することは、いわば対象たる取引

1　法の定める判断における項目および判断の方法については第2編［Q93］を参照

第3編　今後のマネー・ローンダリング対策の課題　319

行為の主体の属性面からのマネー・ローンダリング対策であるといえる。

その際留意すべきことは、反社会的勢力の中核的存在である暴力団組織についての不透明化や暴力団活動の不透明化、巧妙化が進行している点である。

つまり、金融機関が取引を行う直接の相手方は暴力団ではないが、その背後の実質的支配を行っている者あるいは事業支配を行っている者が暴力団あるいは暴力団員であるというケースが大多数であり、今後もその傾向は続くであろう。

具体的には金融機関と直接取引する相手方が外形的には正常な商取引を行っていることを装っているフロント企業（暴力団関係企業）、名目だけの存在で資金移動の通過点にすぎないダミー会社、暴力団の協力者として表向き取引主体となる共生者などのケースである。

特にマネー・ローンダリングは、まさに資金洗浄のための資金移動取引であるから、暴力団などの反社会的勢力が金融機関に対してその正体を隠し、正常な金融取引であることや、問題のない属性であることを装うのが常態である。

そこで、マネー・ローンダリング対策としての取引主体の属性対策としての反社会的勢力の金融機関との取引からの排除においては、金融機関との取引の直接の相手方のみを対象として排除するのみならず、取引の直接の相手方が暴力団などの反社会的勢力である第三者から実質支配あるいは事業支配を受けている場合も対象として捕捉し排除できるような対策を構築することが必要である。この点、犯収法上は、法人の実質的支配者の本人特定事項の確認が重要な役割を担っている。

第3　今後のテロ資金対策の重要性

2015（平成27）年11月に発生したパリ同時多発テロや2016（平成28）年3月に発生したベルギー同時テロなど国際テロリストによるテロ対策はきわめて重大かつ緊急の国際的課題である。

そのため、マネー・ローンダリング対策の観点からテロ資金の移動を監視し、それを阻止するために金融機関にはなおいっそう強力な対応が求められることは確実である。具体的な新たな対応要請はFATF勧告などで明らかとなっていくので、今後の動向を注意深く見守りたい。

第4 マネー・ローンダリング対策条項の導入の検討

1 目 的

犯収法が金融機関に求める措置は、直接的な目的としては、あくまで事後的に資金移転情報の検索を可能とすることにより、犯罪収益等隠匿罪（組織的犯罪処罰法10条）などのマネー・ローンダリング犯罪の検挙摘発に結びつけることにある。

これに対して、金融機関としては、金融機関の社会的使命と責務からすれば、金融機関としての独自の立場から、マネー・ローンダリングによる金融サービスの濫用防止や金融サービスを利用した犯罪防止のために取引先顧客のマネー・ローンダリングへの関与をモニタリングしつつ、マネー・ローンダリングを行った取引先顧客あるいは、そのおそれのある取引先顧客との新規取引を防止し、あるいは既存取引先顧客との取引を終了させる対応が求められている。

そこで、取引先顧客との間の契約自由の原則を法的根拠として、取引約款、各種契約規定等に以下のようなマネー・ローンダリング対策条項を規定整備することが有効かつ効果的である。

(1) 取引先顧客のマネー・ローンダリングへの関与に対するモニタリングに関して、法は、取引時確認や厳格な顧客管理による確認による本人特定事項等の確認を求めているが、さらにその強化や補完のため金融機関としての独自の立場から整備する約款規定（モニタリング条項およびモニタリング補完条項）

(2) 金融機関のモニタリングや取引時確認措置の実行の円滑化のための金融

機関の顧客等への責任からの免責規定（金融機関の免責条項）

(3)　顧客等による直接的なマネー・ローンダリング行為の事実に基づき取引関係遮断のための契約の解除（解約）規定または債務についての期限の利益の喪失規定（直接的なマネー・ローンダリング対策条項）

(4)　マネー・ローンダリング行為を行う取引先顧客の排除のための取引属性に着目した(2)の補完的規定（取引属性に着目した補完的条項）

(5)　実質的には(2)および(3)と同様に取引関係遮断すべきと評価されるものの、直接的な適用規定がない場合にそれをカバーする補充的規定（バスケット条項）

　なお、新規取引先顧客との新規取引の開始に当たっては、理論的には、契約自由の原則に基づいて不適切な顧客との契約は拒絶できる。

　しかしながら、既に取引を開始している取引先顧客との取引の終了の手段としては、金融機関から一方的に契約を終了させることができるような法的根拠のある手段を整備しなければならない。

　その法的根拠のある手段として有効かつ効果的なものが取引約款、各種契約規定等にマネー・ローンダリング行為を行った、あるいはそのおそれのある取引先顧客との取引の解除（解約）条項または債務についての期限の利益の喪失条項である。

2　いわゆる反社会的勢力排除（暴力団排除）条項との関係

　一般的に、反社会的勢力排除（暴力団排除）条項は、取引対象の属性概念（暴力団、暴力団員等）および属性に附随する行為態様（暴力的な要求行為等）に着目した構成がとられるのが通例である。

　しかしながら、反社会的勢力の中核的存在である暴力団組織の不透明化、巧妙化と暴力団活動の不透明化、巧妙化が進行した現状においては、かかる属性概念のみで反社会的勢力排除（暴力団排除）を効果的に実行することは必ずしも容易ではない。

　そして、暴力団を中核とする反社会的勢力が犯罪による収益等を取得し、これを利用して資金洗浄を行うことが通例であることからすれば、犯罪によ

る収益などの資金移動に着目した構成として、金融機関にかかわる取引のうちマネー・ローンダリング行為そのものを解除事由、あるいは債務についての期限の利益の喪失事由と構成する条項を整備すれば、属性概念では捕捉できないケースであっても、排除条項の適用場面に取り込むこともできる。

この意味では、マネー・ローンダリング行為そのものを解除事由あるいは債務についての期限の利益の喪失事由と構成する条項（マネー・ローンダリング対策条項）は反社会的勢力排除（暴力団排除）条項をより実効化するための補完的条項であるし、逆にマネー・ローンダリング対策条項を基点とすれば、反社会的勢力排除（暴力団排除）条項はマネー・ローンダリング対策をより実効化するための補完的条項であるといえる。

3　想定するケースとその検討

次に、実際に想定される金融機関として取引終了あるいは取引遮断すべきケースを前提として、それに対して有効かつ効果的なマネー・ローンダリング対策条項の構築を試みる。

想定するケースは次のとおりである。

〈ケース1〉

X銀行は、Y株式会社に対する取引時確認の際に、同社の実質的支配者は自然人Zであるとの申告を受けた。しかしながら、X銀行の保有するZの資産、収入、生活状況に関する情報によればZが実質的支配者であるのは合理的ではないと判断された。

〈ケース2〉

X銀行は、Y株式会社に対して資金使途を運転資金として融資した。

ところが、融資実行後、Y株式会社は代表取締役社長など主な役員が外部から新たに就任した後に、不明な資金の入出金が頻繁に行われるようになった。その後、同社の関係者が検挙され同社名義のX銀行預金に入出金していた資金の大半は犯罪による収益であったこと、X銀行がY株式会社に融資実行した資金も他の犯罪による収益とともに株式会社Zに貸付のかたちで資金提供されていたことが判明した。

第3編　今後のマネー・ローンダリング対策の課題　323

〈ケース3〉

X銀行が、Z株式会社に対して資金使途を運転資金として融資した。

ところが、融資実行後、暴力団員AがY株式会社の株式の51パーセントを取得して、Aが出資して設立した株式会社の取締役であるBがZ株式会社の代表取締役に選任された以降、不明な資金の入出金が頻繁に行われるようになった。その後、AおよびBが検挙され同社名義人のX銀行預金にAのBに対する指示により入出金していた資金の大半はAの取得した犯罪による収益であったことが判明した。

〈ケース1〉については、金融機関としては、その知識、経験およびその保有するデータベース等に照らして合理的でないと認められる者を実質的支配者として顧客等が申告している場合には、正確な申告を促す必要はあるとされるが、顧客等としては、内容はともかく法人の実質的支配者について申告済みであることを理由として協力が得られない可能性もある。そこで、法人の実質的支配者の確認を確実に行うために、金融機関が顧客等に対して協力を求めることができる根拠づけのため、契約上の根拠規定を整備すべきである。

〈ケース2〉については、取引先の属性が暴力団等であるとの事実認定が困難な場合であるから暴力団排除条項によっては、期限の利益喪失事由の該当により関係遮断することが困難であり、犯罪収益の保管移動というマネー・ローンダリング行為そのものを事由として期限の利益の喪失事由として構成する必要がある。

〈ケース3〉については、取引先顧客等の属性の概念範囲にかかわる問題であるから暴力団排除条項の適切な整備が課題となる。

4　マネー・ローンダリング対策条項の規定のあり方と条項例

条項の形式種類としては、表明保証、報告義務規定などがありうるが、それらの規定は、契約解除（預金解約）条項および期限の利益の喪失条項の実効性を確保するための条項技術である。

そこで、本書ではマネー・ローンダリング対策のために必要となる具体的

条項例の中核的部分のみを検討対象とする（以下の条項例において「甲」は金融機関を、「乙」は顧客等（借入人＝債務者および連帯保証人等）を指すものとする）。

(1)　基本約定書

① モニタリング条項

　　a　取引先顧客のマネー・ローンダリングへの関与のモニタリングに関しては、法11条により金融機関に求められる「取引時確認をした事項に係る情報を最新の内容に保つための措置」を具体化するものが考えられる。

【条項例】

　　『（本人特定事項）の変更があった場合には、直ちに乙は甲に対し、その変更事項を届け出ます。』

　　b　最後の取引から長期間経過した後の取引などの犯収法の適用においては、確認済顧客等に該当して金融機関に顧客等の本人特定事項等の取引時確認が義務づけられていない場合であったとしても、その取引が顧客等のマネー・ローンダリングへの関与の可能性がある場合に、金融機関が積極的に顧客等の本人特定事項等の取引時確認を可能とする契約条項上の根拠規定として次のような条項例が考えられる。

【条項例】

　　『甲乙間で行われた最後の取引から１年が経過した場合その他法令の規定に関連して必要があると甲が認めた場合において、甲が乙に対して乙の本人特定事項等および乙の代表者等その取引の任に当たる担当者の本人特定事項の確認等の取引時確認を求めた場合にはこれに応じます。』

② 法人の実質的支配者の申告への協力義務（モニタリング補完条項）

　　取引時確認の実効性を確保するために、モニタリングの補完として金融機関の独自の立場から整備する約款規定である。

【条項例】

　　『法令による取引時確認におけるお客様の申告内容に関して不明確な事項がある場合には、当行からのお問い合わせ等へご協力いただきます。』

③ 金融機関の免責条項

法5条に規定する特定事業者の免責規定を強化することにより、金融機関のモニタリングや取引時確認措置の実行の円滑化を図るものである。

【条項例】

『法令または本約款の定めに基づき甲が乙に本人特定事項等の取引時確認を求めた場合には乙はこれに応じます。正当な理由なく乙がこれに応じない場合には甲は、乙がこれに応ずるまでの間、当該取引に関して義務の履行を拒絶することができるとともに、当該拒絶により生じた乙の損害を賠償する義務を負いません。』

④ 直接的なマネー・ローンダリング対策条項

直接的なマネー・ローンダリング対策についての条項としては、マネー・ローンダリング行為を直接対象とするのであるから、組織犯罪処罰法10条に定める犯罪収益等隠匿罪あるいは麻薬特例法6条に定める薬物犯罪収益等隠匿罪に当たる行為を顧客等が行った事実を期限の利益の喪失事由として構成した条項を基本条項とすべきである。

【条項例】

『甲との取引を用いることにより、犯罪収益等または薬物犯罪収益等の取得若しくは処分につき事実を仮装し、または隠匿したとき』

⑤ 取引属性に着目した補完的条項

a 暴力団排除条項……直接取引を行う取引先個人が反社会的勢力あるいは法人の役員等経営支配を有する者のうちに反社会的勢力としての属性を有する者が存在することが判明した場合に、関係遮断のため期限の利益の喪失を行える条項により属性による排除の面から上記③の補完的役割を果たす規定である。この規定は、基本的にはすでに各金融機関で導入済みの暴力団排除条項により整備されていると考えられる。

【条項例】

暴力団排除条項の条項例としては、全国銀行協会作成の「暴力団排除条項に関する参考例の制定について」（平成20年11月25日）、「普通預金規定、当座勘定規定および貸金庫規定に盛り込む暴力団排除条項の参考例の制定について」（平成21年9月24日）、「融資取引および当座勘定取引における暴

力団排除条項参考例の一部改正について」（平成23年6月2日）が参考となる。

　b　共生者、事業被支配……aに加えてマネー・ローンダリング対策条項としては、取引先顧客等が、暴力団等反社会的勢力の共生者（共生者）、あるいは、法人等事業者である取引先顧客等が、暴力団等反社会的勢力により実質支配されている場合（事業被支配）も対象に含める規定整備が必要である。

【条項例】

　前掲全国銀行協会作成の「融資取引および当座勘定取引における暴力団排除条項参考例の一部改正について」（平成23年6月2日）が参考となる。

⑥　バスケット条項

　マネー・ローンダリングの手法は今後さらに多様化・巧妙化していくことは避けられないため、上記③ないし④の規定を新たに契約解除（預金解約）条項および期限の利益の喪失条項として構成した場合においても、これらの規定で定めた以外の事由やそれと同価値と評価される事由も対象としてカバーするための補充的規定も整備する必要がある。

【条項例】

　『前各号のほか前各号に準ずる相当な事由』

(2)　預金規定

　預金取引が資金洗浄に利用されることが多い現実においては、預金規定においてもマネー・ローンダリング対策条項として、たとえば次のような規定およびその補充的規定（上記(1)⑥バスケット条項）を設けて預金取引を停止または預金者に通知することによって本預金口座を金融機関から解約することができる事由を規定整備することを検討すべきである。

【条項例】

　『本預金が、犯罪収益等または薬物犯罪収益等の取得若しくは処分につき事実を仮装し、または隠匿する行為に利用されたとき』

（バスケット条項）

　『前号のほか前号に準ずる事由』

第3編　今後のマネー・ローンダリング対策の課題　327

［巻末資料１］

犯罪収益移転防止法に関する留意事項について

　本文書は、「犯罪による収益の移転防止に関する法律」（以下「法」という。）第２条第２項第１号から第36号までに掲げる特定事業者のうち金融庁所管事業者（以下「金融機関等」という。）が法第４条に規定する確認義務、法第８条に規定する疑わしい取引の届出義務等を履行するに当たり、留意すべき事項を示したものである。

　なお、個別の事情に応じて、法令等の範囲内においてこれと異なる取扱いとすることを妨げるものではない。

1　取引を行う目的の類型

　以下は、金融機関等が法第４条第１項又は第２項の規定により、「犯罪による収益の移転防止に関する法律施行令」第７条第１項第１号イ又はタに掲げる取引に際して「取引を行う目的」を確認するに当たり、参考とすべき類型を例示したものである（複数選択可）。

　なお、これらの類型は例示であるため、各金融機関等において、これらの類型を参考としつつ、特定取引の内容や個別の業務・取引実態等に応じ、異なる類型により確認することとしても差し支えない。

(1)　預貯金契約の締結

自然人	法人／人格のない社団又は財団
☐　生計費決済	☐　事業費決済
☐　事業費決済	☐　貯蓄／資産運用
☐　給与受取／年金受取	☐　融資
☐　貯蓄／資産運用	☐　外国為替取引
☐　融資	☐　その他（　　　）
☐　外国為替取引	
☐　その他（　　　）	

(2)　大口現金取引（為替取引）

自然人	法人／人格のない社団又は財団
☐　商品・サービス代金	☐　商品・サービス代金
☐　投資／貸付／借入返済	☐　投資／貸付／借入返済
☐　生活費	☐　その他（　　　）
☐　その他（　　　）	

巻末資料1　　329

2 職業及び事業の内容の類型

　以下は、金融機関等が法第4条第1項又は第2項の規定により「職業」又は「事業の内容」を確認するに当たり、参考とすべき類型を例示したものである（複数選択可）。

　なお、これらの類型は例示であるため、各金融機関等において、これらの類型を参考としつつ、個別の業務・取引実態等に応じ、異なる類型により確認することとしても差し支えない。

職業	事業の内容
□　会社役員／団体役員	□　農業／林業／漁業
□　会社員／団体職員	□　製造業
□　公務員	□　建設業
□　個人事業主／自営業	□　情報通信業
□　パート／アルバイト／派遣社員／ 　　契約社員	□　運輸業 □　卸売／小売業
□　主婦	□　金融業／保険業
□　学生	□　不動産業
□　退職された方／無職の方	□　サービス業
□　その他（　　　）	□　その他（　　　）

3 取引時確認、取引記録等の保存、疑わしい取引の届出等を的確に行うための措置

　以下は、マネー・ローンダリング及びテロ資金供与（以下「マネー・ローンダリング等」という。）への対策に関する国際的な要請を踏まえ、我が国の金融機関等によるマネー・ローンダリング等への対策をより確実なものとすべく、法第10条に規定する「体制の整備」に関連して、取引時確認、取引記録等の保存、疑わしい取引の届出等を的確に行うために考えられる措置を例示したものである。

　なお、これらの措置は例示であるため、各金融機関等において、これらの措置を参考としつつ、個別の業務・取引実態、マネー・ローンダリング等に利用されるおそれの程度等に応じ、より適切な措置を講ずることとしても差し支えない。

(1) 取引時確認の完了前に顧客等と行う取引に関する措置

　取引時確認の完了前に顧客等と行う取引については、取引時確認が完了するまでの間に当該取引がマネー・ローンダリング等に利用されるおそれがあることを踏まえ、例えば、取引の全部又は一部に対し通常の取引以上の制限を課したり、顧客等に関する情報を記録したりするなどして、十分に注意を払うこと。

(2) 特定取引に当たらない取引に関する措置

　特定取引に当たらない取引についても、例えば敷居値を若干下回るなどの取

引は、当該取引がマネー・ローンダリング等に利用されるおそれがあることを
踏まえ、十分に注意を払うこと。

⑶　非対面取引に関する措置

　　非対面取引については、当該取引の顧客等がなりすまし・偽り等を行ってい
るおそれがあることを踏まえ、例えば、もう一種類の本人確認書類や本人確認
書類以外の書類等を確認することで、顧客等と取引の相手方の同一性判断に慎
重を期するなどして、十分に注意を払うこと。

⑷　対面取引に関する措置

　　対面取引についても、例えば取引時確認に写真が貼付されていない本人確認
書類を用いて行うなどの取引は、当該取引の顧客等がなりすまし・偽り等を
行っているおそれがあることを踏まえ、十分に注意を払うこと。

⑸　顧客等の継続的なモニタリング

　　上記のほか、既に確認した取引時確認事項について、顧客等がこれを偽って
いる（例えば、マネー・ローンダリング等目的の取引であるにもかかわらず、
本来の目的を秘して別の取引目的を申告することは、取引目的の偽りに該当し
得る。）などの疑いがあるかどうかを的確に判断するため、当該顧客等につい
て、最新の内容に保たれた取引時確認事項を活用し、取引の状況を的確に把握
するなどして、十分に注意を払うこと。

［巻末資料 2 ］

① 疑わしい取引の参考事例（預金取扱い金融機関）
（全般的な注意）

　以下の事例は、金融機関等が「犯罪による収益の移転防止に関する法律」第 8 条に規定する疑わしい取引の届出義務を履行するに当たり、疑わしい取引に該当する可能性のある取引として特に注意を払うべき取引の類型を例示したものであり、個別具体的な取引が疑わしい取引に該当するか否かについては、金融機関等において、顧客の属性、取引時の状況その他保有している当該取引に係る具体的な情報を最新の内容に保ちながら総合的に勘案して判断する必要がある。

　したがって、これらの事例は、金融機関等が日常の取引の過程で疑わしい取引を発見又は抽出する際の参考となるものであるが、これらの事例に形式的に合致するものがすべて疑わしい取引に該当するものではない一方、これに該当しない取引であっても、金融機関等が疑わしい取引に該当すると判断したものは届出の対象となることに注意を要する。

第 1 　現金の使用形態に着目した事例

⑴　多額の現金（外貨を含む。以下同じ。）又は小切手により、入出金（有価証券の売買、送金及び両替を含む。以下同じ。）を行う取引。特に、顧客の収入、資産等に見合わない高額な取引、送金や自己宛小切手によるのが相当と認められる場合にもかかわらず敢えて現金による入出金を行う取引。

⑵　短期間のうちに頻繁に行われる取引で、現金又は小切手による入出金の総額が多額である場合。敷居値を若干下回る取引が認められる場合も同様とする。

⑶　多量の小額通貨（外貨を含む。）により入金又は両替を行う取引。

⑷　夜間金庫への多額の現金の預入れ又は急激な利用額の増加に係る取引。

第 2 　真の口座保有者を隠匿している可能性に着目した事例

⑴　架空名義口座又は借名口座であるとの疑いが生じた口座を使用した入出金。

⑵　口座名義人である法人の実体がないとの疑いが生じた口座を使用した入出金。

⑶　住所と異なる連絡先にキャッシュカード等の送付を希望する顧客又は通知を不要とする顧客に係る口座を使用した入出金。

⑷　多数の口座を保有していることが判明した顧客に係る口座を使用した入出金。屋号付名義等を利用して異なる名義で多数の口座を保有している顧客の場合を含む。

⑸　当該支店で取引をすることについて明らかな理由がない顧客に係る口座を使用した入出金。

第 3 　口座の利用形態に着目した事例

⑴　口座開設後、短期間で多額又は頻繁な入出金が行われ、その後、解約又は取引が休止した口座に係る取引。

⑵　多額の入出金が頻繁に行われる口座に係る取引。

(3) 口座から現金で払戻しをし、直後に払い戻した現金を送金する取引（伝票の処理上現金扱いとする場合も含む。）。特に、払い戻した口座の名義と異なる名義を送金依頼人として送金を行う場合。

(4) 多数の者に頻繁に送金を行う口座に係る取引。特に、送金を行う直前に多額の入金が行われる場合。

(5) 多数の者から頻繁に送金を受ける口座に係る取引。特に、送金を受けた直後に当該口座から多額の送金又は出金を行う場合。

(6) 匿名又は架空名義と思われる名義での送金を受ける口座に係る取引。

(7) 通常は資金の動きがないにもかかわらず、突如多額の入出金が行われる口座に係る取引。

(8) 経済合理性から見て異常な取引。例えば、預入れ額が多額であるにもかかわらず、合理的な理由もなく、利回りの高い商品を拒む場合。

(9) 口座開設時に確認した取引を行う目的、職業又は事業の内容等に照らし、不自然な態様・頻度で行われる取引。

第4　債券等の売買の形態に着目した事例

(1) 大量の債券等を持ち込み、現金受渡しを条件とする売却取引。

(2) 第三者振出しの小切手又は第三者からの送金により債券等の売買の決済が行われた取引。

(3) 現金又は小切手による多額の債券の買付けにおいて、合理的な理由もなく、保護預り制度を利用せず、本券受渡しを求める顧客に係る取引。

第5　保護預り・貸金庫に着目した事例

(1) 保護預り及び信託取引の真の取引者を隠匿している可能性に着目した事例については、「第2　真の口座保有者を隠匿している可能性に着目した事例」に準じる。

(2) 貸金庫の真の利用者を隠匿している可能性に着目した事例については、「第2　真の口座保有者を隠匿している可能性に着目した事例」に準じる。

(3) 頻繁な貸金庫の利用。

第6　外国との取引に着目した事例

(1) 他国（本邦内非居住者を含む。以下同じ。）への送金にあたり、虚偽の疑いがある情報又は不明瞭な情報を提供する顧客に係る取引。特に、送金先、送金目的、送金原資等について合理的な理由があると認められない情報を提供する顧客に係る取引。

(2) 短期間のうちに頻繁に行われる他国への送金で、送金総額が多額にわたる取引。

(3) 経済合理性のない目的のために他国へ多額の送金を行う取引。

(4) 経済合理性のない多額の送金を他国から受ける取引。

(5) 多額の旅行小切手又は送金小切手（外貨建てを含む。）を頻繁に作成又は使用する取引。

(6) 多額の信用状の発行に係る取引。特に、輸出（生産）国、輸入数量、輸入価格等について合理的な理由があると認められない情報を提供する顧客に係る取引。

(7) 資金洗浄対策に非協力的な国・地域又は不正薬物の仕出国・地域に拠点を置く顧客が行う取引。特に、金融庁が監視を強化すべき国・地域として指定した国・地域に係る場合（第6(8)・(9)において同じ。）。

(8) 資金洗浄対策に非協力的な国・地域又は不正薬物の仕出国・地域に拠点を置く者（法人を含む。）との間で顧客が行う取引。

(9) 資金洗浄対策に非協力的な国・地域又は不正薬物の仕出国・地域に拠点を置く者（法人を含む。）から紹介された顧客に係る取引。

第7　融資及びその返済に着目した事例

(1) 延滞していた融資の返済を予定外に行う取引。

(2) 融資対象先である顧客以外の第三者が保有する資産を担保とする融資の申込み。

第8　その他の事例

(1) 公務員や会社員がその収入に見合わない高額な取引を行う場合。

(2) 複数人で同時に来店し、別々の店頭窓口担当者に多額の現金取引や外国為替取引を依頼する一見の顧客に係る取引。

(3) 取引時確認が完了する前に行われたにもかかわらず、顧客が非協力的で取引時確認が完了できない取引。例えば、後日提出されることになっていた取引時確認に係る書類が提出されない場合。代理人が非協力的な場合も同様とする。

(4) 顧客が自己のために活動しているか否かにつき疑いがあるため、実質的支配者その他の真の受益者の確認を求めたにもかかわらず、その説明や資料提出を拒む顧客に係る取引。代理人によって行われる取引であって、本人以外の者が利益を受けている疑いが生じた場合も同様とする。

(5) 法人である顧客の実質的支配者その他の真の受益者が犯罪収益に関係している可能性がある取引。例えば、実質的支配者である法人の実体がないとの疑いが生じた場合。

(6) 自行職員又はその関係者によって行われる取引であって、当該取引により利益を受ける者が不明な取引。

(7) 自行職員が組織的な犯罪の処罰及び犯罪収益の規制等に関する法律第10条（犯罪収益等隠匿）又は第11条（犯罪収益等収受）の罪を犯している疑いがあると認められる取引。

(8) 偽造通貨、偽造証券、盗難通貨又は盗難証券により入金が行われた取引で、当該取引の相手方が、当該通貨又は証券が偽造され、又は盗まれたものであることを知っている疑いがあると認められる場合。

(9) 取引の秘密を不自然に強調する顧客及び届出を行わないように依頼、強要、買収等を図った顧客に係る取引。

(10) 暴力団員、暴力団関係者等に係る取引。

⑾　職員の知識、経験等から見て、不自然な態様の取引又は不自然な態度、動向等が認められる顧客に係る取引。

⑿　その他（公的機関など外部から、犯罪収益に関係している可能性があるとして照会や通報があった取引等）

② 疑わしい取引の参考事例（保険会社）

（全般的な注意）

　以下の事例は、金融機関等が「犯罪による収益の移転防止に関する法律」第8条に規定する疑わしい取引の届出義務を履行するに当たり、疑わしい取引に該当する可能性のある取引として特に注意を払うべき取引の類型を例示したものであり、個別具体的な取引が疑わしい取引に該当するか否かについては、金融機関等において、顧客の属性、取引時の状況その他保有している当該取引に係る具体的な情報を最新の内容に保ちながら総合的に勘案して判断する必要がある。

　したがって、これらの事例は、金融機関等が日常の取引の過程で疑わしい取引を発見又は抽出する際の参考となるものであるが、これらの事例に形式的に合致するものがすべて疑わしい取引に該当するものではない一方、これに該当しない取引であっても、金融機関等が疑わしい取引に該当すると判断したものは届出の対象となることに注意を要する。

第1　現金の使用形態に着目した事例

⑴　多額の現金（外貨を含む。以下同じ。）又は小切手により、保険料を支払う契約者に係る取引。特に、契約者の収入、資産等に見合わない高額の保険料を支払う場合。

⑵　多額の保険金支払い又は保険料払戻しであるにもかかわらず、現金又は小切手による支払いを求める顧客に係る取引。

⑶　短期間のうちに行われる複数の保険契約に対する保険料支払いで、現金又は小切手による支払い総額が多額である場合。敷居値を若干下回る取引が認められる場合も同様とする。

⑷　多量の小額通貨（外貨を含む。）により保険料が支払われる取引。

第2　真の契約者を隠匿している可能性に着目した事例

⑴　架空名義又は借名で締結したとの疑いが生じた保険契約に係る取引。

⑵　契約者である法人の実体がないとの疑いが生じた保険契約に係る取引。

⑶　住所と異なる連絡先に保険証券等の証書類の送付を希望する契約者に係る取引。

⑷　多数の保険契約を締結していることが判明した契約者に係る取引。

⑸　多額の保険料支払いを内容とする保険契約を締結しようとする申込者に係る取引。特に、保険料の支払方法が年払い又は一時払いの場合。

⑹　当該支店に保険契約の申込みをする明らかな理由がない顧客に係る取引。

第3　契約締結後の事情に着目した事例

巻末資料2　335

(1) 経済合理性から見て異常な取引。例えば、不自然に早期の解約が行われる場合。

(2) 突然、保険料の支払方法を少額の月払いから年払い又は一時払いへ変更した契約者に係る取引。

(3) 突然、多額の保険料の支払いが必要となる高額保険へ変更した契約者に係る取引。

(4) 契約締結時に確認した取引を行う目的、職業又は事業の内容等に照らし、不自然な態様・頻度で行われる取引。

第4 債券等の売買に着目した事例

(1) 大量の債券等を持ち込み、現金受渡しを条件とする売却取引。

(2) 第三者振出しの小切手又は第三者からの送金により債券等の売買の決済が行われた取引。

第5 外国との取引に着目した事例

(1) 資金洗浄対策に非協力的な国・地域又は不正薬物の仕出国・地域において、保険金の受取りを希望する保険金受取人又は解約返戻金の受取りを希望する契約者に係る取引。特に、金融庁が監視を強化すべき国・地域として指定した国・地域に係る場合（第5(2)・(3)において同じ。）。

(2) 資金洗浄対策に非協力的な国・地域又は不正薬物の仕出国・地域に拠点を置く契約者に係る取引。

(3) 資金洗浄対策に非協力的な国・地域又は不正薬物の仕出国・地域に拠点を置く者（法人を含む。）から紹介された契約者に係る取引。

第6 融資に係る事例

(1) 延滞していた融資の返済を予定外に行う取引。

(2) 融資の相手方である顧客以外の第三者が保有する資産を担保とする融資の申込み。

第7 その他の取引に係る事例

(1) 公務員や会社員がその収入に見合わない高額な保険料の支払いを行う場合。

(2) 企業や団体を契約者とする場合で、不自然に高額な保険料を払い込む又は早期の解約が行われる、個々の被保険者の加入意思の確認が困難な保険契約。

(3) 取引時確認が完了する前に行われたにもかかわらず、顧客が非協力的で取引時確認が完了できない取引。例えば、後日提出されることになっていた取引時確認に係る書類が提出されない場合。代理人が非協力的な場合も同様とする。

(4) 契約者が自己のために活動しているか否かにつき疑いがあるため、実質的支配者その他の真の受益者の確認を求めたにもかかわらず、その説明や資料提出を拒む契約者に係る取引。代理人によって行われる取引であって、本人以外の者が利益を受けている疑いが生じた場合も同様とする。

(5) 法人である顧客の実質的支配者その他の真の受益者が犯罪収益に関係している可能性がある取引。例えば、実質的支配者である法人の実体がないとの疑いが生

じた場合。

⑹　自社職員又はその関係者によって行われる取引であって、当該取引により利益を受ける者が不明な取引。

⑺　自社職員が組織的な犯罪の処罰及び犯罪収益の規制等に関する法律第10条（犯罪収益等隠匿）又は第11条（犯罪収益等収受）の罪を犯している疑いがあると認められる取引。

⑻　偽造通貨、偽造証券、盗難通貨又は盗難証券により入金が行われた取引で、当該取引の相手方が、当該通貨又は証券が偽造され、又は盗まれたものであることを知っている疑いがあると認められる場合。

⑼　取引の秘密を不自然に強調する顧客及び届出を行わないように依頼、強要、買収等を図った顧客に係る取引。

⑽　暴力団員、暴力団関係者等に係る取引。

⑾　職員の知識、経験等から見て、不自然な態様の取引又は不自然な態度、動向等が認められる契約者に係る取引。

⑿　その他（公的機関など外部から、犯罪収益に関係している可能性があるとして照会や通報があった取引等）

③　疑わしい取引の参考事例（金融商品取引業者）
（全般的な注意）

　以下の事例は、金融機関等が「犯罪による収益の移転防止に関する法律」第8条に規定する疑わしい取引の届出義務を履行するに当たり、疑わしい取引に該当する可能性のある取引として特に注意を払うべき取引の類型を例示したものであり、個別具体的な取引が疑わしい取引に該当するか否かについては、金融機関等において、顧客の属性、取引時の状況その他保有している当該取引に係る具体的な情報を最新の内容に保ちながら総合的に勘案して判断する必要がある。

　したがって、これらの事例は、金融機関等が日常の取引の過程で疑わしい取引を発見又は抽出する際の参考となるものであるが、これらの事例に形式的に合致するものがすべて疑わしい取引に該当するものではない一方、これに該当しない取引であっても、金融機関等が疑わしい取引に該当すると判断したものは届出の対象となることに注意を要する。

第1　現金の使用形態に着目した事例

⑴　多額の現金（外貨を含む。以下同じ。）又は小切手により、株式、債券、投資信託等への投資を行う取引。特に、顧客の収入、資産等に見合わない高額な取引。

⑵　短期間のうちに頻繁に行われる株式、債券、投資信託等への投資で、現金又は小切手による取引総額が多額である場合。敷居値を若干下回る取引が認められる場合も同様とする。

⑶　多量の小額通貨（外貨を含む。）により、株式、債券、投資信託等への投資を

巻末資料2　337

行う取引。

第2　真の取引者を隠匿している可能性に着目した事例

(1)　架空名義口座又は借名口座であるとの疑いが生じた口座を使用した株式、債券の売買、投資信託等への投資。

(2)　口座名義人である法人の実体がないとの疑いが生じた口座を使用した株式、債券の売買、投資信託等への投資。

(3)　住所と異なる連絡先に取引報告書等の証書類の送付を希望する顧客に係る口座を使用した株式、債券の売買、投資信託等への投資。

(4)　多数の口座を保有していることが判明した顧客に係る口座を使用した株式、債券の売買、投資信託等への投資。

(5)　当該支店で取引をすることについて明らかな理由がない顧客に係る口座を使用した株式、債券の売買、投資信託等への投資。

第3　投資の形態に着目した事例

(1)　通常は取引がないにもかかわらず、突如多額の投資が行われる口座に係る取引。

(2)　大量の株券等を持ち込み、現金受渡しを条件とする売却取引。

(3)　本人が保有していることが疑われるほど大量な無記名証券、他人名義株券に係る取引。

(4)　短期間のうちに頻繁に株券等を持ち込み、現金受渡しを条件とする売却取引。

(5)　第三者振出しの小切手又は第三者からの送金により決済が行われた取引。

(6)　売却代金の振込銀行口座に第三者名義の銀行口座を指定しようとする顧客に係る取引。

(7)　契約締結時に確認した取引を行う目的、職業又は事業の内容等に照らし、不自然な態様・頻度で行われる取引。

第4　保護預りに係る事例

(1)　保護預り契約締結時の状況等に着目した事例については、「第2　真の取引者を隠匿している可能性に着目した事例」に準じる。

(2)　多額の株式又は債券の買付けにもかかわらず、合理的な理由もなく、保護預り制度を利用しないで、本券引出しを求める顧客に係る取引。

第5　外国との取引に着目した事例

(1)　資金洗浄対策に非協力的な国・地域又は不正薬物の仕出国・地域に拠点を置く顧客に係る取引。特に、金融庁が監視を強化すべき国・地域として指定した国・地域に係る場合（第5(2)・(3)において同じ。）。

(2)　売却代金の振込銀行口座に資金洗浄対策に非協力的な国・地域又は不正薬物の仕出国・地域に拠点を置く銀行口座を指定しようとする顧客に係る取引。

(3)　資金洗浄対策に非協力的な国・地域又は不正薬物の仕出国・地域に拠点を置く者（法人含む。）から紹介された顧客に係る取引。

第6　有価証券の発行関連業務に着目した事例

(1) 表面上の経営者とは別に経営に関与している者の存在が疑われる会社による有価証券の発行。

(2) 主要株主・役員・常任代理人・大口債権者・主要取引先・アレンジャー等のいずれかに、暴力団員、暴力団関係者等が関与すると疑われる有価証券の発行。

(3) 有価証券の発行によって調達しようとする資金の使途と業務との関係が不自然な会社による有価証券の発行。

(4) 前回の有価証券の発行後に行われた業務内容の変更又は新規事業が、これまでの事業との関連性が認められないなどの疑義がある会社による有価証券の発行。

(5) 増資前の発行済み株式数、売上高及び資産規模等に対して大幅な（極端な）増資の規模となる有価証券の発行。

(6) 短期間のうちに繰り返し行われる大規模な額の有価証券の発行。

(7) 役員・会計監査人が頻繁に入れ替わる会社又は辞任若しくは解任が不自然な形で行われた会社による有価証券の発行。

(8) 資金洗浄対策に非協力的な国・地域又は不正薬物の仕出国・地域を登記先又は拠点としているファンド等が割当先となっている第三者割当増資等の有価証券の発行。

(9) 実質的な投資者、引受け原資その他の経済的な実態が不透明なファンド等が割当先となっている第三者割当増資等の有価証券の発行。

(10) 表面上は複数の割当先であるが、実質的には同一であると疑われる者やファンド等が割当先となっている第三者割当増資等の有価証券の発行。

(11) 投資事業組合が第三者割当先となっている有価証券について、大量に入庫を行う行為。

第7　その他の取引に係る事例

(1) 公務員や会社員がその収入に見合わない高額な取引を行う場合。

(2) 取引時確認が完了する前に行われたにもかかわらず、顧客が非協力的で取引時確認が完了できない取引。例えば、後日提出されることになっていた取引時確認に係る書類が提出されない場合。代理人が非協力的な場合も同様とする。

(3) 顧客が自己のために活動しているか否かにつき疑いがあるため、実質的支配者その他の真の受益者の確認を求めたにもかかわらず、その説明や資料提出を拒む顧客に係る取引。代理人によって行われる取引であって、本人以外の者が利益を受けている疑いが生じた場合も同様とする。

(4) 法人である顧客の実質的支配者その他の真の受益者が犯罪収益に関係している可能性がある取引。例えば、実質的支配者である法人の実体がないとの疑いが生じた場合。

(5) 自社職員又はその関係者によって行われる取引であって、当該取引により利益を受ける者が不明な取引。

(6) 自社職員が組織的な犯罪の処罰及び犯罪収益の規制等に関する法律第10条（犯罪収益等隠匿）又は第11条（犯罪収益等収受）の罪を犯している疑いがあると認

められる取引。
(7)　偽造通貨、偽造証券、盗難通貨又は盗難証券により入金が行われた取引で、当該取引の相手方が、当該通貨又は証券が偽造され、又は盗まれたものであることを知っている疑いがあると認められる場合。
(8)　取引の秘密を不自然に強調する顧客及び届出を行わないように依頼、強要、買収等を図った顧客に係る取引。
(9)　暴力団員、暴力団関係者等に係る取引。
(10)　職員の知識、経験等から見て、不自然な態様の取引又は不自然な態度、動向等が認められる顧客に係る取引。
(11)　その他（公的機関など外部から、犯罪収益に関係している可能性があるとして照会や通報があった取引等）

4　商品先物取引業者における疑わしい取引の参考事例

平成25年4月1日

農林水産省食料産業局商品取引グループ

経済産業省商務情報政策局商取引監督課

（全般的な注意）

　以下の事例は、商品先物取引業者が「犯罪による収益の移転防止に関する法律」第8条に規定する疑わしい取引の届出義務を履行するに当たり、疑わしい取引に該当する可能性のある取引として特に注意を払うべき取引の類型を例示したものであり、個別具体的な取引が疑わしい取引に該当するか否かについては、商品先物取引業者において、顧客の属性、取引時の状況その他保有している当該取引に係る具体的な情報を最新の内容に保ちながら総合的に勘案して判断する必要がある。

　したがって、これらの事例は、商品先物取引業者が日常の取引の過程で疑わしい取引を発見又は抽出する際の参考となるものであるが、これらの事例に形式的に合致するものが全て疑わしい取引に該当するものではない一方、これに該当しない取引であっても、商品先物取引業者が疑わしい取引に該当すると判断したものは届出の対象となることに注意を要する。

第1　現金の使用形態に着目した事例

(1)　多額の現金（外貨を含む。以下同じ。）又は小切手が取引証拠金として差し入れられ又は決済の資金として支払われる取引。特に、顧客の収入、資産等に見合わない高額な取引。
(2)　短期間のうちに頻繁に現金又は小切手による取引証拠金等の入出金がある取引。
(3)　多量の小額通貨（外貨を含む。）による入金がある取引。

第2　真の取引者を隠匿している可能性に着目した事例

(1)　顧客の取引名義が架空名義又は借名であるとの疑いが生じた取引。
(2)　口座名義人である法人の実体がないとの疑いが生じた取引。

(3) 出張、旅行、入院等の合理的な理由がなく、顧客が代理人を指定する取引。

(4) 顧客と速やかに連絡がとれる場所でない（住所以外の）連絡先への取引報告書等の証拠書類の送付を顧客が希望する取引。

(5) 他の商品先物取引業者においても多数の取引口座を保有していることが判明した顧客に係る取引。

(6) 住所から遠隔地の支店等で取引をすることについて合理的な理由がない顧客に係る取引。

第3　投資の形態に着目した事例

(1) 通常は取引がないにもかかわらず、突如多額の売買が行われる取引。

(2) 大量の株券等を取引証拠金に充用し、それらの売却を商品先物取引業者に依頼する取引。

(3) 本人が保有していることが疑われるほど大量な無記名証券、他人名義株券を取引証拠金に充用している取引。

(4) 短期間のうちに頻繁に株券等を取引証拠金に充用し、それらの売却を商品先物取引業者に依頼する取引。

(5) 本人名義以外の金融機関口座からの送金がある取引。

(6) 本人名義以外の金融機関口座を送金先に指定しようとする取引。

第4　外国との取引に着目した事例

(1) 資金洗浄対策に非協力的な国・地域又は不正薬物の仕出国・地域に拠点を置く顧客に係る取引。特に、国家公安委員会が監視を強化すべき国・地域として指定した国・地域に係る場合（(2)・(3)において同じ。）。

(2) 売買益金の振込銀行口座に資金洗浄対策に非協力的な国・地域又は不正薬物の仕出国・地域に拠点を置く銀行口座を指定しようとする顧客に係る取引。

(3) 資金洗浄対策に非協力的な国・地域又は不正薬物の仕出国・地域に拠点を置く者（法人含む。）から紹介された顧客に係る取引。

第5　その他の取引に係る事例

(1) 公務員や会社員がその収入に見合わない高額な取引を行う場合。

(2) 顧客が自己のために取引しているか否かにつき疑いがあるため、実質的支配者その他の真の受益者の確認を求めたにもかかわらず、その説明や資料提出を拒む顧客に係る取引。代理人によって行われる取引であって、本人以外の者が利益を受けている疑いが生じた場合も同様とする。

(3) 法人である顧客の実質的支配者その他の真の受益者が犯罪収益に関係している可能性がある取引。例えば、実質的支配者である法人の実体がないとの疑いが生じた場合。

(4) 自社の役職員又はその関係者によって行われる取引であって、当該取引により利益を受ける者が不明な取引。

(5) 自社の役職員が組織的な犯罪の処罰及び犯罪収益の規制等に関する法律第10条（犯罪収益等隠匿）又は第11条（犯罪収益等収受）の罪を犯している疑いがある

巻末資料2　341

と認められる取引。

(6) 偽造通貨、偽造証券、盗難通貨又は盗難証券により入金が行われた取引で、当該取引の相手方が、当該通貨又は証券が偽造され、又は盗まれたものであることを知っている疑いがあると認められる場合。

(7) 取引の秘匿を不自然に強要する顧客又は届出を行わないように依頼、強要、買収等を図った顧客に係る取引。

(8) 暴力団員、暴力団関係者等に係る取引。

(9) 自社の役職員の知識、経験等から見て、不自然な態様の取引又は不自然な態度、動向等が認められる顧客に係る取引。

(10) 商品取引契約の締結時に確認した取引を行う目的、職業又は事業の内容等に照らし、不自然な態様・頻度で行われる取引。

(11) 犯罪収益移転防止管理官（※）その他の公的機関など外部から、犯罪収益に関係している可能性があるとして照会や通報があった取引

（※） 警察庁刑事局組織犯罪対策部犯罪収益移転防止管理官（JAFIC）

事項索引

英字

FATF……………………………………7
FIU………………………………………8
PEPs………………………………185,189

う

疑わしい取引………………………253,255
疑わしい取引の届出…………………253

か

外国為替取引………………………287
外国人…………………117,132,135
外国の重要な公的地位を有する
　者………………………………185,189
外国法人…………………………117
顔写真のない本人確認書類………126
確認記録…………………………228
確認済顧客等……………………204
為替取引カード等………………309
簡素な顧客管理を行うことが許
　容される取引……………………41,48
関連取引時確認…………………184

き

9の特別勧告………………………8
金融機関…………………………18

け

厳格な顧客管理による確認………183

こ

顧客…………………………80,82,84
顧客管理を行う上で特別の注意
　を要する取引……………………41,57

顧客等……………………………80
顧客に準ずる者…………………80
個人番号カード…………………125
コルレス契約……………………281

し

シェルバンク……………………281
敷居値……………………42,55,61,65
資産・収入の状況………………38
資本多数決法人…………………165
住民基本台帳カード……………125
職業および事業内容……………161
人格なき社団または財団………158
新40の勧告………………………9

そ

組織的犯罪処罰法………………11

た

第3次対日相互審査………………14,17
対象取引…………………………41,44
対日相互審査報告書……………58
代表者等…………………………74
対面取引…………………………119,128

て

テロ資金供与処罰法……………12
テロ資金供与防止条約……………8
電子署名…………………………123,130
転送不要郵便物等………………120

と

統括管理者………………………292
同種の取引の態様と著しく異な
　る態様で行われる取引………42,59

事項索引　343

特定業務 …………………………34
特定金融機関 ……………………251
特定国等 …………………………185
特定事業者 ………………………18
特定事業者作成書面等 …………294
特定取引 …………………………38,41
特定取引等 …………………34,38,69
取引関係文書 ……………………120
取引記録 …………………………247
取引時確認 ………………………38,57
取引時確認等相当措置 …………282
取引時確認等の措置 ……………291
取引時確認の有効期間 …………242
取引担当者の交代 …210,212,214,237
取引の任に当たっている …………74
取引を行うに際して ……………151
取引を行う目的 …………………160

な

なりすまし ………………………184
なりすまし等が疑われる取引 ……185

は

ハイリスク取引 …………………40,183
犯罪収益移転危険度調査書 ……28,36
犯罪収益移転防止法 ……………13
犯罪収益等 ………………………255
犯罪による収益 …………………255
反社会的勢力 ……………………30

ひ

非対面取引 ………………………122,129

へ

平成26年改正法 …………………14

ほ

法人の実質的支配者 ……………164
暴力団関係企業 …………………277
暴力団関係者 ……………………276
補完書類 …………………………122,137
本店等 ……………………………129
本人確認書類 ……………………116
本人確認書類の有効期限 ………118
本人確認法 ………………………12
本人特定事項 ……………………38
本人特定事項等 …………………38,67
本邦に住居を有しない外国人 ……119

ま

麻薬特例法 ………………………10

や

薬物犯罪収益等 …………………256

よ

預貯金通帳等 ……………………308
40の勧告 …………………………7

り

リスクベース・アプローチ ……14,27
旅券等 ……………………………116

344

金融機関のための
マネー・ローンダリング対策Q&A【第3版】

平成28年6月14日　第1刷発行
（平成20年12月12日　初版発行）
（平成25年3月21日　改訂版発行）

編著者　廣　渡　　　鉄
発行者　小　田　　　徹
印刷所　株式会社日本制作センター

〒160-8520　東京都新宿区南元町19
発　行　所　一般社団法人 金融財政事情研究会
　　　　　編 集 部　TEL 03(3355)2251　FAX 03(3357)7416
販　　　売　株式会社きんざい
　　　　　販売受付　TEL 03(3358)2891　FAX 03(3358)0037
　　　　　URL http://www.kinzai.jp/

・本書の内容の一部あるいは全部を無断で複写・複製・転訳載すること、および
　磁気または光記録媒体、コンピュータネットワーク上等へ入力することは、法
　律で認められた場合を除き、著作者および出版社の権利の侵害となります。
・落丁・乱丁本はお取替えいたします。定価はカバーに表示してあります。

ISBN978-4-322-12883-3